高等学校经济与管理类核心课程教材

ZIBEN YUNYING GUANLI

资本运营管理

（第四版）

邓明然　叶建木　方明　敖慧　编著

中国教育出版传媒集团

高等教育出版社·北京

内容提要

本书是高等学校经济与管理类核心课程教材。

全书共七章,主要内容包括概论、并购、跨国并购、企业重组、资本运营风险管理、资本运营的法规监管和资本运营案例分析。本书附录中提供资本运营管理相关法规汇编。

本书既可作为高等学校经管类专业学生用书,也可作为社会相关人员培训用书。

图书在版编目(CIP)数据

资本运营管理 / 邓明然等编著. —4 版. —北京:
高等教育出版社,2024.1
ISBN 978-7-04-060366-8

Ⅰ.①资… Ⅱ.①邓… Ⅲ.①资本经营-高等学校-
教材 Ⅳ.①F272.3

中国国家版本馆 CIP 数据核字(2023)第 099746 号

| 策划编辑 | 金 越 | 责任编辑 | 金 越 | 封面设计 | 张文豪 | 责任印制 | 高忠富 |

出版发行	高等教育出版社	网　　址	http://www.hep.edu.cn
社　　址	北京市西城区德外大街 4 号		http://www.hep.com.cn
邮政编码	100120	网上订购	http://www.hepmall.com.cn
印　　刷	江苏德埔印务有限公司		http://www.hepmall.com
开　　本	787mm×1092mm　1/16		http://www.hepmall.cn
印　　张	15.25	版　　次	2016 年 1 月第 1 版
字　　数	333 千字		2024 年 1 月第 4 版
购书热线	010-58581118	印　　次	2024 年 1 月第 1 次印刷
咨询电话	400-810-0598	定　　价	34.00 元

教师教学资源服务指南

关注微信公众号**"高教财经教学研究"**，可浏览云书展了解最新经管教材信息、下载教学资源、申请教师样书、下载试卷、观看师资培训课程和直播录像等。

下载教学资源

电脑端进入公众号点击导航栏中的"教学服务"，点击子菜单中的"资源下载"，或浏览器输入网址链接http://101.35.126.6/，注册登录后可搜索相应资源并下载。

申请教师样书

点击导航栏中的"教学服务"，点击子菜单中的"云书展"，了解最新教材信息及申请样书。

下载试卷

高教财经教学研究公众号目前提供基础会计学、中级财务会计、财务管理、管理会计、审计学、税法、税收筹划、税务会计课程试卷下载。点击导航栏中的"教学服务"，点击子菜单中的"免费试卷"，下载试卷。

观看教师培训课程

高教财经教学研究公众号上线了名师谈"中级财务会计教学""高级财务会计教学""财务报表分析教学""管理会计教学""审计学教学"，以及"智能投资在线课程""Python量化投资在线课程"等课程。点击导航栏中的"教师培训"，点击子菜单中的"培训课程"即可观看教师培训课程和"名师谈教学与科研直播讲堂"的录像。

联系我们

联系电话：（021）56718921　　　高教社本科会计教师论坛QQ群：116280562

前　言

习近平同志在党的二十大报告中提出,深化国资国企改革,加快国有经济布局优化和结构调整,助推国有资本和国有企业做强做优做大,提升企业核心竞争力。党的二十大报告对国资国企改革发展提出了新使命新任务,进一步落实新使命新任务,成为当前国资国企改革的最重要工作。

资本运营管理是推动国资国企(国有资本和国有企业)做强做优做大的有效途径之一。资本运营理论和方法在我国企业发展壮大的进程中,得到了广泛的应用和实践,发挥了理论指导实践的巨大作用。在党的二十大精神的引领下,我们特对《资本运营管理》进行了修订。

在本次修订中,我们本着立德树人、理论联系实际和与时俱进的指导思想,对每章内容进行了三个方面的修正、补充和完善:

(1)在立德树人、课程思政方面,针对各章的具体内容,结合世界观、人生观和价值观三观理念,对教材内容进行了恰当的充实和完善。

(2)在理论联系实际方面,为了使读者更好地掌握资本运营管理理论知识,并将其与实践有机结合,每章增加了学习要点、本章小结和复习思考题,以利于读者抓住重点、要点和难点。

(3)在与时俱进方面,对资本运营的法规监管、案例分析等内容做了修改、更新和充实,以提高本书的实践指导意义、应用价值和可读性。

由于我们的能力和水平有限,书中难免存在缺点乃至谬误,恳请广大读者批评指正。

编　者

2023 年 12 月

目　　录

第一章 概　　论

学习要点

1. 资本的概念；
2. 资本运营与生产经营的区别；
3. 资本运营的特点和分类；
4. 资本运营的基本原则；
5. 资本运营战略的概念、特点和制定程序；
6. 资本运营决策的概念、特点、原则和过程；
7. 资本运营控制的概念、特点、内容；
8. 资本运营控制指标体系的设计。

第一节　资本运营的概念与特点

一、资本的概念与功能

资本是经济学中一个非常重要的范畴。根据马克思在《资本论》中的论述，资本是能够带来剩余价值的价值，是能够带来未来收益的价值，是资产的价值形态。其含义包括：一是资本是能够增值的价值，是企业实现资源优化配置、取得市场竞争优势的重要生产要素。在现代社会经济生活中，进行生产经营活动，离不开资本。二是资本能产生未来收益，人们通过对资本的运用，必须能够形成未来收益。三是资本可用价值形式表示，如果某项财产不能用价值衡量，那么就不可能成为资本。

资本作为能够为企业带来增值的价值，就其在市场经济中发挥的功能而言，主要包括三种功能，即流动功能、保全功能和增值功能。

（1）流动功能。资本流动既决定着资本从价值形式到实物形态的转换，也决定着资本从一个所有者到另一个所有者、从一个地区到另一个地区、从一个产业到另一个产业的转换。

（2）保全功能。资本保全是企业为了维持原有的生产经营规模，实现企业的可持续发展，在企业生产经营的整个过程中不断地从收入中划出相当于资本存量下降的部分来补充资本,以保证资本的安全与完整。

（3）增值功能。资本增值是指随着企业生产经营规模的不断扩大,将增值的一部分作为积累再投入到扩大再生产中去,如此周而复始,良性循环,积累不断增加,促进企业的进一步发展壮大。

二、资本运营的概念

资本运营是一个新的经济范畴,人们对它的认识和理解还很不一致。归纳起来,主要有以下几种观点：

第一,通过货币信贷进行的资本运营。如果你创办企业或扩张企业的资金不足,就可以贷款,用别人的钱来赚钱,用盈利中的一部分来支付贷款利息;如果你有闲置的资金,可以把它借出去,通过赚取利息来实现货币的保值或增值。

第二,通过买卖股票进行的资本运营。例如：你卖掉的资产是你持有的一家上市公司的股票,那么就意味着你卖掉了这个公司的资产;同样,如果你想投资的企业是一家上市公司,那么,你买入它的股票就意味着你买进了这个公司的资产。这种资本运营方式的前提条件是：操作对象必须是上市公司,且所持有的股票是可以转让的,包括通过市场转让和协议转让。

第三,通过收购或出让产权进行的资本运营。如果你卖掉或买进的资产不是上市公司的资产,就必须通过买卖产权实现资本运营。买进或卖出的产权可以是一个企业的部分产权,也可以是整个企业的全部产权。需要选择哪一种形式,完全取决于财产（资本）所有者的资本运营所追求的目标。

在现实生活中有相当一部分人对资本运营持上述看法。一谈到企业资本运营,就是指资本可以放债、可以投向证券、可以收购产权等。但事实上,金融信贷、投资股票、收购产权等,都只是资本运营的可行形式,是资本运营内容的一部分,不是资本运营的全部。

所谓资本运营就是指企业遵循资本运动的客观规律,将其可以支配的各种资源和生产要素进行运筹、谋划和优化配置,以实现最大限度资本增值目标的一种运营管理方式。

资本运营的前提是资本的存在。资本运营的目标在于资本增值的最大化。资本运营的观念强调要将劳动力、资金、土地、技术等一些生产要素都通过市场机制进行优化配置。资本运营的任务就是要把一切社会资源、生产要素组织到一个具体的结构中,并优化结构,实现资本增值的目标。一切社会资源、生产要素作为潜在的资金能否增值,取决于它们能否进入另一个能够增值的资金结构中去;其增值能力的大小,取决于所进入的资金结构的优化程度。在社会主义市场经济条件下,企业作为市场主体,作为各种资本要素构成的集合体,其生产经营管理活动就要围绕如何把进入企业生产经营活动的每一种社会资源、每一种生产要素进行优化配置而展开。作为市场主体和法人实体的企业,是资本生息和价值创造的场所,是资本集结的载体,资本运营则是企业实现规模经济效益的最佳选择,同时资本运营也是建立现代企业制度的必然要求。

三、资本运营的特点

资本运营与传统的生产经营管理方式相比,是一种全新的观念,它具有如下特点:

(一)资本运营是以资本导向为中心的企业运作机制

资本运营是以资本导向为中心的企业运作机制,而生产经营是以产品导向为中心的企业运作机制。资本运营要求企业在经济活动中始终以资本保值增值为核心,注意资本的投入产出效率,保证资本形态变换的连续性和继起性。它把资本支配和使用看得比资本占有更为重要,并通过合资、兼并、收购、租赁等形式来获得对更大资本的支配权,同时注重获取高新技术,降低经营风险,实现资本最大限度的增值。

(二)资本运营是以价值形态为主、注重资本流动性的管理

资本运营要求将所有可以利用和支配的社会资源、生产要素都看作是可以经营的价值资本,不仅考虑有形资本的投入产出,而且注重专利、技术、商标、商誉等无形资本的投入产出;不仅注重生产经营过程中的实物供应、实物消耗、实物产品,更关心价值变动、价值平衡、价值形态的变换。并且认为资本只有流动才能增值,资本闲置是资本最大的流失,于是通过兼并、收购、租赁等形式的产权重组,盘活沉淀、闲置、利用率低下的资本存量,使资本不断流动到报酬率高的产业和产品上,通过流动获得增值的契机。同时,要求缩短资本的流通过程。以实业资本为例,通过"货币资本——生产资本——商品资本——货币资本"的形态变化过程,采取有效方法,加强管理,避免资金、产品、半成品的积压,从而加速资本的流通过程。

资本运营注重全面考虑企业的现有投入要素的价值、充分利用的程度及其流动性,挖掘各种要素的潜能,力争用最少的资源要素投入获得最大的收益。

(三)资本运营是一种结构优化式经营

资本运营通过结构优化,对资源进行合理配置。结构优化包括:① 企业内部资源结构如产品结构、组织结构、技术结构、人才结构等的优化;② 资本形态结构如实业资本、金融资本和产权资本等的优化;③ 存量资本和增量资本结构的优化;④ 资本经营过程的优化。

(四)资本运营是一种开放型经营

资本运营要求最大限度地支配和使用资本,以较少的资本调动、支配更多的社会资本。企业家不仅关注运用企业内部资源手段、信用手段增加利用资本的份额,还重视通过兼并、收购、租赁等途径实现资本的扩张,使企业内部资源与外部资源结合起来进行优化配置,以获得更大的价值增值。作为一种开放型经营方式,资本运营使经营者面对更广阔的空间,要求打破国界限制、地域限制、行业限制、部门限制、产品限制,不仅将企业看作某一国家、某一地域、某一行业、某一部门中的企业,而且看作生产某一类产品的企业,更看

作价值增值的载体,企业面对的是所有行业、所有产品和整个世界市场。

(五) 资本运营是以人为本的经营

企业的一切经营活动都是靠人来进行的,人是潜能最大的但同时也是最易被忽视的资本要素。资本运营把人看作企业资本的重要组成部分——人力资本,把对人力资本的运营作为资本增值的主要手段和目标,树立"人本思想",不断发挥人的聪明才智,不断挖掘人的创造力,通过人的创造潜能获取资本最大限度的增值。

(六) 资本运营通过资本组合规避经营风险

资本运营理念认为,由于外部环境的不确定性,企业的生产经营活动充满了风险,资本运营必须注意回避风险。为了保障投入资本的安全,要进行"资本组合",不仅要依靠产品组合,还要靠多个产业和多元化经营来降低或分散资本经营的风险。同时,随着知识经济时代的到来,科技实力、科技能力和科技含量的高低已经成为判断企业成长力和竞争力的决定性因素。目前资本运营越来越向高科技企业和高新技术产业倾斜和渗透,越来越多的企业也逐渐将那些新崛起的高科技企业和高新技术企业作为并购目标,以求提升企业生存和发展的能力以及抗御风险的能力。

四、资本运营与生产经营的区别

生产经营是传统经济时代的核心经营方式,其着重点是以物质性的实物生产来获得资产增值,创造企业利润;资本运营作为现代经济时代的新型经营方式,实现了对原有经营方式的革命飞跃,其以特有的组合方式、运营手段对原有的社会资源和生产要素进行优化配置,从而实现资产的最大增值。这两种经营方式是在不同经济时期所形成的不同经营手段。在现代经济中,资本运营与生产经营不应该是绝对割裂开的两种对立经营方式,而应该成为现代企业不可或缺的经营战略。资本运营本身不能脱离生产经营的发展,它需要生产经营为其提供必要的条件与环境,并在其发展的基础上取得更加迅猛的发展;企业在进行生产经营的同时,应该充分发挥资本运营的优势,有机利用资本运营来使企业的资产获得成倍的放大,从而推动企业生产经营的规模化发展。因此,资本运营与生产经营是现代企业经营战略中不可分割的重要组成部分。

资本运营与生产经营的区别,如表 1-1 所示。

表 1-1 资本运营与生产经营的区别

区别项目	资 本 运 营	生 产 经 营
运营方式	开放型经营,协作性高	内向型经营,在既定范围内自我配套
运营对象	资本	实物性产品

续　表

区别项目	资本运营	生产经营
运营风险	多元化经营,风险大大分散	单一主导产品经营,风险集中
技术改造	既注重技术上的先进性,又注重经济上的合理性	侧重技术上的先进性

（一）运营思维方式不同

生产经营侧重的是资本增量投入,关心的是能否贷到资金,而忽略资产的利用率和效率,其运营总是在既定范围和现场内自我完善和配套,其运营方式是内向型的;而资本运营是通过资本不断流动到报酬率高的地区、行业和产品上,从而获得不断增值的契机。同时,尽可能利用社会力量发展壮大自己,精于主业,分流辅业,实行大配套、大协作、双赢多赢,其运营方式是开放型的。

（二）运营对象不同

生产经营的对象是产品,通过产品销售使之增值。运营的重点是物流,企业习惯于围绕产品来进行决策、运转和策划,关注的重点是生产的产品是否适销对路。而资本运营的对象是资本,通过运营资本使之增值,运营重点是加速资本流动,尽量缩短物流在企业各环节的占用时间,关注焦点是投资使用效益和资金的循环周转速度以及增值状况。

（三）运营风险处置不同

生产经营往往依靠单一主导产品经营,注重产品的开发、更新换代,从而规避风险。若有投资回报率高的产品或项目,一般奉行"肥水不流外人田"的原则,不愿与人合作;而资本运营往往将资本多元化,依托多个产品或多元化经营支撑企业,减少或分散经营风险。若有投资回报率高的项目,最好与他人合作,减少投入,利益均享,风险共担,实现共赢。

（四）技术改造出发点不同

生产经营往往注重技术上的先进性,而忽略其经济上的合理性,一般是为扩大产品生产能力、完善产品工艺而进行技术改造;而资本运营注重以效益为中心,既关心技术上的先进性,又考虑经济上的合理性,首先关心的是技术改造投入的回报率,不追求无效益的先进技术。

第二节　资本运营的分类

资本运营的内容极为丰富而且非常广泛,可以从不同的角度予以划分。

一、按资本运营形态分类

按资本的运营形态,可以将资本运营划分为实业资本运营、产权资本运营、金融资本运营和无形资本运营四种。

(一) 实业资本运营

实业资本运营是指企业将资本直接投放到生产经营活动所需要的固定资本和流动资本之中,以形成实际的生产经营能力,从事产品生产销售或者提供经营服务等具体的经济活动,以获取利润并实现资本的保值、增值。

实业资本运营是企业资本运营范畴中最基本的运作方式。实业资本运营规模的大小取决于产品或服务的市场需求量的大小、投资总收益和净收益的高低、企业竞争的激烈程度、外部资源获取的难易状况、企业的财务状况的好坏以及筹资能力强弱的制约和影响。

(二) 产权资本运营

产权是指法定主体对财产所拥有的占有权、使用权、收益权和处置权的总和。占有权是指对财产的实际占用和控制,它是行使所有权以及实现使用权和处置权的基础。使用权是指在法律允许的范围内,以各种方式使用财产的权利。收益权是指在不损害他人利益的情况下,可以享受在此财产的使用、转让等过程中所获得的各种利益。处置权(支配权)是指决定财产命运和归宿的权利,是产权最基本的权利。

产权从某种意义上可以看作一种资本。强调产权是一种资本,其意义在于将企业的经营资源从企业自身的资本、劳动力、技术等扩充到更大的范围内运作资本,使企业通过兼并、收购、租赁等产权资本运营方式,实现资本扩张,获得资本的最大增值。

产权资本运营包含两个层次:第一个层次是指资本所有者及其代理人依据出资者的所有权经营企业的产权资本,以实现资本的保值增值目标,其主要活动包括:通过改变企业的资本结构,使投资主体多元化,实现资本的扩张,如通过投资活动,形成资本性权益;通过合资,实现资本的扩张。第二个层次是指企业经营者依据企业的法人财产权经营企业的法人资产,以实现企业法人资产的保值增值目标,其主要活动包括:通过资产交易使资产从实物形态转变为货币形态,或者从货币形态转变为实物形态,资产交易的结果是改变了不同资产在总资产中的比例;企业进入产权交易市场进行兼并、收购、租赁活动,进入资本市场发行企业债券等。

产权资本运营是企业资本运营的重要方式之一。产权资本运营的对象是产权,经营的主要方式是产权交易,因此,产权资本运营的前提条件是产权界定明确、产权交易市场规范以及完善的法律、法规。

(三) 金融资本运营

金融资本运营是指企业以金融资本为对象而进行的一系列资本经营活动。而金融资本,主要是以有价证券为表现方式,如股票、债券等,也可以是企业所持有的可以用于交易的一些商品或其他种类的合约,如期货合约等。企业金融资本活动,只是通过买卖有价证券或者期货合约等进行资本的运作,并通过有价证券的价格波动以及其本身的固定报酬,如股息、红利等赚取收益。它以金融资本的买卖活动为手段和途径,力图通过一定的运作方法和技巧,使自身所持有的各种类型的金融资本升值,从而实现资本增值的目的。

企业金融资本运营中所使用的最主要也是目前最常见的方式有三种：股票交易、债券交易、期货和期权交易。选择何种金融资本运营方式,一般需要考虑如下因素：

其一,安全性。安全性主要包括两个方面的含义：一是风险与收益的相当程度。在金融资本运营活动中,风险与收益一般成正比例关系,即高风险高收益、低风险低收益,但也可能会出现低风险高收益及高风险低收益的情况。企业在选择投资经营方式时,应避免出现高风险低收益的不利情况。二是风险性与投资者的适合程度。在金融资本经营市场上,不同的投资者由于其财力、物力、人力的不同,风险承受能力也不一样。对于财力微薄、初涉市场的投资企业来说,选择高风险高收益的证券进行投资运作,就要慎重考虑;对于财力雄厚、富有经验的投资企业来说,选择低风险低收益的证券进行投资运作,就显得过于保守。

其二,收益性。即在选择金融资本经营方式时,应考虑收益率、价格、手续费和税金等各种因素。

其三,流动性。由于证券是金融资本的主体,因此金融资本的流动性也就主要表现为证券的流动性,即证券的变现能力。证券的流动性取决于证券的偿还期限。

其四,便利性。便利性主要是指投资购买证券所需要的时间、交割的期限、认购手续是否迅速方便、是否符合投资者的偏好等。

（四）无形资本运营

无形资本是无形资产的价值形态,是指特定主体控制的,不具有实物形态,对生产经营与服务能持续发挥作用,并能在一定时期内为其所有者带来经济利益的资产。

无形资本运营是指企业对所拥有的各类无形资产进行的运筹和谋划,使其实现最大增值的活动。

无形资产具有使企业规模效应急剧膨胀的作用。通过无形资本运营,将企业的知识产权类资产进行参股、生产许可证转让、商标转让等,可以扩大企业规模,实现规模经济效应。

无形资产可以对企业生产、技术水平的提高起重大的促进作用。无形资产的经营过程是推动企业应用新的科学技术成果的过程。无形资本运营可以促使企业重视技术和产品研发,形成企业特有的技术和工艺,形成具有竞争力的产品系列。同时,无形资本运营有利于企业通过吸收高新技术,向高新技术产品迈进,通过运用高新技术,可以提高产品的技术含量,增加产品的附加价值。

二、按资本运营方式分类

按资本的运营方式,可以将资本运营划分为企业兼并、企业收购、跨国并购与企业重组四种。

（一）企业兼并

企业兼并是指在市场竞争机制作用下，被兼并企业将企业产权有偿让渡给兼并企业，兼并企业实现资产一体化，同时取消被兼并企业法人资格的一种经济行为。这种经济行为具有如下特征：企业兼并的存在基础是商品经济形态，它是一个与商品经济相联系的范畴；企业兼并活动的主体是财产独立或相对独立的企业法人；企业兼并是以产权有偿转让为基本标志的，通过产权转让使被兼并企业资产流向兼并企业；企业兼并是市场竞争中的优胜劣汰行为，最终结果是吞并或吸收其他法人的资产，从而实现产权转移。

（二）企业收购

企业收购是指在现代企业制度下，一家企业通过收买另一家企业发行的部分或全部股份，从而取得另一家企业控制权的产权交易行为。企业收购的前提条件是"在现代企业制度下"，即收购方和被收购方都是产权明晰的现代公司，且企业产权股份化或证券化。产权证券化是进入收购市场的前提，证券价值的面值便是资本的价格，通过证券价格的市场波动来反映市场对这种资产的要求状况。

企业兼并与企业收购，从狭义上讲，是指企业通过产权交易获得目标企业几乎全部的股份与资产，使该企业法人资格丧失，从而将其吞并，取得控制权的行为；从广义上讲，是指在市场机制下，企业以获得其他企业的控制权为目的所进行的产权交易活动。因此，在现实生活中，我们将兼并与收购合称为"并购"。

（三）跨国并购

跨国并购包括跨国兼并和跨国收购两种方式，由于兼并占跨国并购的比例不大，跨国并购主要指跨国收购。跨国收购是指投资国或母国的跨国公司通过购买被并购企业全部或部分股权（按照《UNCTAD2000 年世界投资报告》，购买部分股权，是指购买比例要大于被投资企业股本总数的 10％，否则就被认定为证券投资）、购买部分或全部资产等方式掌握被并购企业所有权或控制权的投资行为。

跨国并购是资本运营的特殊形式，它是通过对人力资源、厂房、设备、土地、技术、资金等要素重组、结构优化等手段来实现要素的集合一体化，是典型的实业资本运营。跨国并购与国内企业并购不同。一方面，跨国并购的市场空间极为广阔，跨国公司面临着众多的市场机遇，资本从一国向两国、多国甚至全球范围发展与流动；另一方面，跨国并购又涉及不同国家极为复杂的法律、政策、文化等因素，面临的竞争更为激烈、市场变化更为迅速，并购中也面临着更为严峻的挑战。

（四）企业重组

企业重组是指企业按照不同时期的经济走向及市场变动，通过产权流动来对企业生产力诸要素进行分析、整合以及内部优化组合的过程。

企业重组的内涵有广义和狭义之分,广义的企业重组包括资产重组、股权重组、债务重组、业务重组、职员重组和管理制度重组等;狭义的企业重组仅指企业的资产重组。

企业重组的本质是对企业生产力的重组。按照现代生产力理论,生产力诸要素是指企业的劳动者、劳动对象、生产管理和科学技术等,企业重组也就是对这些生产要素的重组。

三、按资本运动状态分类

按照资本的运动状态,可以将资本运营划分为存量资本运营和增量资本运营两种。

(一) 存量资本运营

存量资本运营是指投入企业的资本形成资产后,以增值为目标而进行的企业经济活动。企业还可以通过兼并、收购、租赁、破产等产权转让方式,促进存量资本的合理流动和优化配置。存量资本运营是资本得以增值的必要环节。

(二) 增量资本运营

增量资本运营实质上是企业的投资行为,是对企业的投资活动进行筹划和管理,包括投资方向的选择、投资结构的优化、筹资与投资决策、投资管理等。

四、按资本运动过程分类

按照资本运动的过程,可以将资本运营划分为资本的筹措、投入、扩张、流动和分配五个环节。

(一) 资本筹措

资本筹措是资本运营的起点,是实现资本扩张的主要方式。资本筹措包括确定资本积聚方式、优化资本结构等。

1. 确定资本积聚方式

资本积聚有资本积累和资本集中两种方式。

(1) 资本积累。马克思把资本积累定义为:把剩余价值当作资本使用,或者说,把剩余价值再转化为资本。简单地说,资本积累是资本运营主体将自己的一部分利润进行再投资的方式。资本积累分为资本的原始积累和资本运营中的积累。资本的原始积累是指资本积累的前期行为,即最初资本的来源。资本运营中的积累不仅仅指将企业自身的利润转化为生产经营性投资进行的积累,还指通过各种融资方式进行的资本积累,这种方式可以使资本迅速膨胀起来。

资本积累是资本增值的前提条件。资本积累的速度越快,劳动生产率就越高,生产集约化的程度也就越高。任何企业都要进行资本积累才能使生产得到延续和发展。

(2) 资本集中。资本集中是市场经济发展走向成熟的标志之一,也是资本运营的重要前提和途径。资本集中是指不同资本所有者之间的资本集合,是社会资本的重新分配和优化配置。其内容涉及企业要选择资本的来源,要有吸纳资本的能力,要确定集中资本的方式,进而还要优化资本的结构,不断使企业资本得到扩张和实现资本效益的最大化。

2. 优化资本结构

优化资本结构,就是通过资本在不同产业、企业、产品及其内部的合理流动达到资本的优化配置,从而提高企业资本运营的效率,实现资本的优化配置。优化资本结构要注意处理好资本的产业结构、资本的产品结构、资本的空间结构、资本的时间结构和资本的风险结构等问题。

(二) 资本投入

资本投入是资本运营主体对资本要素进行运营形成资产的一种行为。它既是资本变换的一种方式,也是对于资本的使用。资本投入的根本目的,就是追求利润的最大化,以最小的投入取得最大的产出。没有投入就没有产出,因此,投资是任何一个企业永恒的主题。资本投入是一种权力的使用。资本运营中的投资原则包括两个方面:一是将资本用活;二是将资本用够。在资本投入选择上,要做好资本投向与投量的选择。

(三) 资本扩张

对任何一个现代企业来说,资本扩张都是决定性因素。在现代企业制度中,企业要不断地进行资本扩张,就必须千方百计地增强自身的资金吸纳能力,包括塑造良好的自身形象,用优质的产品去占领市场,用高的资本回报去获得投资者的信任,争取投资者把更多的资本投向企业等。企业资本扩张的方式有多种,包括通过采用集资、股份制、产权转让、借贷和兼并、收购、重组、托管、租赁等办法,扩大自身的资本,使其在市场上更具竞争能力。另外,企业还要增强自我积累的能力,不断地进行资本的再投入。进行资本扩张,需要董事会和经营者敏锐的战略眼光和高超的资本运作能力,适应市场竞争的需要,更重要的是在于企业内部要有科学的管理,充分调动企业内部的积极性,使企业自身更具吸引力。

(四) 资本流动

资本流动是指资本的变化,即从实物形态转化为货币形态,或由货币形态转化为实物形态,也包括作为实物形态的资本或货币形态的资本的所有权、使用权的让渡。

资本流动的类型可分为投资兴办企业、转让产权、购买有价证券、将资金贷出或借入等。资本流动的方式有直接投资、证券投资、借贷信用等。

资本流动的目的是优化资本结构。资本结构包含三个方面的内容:一是企业长期债务资本和权益资本所构成的企业总资本;二是不同出资者的权益资本的组合情况;三是不同投向与投量的资本使用情况。企业在进行筹资和投资决策时,依据上述三个方面的内容确定一个最优的目标资本结构,以便在较小的风险下,使加权平均资本成本最低,实现企业资本盈利的最大化。

（五）资本分配

资本分配主要表现在两个方面：一是对资本的分配；二是对资本收益的分享。

资本的分配，就是生产条件的分配，因此，资本分配是生产与再生产得以进行的前提。资本一定要通过生产、交换、分配、消费等社会再生产的各个环节来顽强地表现自己对社会生产和再生产的支配作用，并且，资本的所有者也总是要通过社会再生产的各个环节来实现自己的利益。因此，资本决定了产品的生产、交换、分配以及消费等活动。

资本收益的分享，是指把原本由资本全部获得的利润或资本的增值，拿出相当一部分或以股权的形式，或以利润的形式，通过奖励的方法，给那些劳动好、贡献大、经营有方的雇员，包括劳动者或经营者，通过劳动分享资本的收益。或者说，让劳动者拥有一定的资本。当然，这不是对全体劳动者而言的，而只是针对其中一部分有贡献的劳动者。资本与劳动的进一步融合，是世界的潮流和趋势。

第三节 资本运营的基本原则与战略

一、资本运营的基本原则

掌握资本运营的基本原则，是保证资本运营活动有效进行、实现预期目标、取得资本增值的基本保证。资本运营的基本原则有以下几个方面：

（一）资本系统整合原则

企业的资本由多种要素构成，各要素有机地结合成资本运转的各个环节，各个资本运转环节连接起来构成了资本系统的整体运动。资本运营要带动资本系统整体运动，就要求各资本要素在各个运动环节相互配合、相互衔接、相互关联、相互促进；资本运营活动不能杂乱无章，要有总体战略，既要在实施战略的基础上抓住有利时机进行资本运营活动，又要在经济大环境改变时调整资本运营战略，在较长的时间内，使其整体功能得到充分发挥。

（二）资本规模最优原则

资本运营的目标之一是扩大资本规模、实现资本增值。但是，企业扩充资本时，要选择资本的来源渠道，即对投资者及其投资方式的选择；还要求企业有吸纳资本的能力，而这种能力是由企业自身的实力、信誉、发展前景和经营谋略决定的；要确定聚集资本的方式以及优化资本的结构。企业的生产经营规模受制于资本的投入规模，而资本的投入规模则要考虑一个企业内部或外部的各种因素。如果企业资本规模的形成要素，包括企业内部或外部的各种因素均不具备时，即使企业有资本规模，不一定有规模效益，大规模不一定就出高效益，大规模不一定就是高档次。要具体情况具体分析，量体裁衣，适度规模化，实现规模经济。

（三）资本结构最优原则

资本结构是指一定时期内,企业的资本总量中所包含的各要素的构成及其数量比例关系。从资本的筹集来划分,资本结构表现为负债和所有者权益在筹集总量构成中所占的比例关系;从资本的投入来划分,资本结构表现为固定资本和流动资本在投入总量构成中所占的比例关系;从资本的物质形态来划分,资本结构表现为有形资本和无形资本在物质形态的总量构成中所占的比例关系;从资本的职能来划分,资本结构表现为货币资本、储备资本、生产资本、成品资本和结算资本的比例关系;从资本的投向来划分,资本结构表现为资本的产业结构、产品结构、风险结构、空间结构和时间结构等。最优资本结构必须满足两个要求:一是使企业所控制的资本发挥最大作用,整体功能最强;二是企业整体抵抗风险的能力最强。

（四）资本运营开放原则

在资本运营中,经营者视企业为价值增值的载体,为了获得更大的价值增值,在运营的空间上,要打破地域限制、行业限制、部门限制、产品限制,面对整个世界市场、所有行业、所有部门和所有产品;在运营资源利用上,不仅关注企业内部资源,而且充分利用外部资源,并追求企业内部资源与外部资源的有机结合及其优化配置;在运营的方式上,利用一切融资手段、信用手段增加可利用的资本,并采取兼并、收购、租赁等途径实现资本的扩张,从而实现以较少的资本调动、支配更多的社会资本的目的。

（五）竞争力最大原则

要通过资本运营使企业获得价值增值,就要培育企业的市场竞争力,特别是核心竞争力。这种竞争力体现在企业所开展的业务上:生产能力最强,能满足市场的各种要求;生产效率最高,在同类产品生产中成本最低;服务最完善,充分满足顾客的要求;优先开发新产品,带动市场走势;经销手段最灵活;产品在市场份额中比例最大等。有了一定的市场竞争力,企业的资本运营就能实现良性循环。

（六）资本流动增值原则

资本必须处于流动的过程之中,资本流动是资本的一种运动方式。资本不能流动,就一定会凝固,就不会有活力,甚至会萎缩。资本流动使资本有一个新的增值契机,能促使企业适时地将资本投入社会最急需发展的部门、行业和产品上去,取得好的经济效益,使资本能够不断获得增值,使资本的增量不断扩大。同时,资本流动可以对社会经济结构和企业结构的调整及时起到导向的作用,实现社会产业结构和企业产品结构的合理化。

（七）资本周转时间最短原则

资本周转速度的快慢决定了资本增值的快慢,资本运营应尽可能地缩短资本周转的周期,提高流动速度,从而提高投资回报率。

(八)资本运营机会成本最小原则

企业的经营方向是可变的,资本要不断地从那些盈利性低的部门退出,畅通地进入盈利性更高的领域。

(九)资本的风险结构最优原则

投资风险大小与收益大小一般成正比,即风险大,收益也大;风险小,收益也小。投资在风险大小以及收益大小之间应合理搭配,既要有风险大、回报率高的项目,又要有风险小、回报率低的项目;既保证资本的安全性,又保证资本的增值速度。

(十)资本运营的大数据思维原则

资本运营涉及的要素繁杂、动态多变、风险较大。然而,要实现资本运营扩大资本规模、确保资本增值且可持续稳健发展的目标,必须运用大数据思维方式,对资本运营涉及的要素进行描述思维、相关性思维、攻略思维三大维度的思考和研究,从而全面系统地掌控资本运营相关要素的过去、现在和将来,使资本运营目标得以圆满地实现。

二、资本运营战略

(一)资本运营战略的概念与特点

1. 资本运营战略的概念

资本运营战略是根据企业战略目标的要求,对企业可以支配的资源进行优化配置作出长远的、系统的、全局的谋划。资本运营战略属于企业的总体战略,是在考虑了下属单位的经营战略的基础上制定的。

2. 资本运营战略的特点

(1)具有资源整合型战略特点。资本运营通过兼并、收购、重组等方式,将企业现有可支配的资源与被兼并、收购、重组企业的资源进行有机整合,从而形成资源互补,实现协同效应和放大效应,使企业整体价值增大,实力增强,实现可持续发展。

(2)具有开放型战略特点。资本运营在充分考虑内部资源的基础上,将视野扩展到企业外部,并通过兼并、收购、重组等途径,将外部资源纳入企业经营范围,实现资源的扩张、经营范围的扩张和开放。

(3)具有企业内、外部成长战略相结合的特点。企业内部成长战略主要是依靠企业自己的人、财、物、技术等要素,通过内部挖潜来提升、发展企业;企业外部成长战略主要是通过兼并、收购、重组等多种经营形式实现企业做大、做强,借助外力来提升、发展企业。资本运营既依靠内部挖潜,又依靠外力相助,两者有机结合,从而实现企业健康、快速成长。

（二）资本运营战略的制定程序

1. 环境分析

资本运营战略的环境分析包括企业外部环境的分析和企业内部条件的分析。企业外部环境分析主要包括国家总体经济发展走势、国家方针政策，尤其是金融、投资、产业政策的分析以及行业分析和战略推行时机的利弊分析等；企业内部条件的分析主要包括企业的人、财、物、技术等要素的优、劣势分析，以及战略执行前景预测分析等。

2. 战略目标的确定

资本运营战略的目标是实现资本收益的最大化。围绕这一目标，确定企业的产业目标、产品目标、市场目标、技术目标、质量目标、人才目标、资金目标和利润目标等。

3. 战略方案的制订

资本运营战略方案由六大要素构成，即战略指导思想、环境分析、战略目标、战略阶段、战略重点、实施策略。按照这六大构成要素，拟订多个方案，在整体优化的基础上，选择能够适应环境条件、保证实现战略目标的方案。

4. 战略实施与完善

战略实施就是将资本运营战略方案具体化，按照资本运营战略方案的具体内容开展有序的活动，逐一推进，并在运行中，根据企业内、外部环境的变化，对资本运营战略进行适当的调整、修改、完善，以保证资本运营战略的正确性。

第四节　资本运营决策与控制

一、资本运营决策

（一）资本运营决策的概念与特点

1. 资本运营决策的概念

资本运营决策是根据企业战略目标的要求，对企业资本运营方案作出的选择和决定。资本运营是一种开放式经营，是一种结构优化式经营，是以价值形态为主，注重资本流动性的管理，是以资本导向为中心的企业运作机制，因此，在资本运营过程中，随着企业内外部环境的不断变化，为了实现企业战略目标，有很多资本运营方案需要我们进行比较、分析、选择和决定，从而使资本运营实现应有的功能。从这一角度讲，资本运营决策是一项非常重要的管理职能。

2. 资本运营决策的特点

（1）选择性。在资本运营过程中，资本运营活动受到外部环境和内部环境动态变化的影响，使资本运营实现的途径多元化、方案多样化、结果差异化。要使企业价值最大化，比较选择就成为资本运营决策的重要环节。

（2）决定性。资本运营过程的复杂性、环境变化的动态性，以及实施方案的唯一性，要求企业的决策者在对资本运营方案充分比较分析的基础上，作出明智的选择、科学的决定，实现正确的决策。

（3）预见性。资本运营决策正确与否关乎企业的盛衰兴亡，决策质量的好坏直接决定了企业的前途和命运。因此，要求资本运营决策对企业未来的资本运营状况作出评估、判断，对未来变化情况作出科学的预测，使资本运营决策建立在超前性、预见性的基础上。

（4）风险性。资本运营决策具有选择性、决定性、预见性，其方案是否符合未来的发展，存在着很大的不确定性，这就使资本运营决策存在着风险性。因此，要求企业的决策者在充分认识和分析资本运营环境变化的基础上，作出正确的决策，尽量规避风险，减少风险损失。

（二）资本运营决策的原则

在资本运营决策过程中，由于受资本运营环境变化的动态性、资本运营方案的选择性、资本运营状况预见的难易性的影响，资本运营决策存在着风险性。因此，要使企业价值最大化，在进行资本运营决策时，注意掌握好如下原则：

1. 企业经济效益与社会效益相结合

企业通过资本运营，把企业内部资源与企业外部资源有机整合，获得协同效应和放大效应，取得更大的企业经济效益。但与此同时，也应考虑社会效益，特别是企业兼并、收购过程中，人员整合、资产整合等方面，在进行资本运营决策时，要综合考虑企业经济效益与社会效益，实现最佳组合。

2. 局部利益与整体利益相结合

企业在资本运营过程中，追求资源的最佳配置，谋求人员的最佳组合、资产的最佳组合、资金的最佳组合，等等。在谋求局部的最佳组合、获取最佳利益的同时，也要考虑企业整体利益的最大化。局部利益与整体利益，有时是同向的，有时是逆向的，在进行资本运营决策时，要综合考虑局部利益和整体利益，使企业的整体利益最大化。

3. 短期利益与长远利益相结合

企业在资本运营过程中，有时不仅要考虑解决目前规模不经济，市场占有率偏低，或企业竞争力不强等短期利益问题，同时要考虑把企业做实、做强、做大，使企业健康、稳定、可持续发展；企业的短期利益与长远利益有一致性，同时也存在着矛盾性，在进行资本运营决策时，要综合考虑企业短期利益与长期利益，发挥资本运营的组合功能，实现企业的长足发展。

（三）资本运营决策的过程

企业资本运营决策过程由以下六个步骤构成：

1. 捕捉时机

企业在生产经营过程中，面对动态多变的、不以人的意志为转移的外部环境，在适应环境变化的同时,要善于捕捉有利的发展时机,果断决策,抓住机遇。

2. 确立目标

通过详细分析企业现状,科学预测企业未来发展趋势,准确评估企业发展实力,确立企业具有超前性和先进性的资本运营目标。

3. 分析环境

在抓住时机、确立目标的同时,要对实现目标的环境进行系统分析,这里的环境是指企业外部环境和内部环境。系统分析是指:① 企业外部环境分析,包括国民经济总体状况分析,国家财政、货币、产业等经济政策分析,市场分析,行业特性、行业寿命周期、行业发展状况、行业竞争结构分析等;② 企业内部环境分析,包括企业在行业中的竞争地位分析,企业的优劣势分析,企业融资和调配资源的能力分析等;③ 企业内、外环境耦合性分析,有利环境、不利环境、优势、劣势分析,从而发挥优势,抑制劣势,审时度势,有序运行。

4. 制订方案

制订科学、先进、具有可操作性的资本运营方案,具体包括两个方面:一是总体构想,即从不同的角度和途径,构想出多种多样的总体方案;二是精心设计,针对构想出的多种多样的总体方案,深入系统地进行方案实施细节及其方案实施效果估计的精心设计研究。

5. 评估优选方案

资本运营方案的评估优选,首先要设置适宜的评估标准,包括目标一致性检验、行业结构检验、能力检验和可行性检验;其次,优选出技术上先进、经济上合理、社会满意、综合价值高的资本运营方案。

6. 实施与控制

企业在选定了最佳的资本运营方案后,应迅速将其付诸实施,同时,在实施过程中,及时纠正偏差,确保方案实施结果基本上达到预期目标。

方案实施过程大体上包括四个步骤:一是选择和建立合理的组织结构;二是将实施方案分解成具体方案;三是合理配置企业资源;四是建立与方案实施相适应的企业文化。

方案控制过程大体上包括三个步骤:一是确定评价标准;二是衡量和评价实施绩效;三是纠正偏差,有效实现方案的预期目标。

二、资本运营控制

(一)资本运营控制的概念、步骤与特点

1. 资本运营控制的概念

资本运营控制是按照资本运营目标,对资本运营状况进行检查、分析、评价其绩效,找出目标与绩效的偏差,采取有效措施,适时调节与控制,以实现资本运营目标的过程。有效的资本运营控制是实现资本运营目标的有力保证。

2. 资本运营控制的步骤与特点

资本运营控制是一个系统,这个系统是由施控主体和受控客体组成的。施控主体是

指资本所有者和经营者,受控客体由资本运营过程所组成。资本运营控制过程包括下列步骤:① 依据资本运营目标,确定资本运营的绩效标准;② 资本运营的绩效通过反馈通道反馈给计划部门;③ 将实际指标与计划指标进行比较,找出偏差并分析产生偏差的制约因素;④ 采取必要的措施纠正偏差;⑤ 实现资本运营目标。当制约因素在现有条件下无法控制时,应考虑修正目标和计划。

资本运营控制具有以下特点:① 资本运营控制具有明确的经营目标,并构成一个多指标的综合体系;② 资本运营控制施控主体是由资本所有者和资本经营者组成的;③ 资本运营控制是一个完善的管理信息系统,具有信息收集、信息处理、信息储存和信息使用的功能;④ 为了能适应复杂多变的环境,资本运营控制过程中必须不断地对控制目标、控制活动进行调整,以便准确地评价资本运营活动的业绩。

(二) 资本运营控制的内容

资本运营控制的内容包括两个方面:一是资本所有者对资本经营者的经营状况及效果的控制;二是资本经营者对资本运营全过程的控制。

1. 资本所有者对资本经营者经营状况及效果的控制

随着生产力的进步,社会分工也日益细化,企业的经营管理活动日益复杂,出资者的经营管理能力开始与其资本拥有量不相适应,由此产生了对资本权利的分工,资本的权利被分解为所有权、支配权和经营权,资本权利的这种分工形式被称为委托-代理制。在股份制企业中,所有权转化为股权,支配权表现为董事会对公司法人财产的支配权,经营权成为经理等企业家的专门职能。财产所有者一经同意将资产委托给企业法人支配,便不再能对企业进行直接监督和对资产运用进行控制,除非进入董事会。所有权与经营权分离后,持股者作为所有者一般是通过市场机制来选择资产代理者,并通过市场来监督、评价资产代理者,因而企业法人支配权成为内在于企业的并且只受市场监督的权利。

在委托-代理制中,资本所有者与经营者是委托-代理关系,资本所有者是委托人,经营者是代理人,在委托人和代理人利益不一致的情况下,如果缺乏有效的监督和约束,代理人就有可能为了追求自身的利益而给委托人的利益造成损害,这种损害称为代理成本。由于委托人与代理人信息不对称,代理人可以利用他独占的不为委托人所掌握的信息而谋私,可以通过他人无法察觉、推测的行为和决策而使委托人无法对其监督和约束,因此代理成本无法避免,只能通过有效的激励和约束机制来调动经营者的积极性,从而减少代理成本。

激励机制主要是通过对经营者的报酬形式,即工资、奖金和股权等的合理组合,使经营者对个人利益最大化的追求转化为对公司利润最大化的追求。对经营者绩效的评价分为现期绩效评价和未来绩效评价,即近期绩效评价和远期绩效评价。将近期绩效评价与远期绩效评价有机结合,能正确评价经营者的业绩,激励经营者努力,从而使企业可持续发展。

约束机制有内部约束和外部约束之分。内部约束也称产权约束,是通过公司法人治理结构中的制衡机制来约束经营者的行为。规范的公司法人治理结构通常包括下列内容：①股东作为所有者掌握着最终控制权，他们可以决定董事会人选，但是，一旦授权董事会负责后，股东就不能随意干预董事会的决策；②董事会作为公司的法人代表全权负责公司经营，拥有支配公司法人财产的权利，并有任命和指挥经营者的权力，但董事会必须对股东负责；③经营者受聘于董事会，作为公司的代理人负责企业的日常经营事务，在董事会授权范围内，经营者有权作出决策。外部约束也称市场约束，包括商品市场的约束、资本市场的约束和经理市场的约束。商品市场对经营者的约束是通过消费者的选择来实现的。企业必须生产适应市场需求、物美价廉、适销对路的产品，才能满足消费者的需要，提高市场占有率，否则，就会被市场所淘汰。资本市场对经营者的约束是通过股票市场上股东的选择和被接管风险来实现的。如果经营者经营不善或决策失误，企业投资回报率就会下降，可能导致出资者到股市上抛售股票，出现"用脚投票"的现象，企业就有被接管的可能性。经理市场对经营者的约束来自公司外部存在的以管理为职业的经理阶层，他们随时准备替换因管理不善而被解聘的经营者，这就使经营者必须尽力经营管理好公司。否则，就会有被取而代之的可能。资本所有者对资本经营者的经营状况及效果的控制，除了采取有效的激励和约束机制，还必须获得控制所必需的适用、可靠的信息，使委托人能够对代理者的行为及时、准确地识别，从而实现对企业适当的监控。

2. 资本经营者对资本运营全过程的控制

在所有权和经营权实现分离后，为了有效地达到资本运营目标，资本经营者必须对资本运营全过程进行控制。资本经营者对企业资本运营全过程的控制，包括对投资决策、资产经营过程、资本运营绩效、经营收益分配等全过程的控制。对投资决策的控制是指为保证投资决策的正确性，在项目正式投资前，要进行可行性研究和科学的分析、论证。对资产经营过程的控制是指对实体资产经营和金融资产经营过程的控制，也包括对产权资本运营过程的控制。对资本运营绩效的控制，可以通过对反映资本运营状况的指标，如资本的周转率、流动比率、负债比率等进行经常的监督、考核和调控，及时了解资本运营状况，发现问题，及时采取措施，保证达到预期的经营成果。对资本经营收益分配的控制可以通过对反映资本保值增值状况的指标，对国家、投资者、债权人等投资回报率的高低、增长变动率等指标来分析、评价和控制。

（三）资本运营控制指标体系的设计

1. 资本运营控制指标体系建立的原则

（1）目的性原则。目的性原则是指设计的各个评价指标要对资本运营绩效进行系统的、科学的反映，不能以偏概全、主次不分，评价得出的结论要能满足资本所有者、企业债权人及企业经营者的目标要求。

（2）可比性原则。在资本运营评价过程中，需要进行横向、纵向的各种比较。因此，要科学地将某些不可比因素转化为可比因素，并尽可能地与国内同行业，甚至与国外同行业的指标一致，具有可比性。

（3）可操作性原则。评价指标的计算方法要明确、简洁，便于操作，数据采集要方便、准确,要能精确或比较精确地计算。

(4)公开性原则。指标体系中各指标所采用的经济资料必须是公开的,不应涉及企业的商业机密。

(5)通用性原则。处于不同的行业以及不同性质的企业,其经济活动千差万别。但是,从资本运营的过程来看,企业经济活动也具有一定的共性,因此要求设计的评价指标必须从共性出发,能为不同行业、不同性质的企业所通用。

2.资本运营控制的指标体系

资本运营控制的指标体系可分为反映资本运营绩效的指标、反映资本运营总体效益的指标和反映资本经营风险性的指标三大类。

(1)反映资本运营绩效的指标。包括以下三个指标:

① 所有者权益收益率。所有者权益收益率反映的是投资者投入资本的盈利能力,其计算公式为:

$$所有者权益收益率 = \frac{净利润}{所有者权益年均余额} \times 100\%$$

② 总资产收益率。总资产收益率是用来衡量企业运用全部资产获利的能力,其计算公式为:

$$总资产报酬率 = \frac{利润总额 + 利息支出总额}{总资产年均余额} \times 100\%$$

③ 资本保值增值率。资本保值增值率主要反映投资者投入企业的资本的完整性和保全性,其计算公式为:

$$资本保值增值率 = \frac{期末所有者权益总额}{期初所有者权益总额} \times 100\%$$

(2)反映资本运营总体效益的指标。主要有以下几个指标:

① 销售利润率。销售利润率反映企业销售收入的获利水平,其计算公式为:

$$销售利润率 = \frac{利润总额}{销售收入净额} \times 100\%$$

② 存货周转率。存货周转率用于衡量企业在一定时期内存货资产的周转次数,反映企业供、产、销平衡的效率,其计算公式为:

$$存货周转率 = \frac{产品销售成本}{存货资金平均余额} \times 100\%$$

$$或存货周转天数 = \frac{存货资金平均余额}{产品销售成本} \times 360$$

一定时期内,存货周转次数越多,说明存货周转越快,存货利用效果就好;存货周转天数越少,说明存货周转越快,存货利用效果越好。

③ 应收账款周转率。应收账款是企业流动资产的一个主要组成部分,应收账款能否及时收回,对企业资金的流动性有很大的影响。因此,应收账款的周转率也是反映企业资本运营效果的一个重要指标,其计算公式为:

$$应收账款周转率 = \frac{赊销收入净额}{应收账款净额平均余额}$$

$$或应收账款周转天数 = \frac{应收账款净额平均余额 \times 360}{赊销收入净额}$$

式中,赊销收入净额 = 销售收入 - 现销收入 - (销售退货 + 销售折让 + 销售折扣)。

一定时期内应收账款的周转次数越多,说明应收账款的利用效果就越好;周转天数越少,说明应收账款周转越快,利用效果越好。

（3）反映资本经营风险性的指标。主要有以下两个指标:

① 资产负债率。资产负债率反映的是在企业全部资金中有多大比例是通过借债而筹集的,反映了资产对负债的保障程度。资产负债率越高,说明企业借入资金所占比重越大,企业的风险主要由债权人来负担,因而企业长期偿债能力越差,其计算公式为:

$$资产负债率 = \frac{负债总额}{资产总额} \times 100\%$$

② 流动比率。流动比率是衡量企业在某一时点偿付到期债务能力的指标,又称短期偿债能力比率,其计算公式为:

$$流动比率 = \frac{流动资产}{流动负债} \times 100\%$$

式中,流动资产是指在一年内或超过一年的一个营业周期内可变现或运用的资产,主要包括现金、短期投资、应收及预付款项和存货;流动负债是指在一年内或超过一年的一个营业周期内应偿还的债务,主要包括短期借款、应付及预收账款、应付票据、应交税金、应付股利及短期内到期的长期负债。

（四）资本运营控制信息系统

资本运营要进行有效的控制,必须合理地理解和使用控制信息。资本运营控制信息系统是资本运营控制系统的重要组成部分。资本运营控制信息系统必须具备以下条件:

（1）资本运营控制信息系统必须提供适用的信息。信息系统应该为企业决策者提供关于所控制并施以影响活动的有用信息。对信息的种类、范围、内容、详细程度、需求频率等方面进行分析,以提供有效的信息。信息系统必须能测量出资本运营活动的真实特征和性质,反映正在发生的资本运营活动的真实情况;信息系统必须有利于采取行动,信息必须传递给企业中需要依赖这些信息决策的人员。

（2）资本运营控制信息系统必须提供适时的信息。信息的传递必须及时,否则就会失去使用价值,甚至会给企业带来巨大损失。但经常和快速的信息反馈并不一定意味着更好的控制,关键是信息是否能及时地提供给决策者使用。

（3）资本运营控制信息系统必须是适度的、经济的。信息系统应提供控制资本运营所需的最低限度的信息。信息过多或过少都是不利的。信息过多,不仅要耗费过多的资源,而且会引起混乱。有效的信息系统关键在于其实用性,而不是其复杂性。

（4）资本运营控制信息系统应能够提供关于发展趋势的决定性信息和准确、可靠的信息。

本 章 小 结

1.资本是能够增值的价值,是企业实现资源优化配置,取得市场竞争优势的重要生产要素。资本能产生未来收益,人们通过对资本的运作,必须能够形成未来收益。资本可用价值形式表示。如果某项财产不能用价值衡量,那么就不可能成为资本。

2.资本运营就是指企业遵循资本运动的客观规律,将其可以支配的各种资源和生产要素进行运筹、谋划和优化配置,以实现最大限度资本增值目标的一种运营管理方式。

3.按资本运营形态不同,资本运营可分为实业资本运营、产权资本运营、金融资本运营和无形资本运营。按资本运营方式不同,资本运营可分为企业兼并、企业收购、跨国并购与企业重组。按资本运动状态不同,资本运营可分为存量资本运营和增量资本运营。按资本运动过程不同,资本运营可分为资本筹措、资本投入、资本扩张、资本流动和资本分配。

4.资本运营的基本原则包括:资本系统整合原则、资本规模最优原则、资本结构最优原则、资本运营开放原则、竞争力最大原则、资本流动增值原则、资本周转时间最短原则、资本运营机会成本最小原则、资本的风险结构最优原则和资本运营的大数据思维原则。

5.资本运营战略是根据企业战略目标的要求,对企业可以支配的资源进行优化配置做出长远的、系统的、全局的谋划。

6.资本运营决策是根据企业战略目标的要求,对企业资本运营方案做出的选择和决定,具有选择性、决定性、预见性和风险性。

7.资本运营控制是按照资本运营目标,对资本运营状况进行检查、分析、评价其绩效,找出目标与绩效的偏差,采取有效措施,适时调节与控制,以实现资本运营目标的过程。

8.资本运营控制指标体系由反映资本运营绩效指标、反映资本运营总体效益指标和反映资本经营风险性指标构成。反映资本运营绩效指标主要有所有者权益收益率、总资产收益率和资本保值增值率。反映资本运营总体效益指标主要有销售利润率、存货周转率和应收账款周转率。反映资本经营风险性指标主要有资产负债率和流动比率。

复习思考题

一、名词解释

资本；资本运营；实业资本运营；企业兼并；存量资本运营；资本积累；资本结构；资本运营战略；资本运营决策；资本运营控制

二、单项选择题

1. 资本运营的前提是（　　　）。

　　A. 资本的存在　　　　　　　　　　B. 资本增值的最大化

　　C. 生产要素优化配置　　　　　　　D. 资本分配

2. 下列各项中，属于资本运营按资本的运动状态划分的是（　　　）。

　　A. 存量资本运营　　　　　　　　　B. 资本筹措

　　C. 资本扩张　　　　　　　　　　　D. 资本流动

3. 下列各项中，属于资本流动方式的是（　　　）。

　　A. 直接投资　　　　　　　　　　　B. 优化资本结构

　　C. 资本分配　　　　　　　　　　　D. 资本扩张

4. 下列各项中，属于资本运营决策特点的是（　　　）。

　　A. 途径多元性　　　　　　　　　　B. 方案多样性

　　C. 方案选择性　　　　　　　　　　D. 方案复杂性

5. 下列指标中，属于反映资本运营绩效的是（　　　）。

　　A. 总资产收益率　　　　　　　　　B. 销售利润率

　　C. 资产负债率　　　　　　　　　　D. 流动比率

6. 下列指标中，属于反映资本经营风险性的是（　　　）。

　　A. 存货周转率　　　　　　　　　　B. 流动比率

　　C. 资本保值增值率　　　　　　　　D. 应收账款周转率

三、多项选择题

1. 资本运营强调生产要素在市场机制下的优化配置，下列属于生产要素的有（　　　）。

　　A. 劳动力　　　　B. 资金　　　　C. 土地　　　　D. 技术

2. 资本运营按资本的运营方式划分，可划分为（　　　）。

　　A. 企业兼并　　　B. 企业收购　　C. 跨国并购　　D. 企业重组

3. 下列选项中，属于资本运营战略方案构成要素的有（　　　）。

　　A. 战略目标　　　B. 战略阶段　　C. 战略重点　　D. 实施策略

4. 下列选项中，属于企业资本运营决策的过程构成步骤的有（　　　）。

　　A. 分析环境　　　B. 制订方案　　C. 评估优选方案　D. 实施与控制

5. 资本运营控制指标体系建立的原则,包括(   )。

  A. 目的性原则　　　　　　　　B. 可比性原则

  C. 可操作性原则　　　　　　　D. 公开性原则

  E. 通用性原则

四、判断题

1. 资本运营是以产品导向为中心的企业运作机制。　　　　　　　　(　　　)

2. 资本运营是以资本为本的经营。　　　　　　　　　　　　　　　(　　　)

3. 企业有宏大的资本规模,就一定有规模效益,就一定出高效益。　(　　　)

4. 最优资本结构,既要求企业所控资本整体功能最强,又要求企业整体抵抗风险的能力最强。　　　　　　　　　　　　　　　　　　　　　　　　　　　(　　　)

5. 投资风险大小与收益大小一般成反比。　　　　　　　　　　　　(　　　)

五、简答题

1. 简述资本运营的内涵及特点。

2. 资本运营与生产经营有哪些区别?

3. 简述资本运营的基本内容。

4. 简述资本运营的基本原则。

5. 简述资本运营战略的内涵及其制定程序。

6. 简述资本运营决策的内涵及其过程。

7. 简述资本运营控制的内容。

六、案例分析题

ABC 公司的资产负债表和利润表如表 1-2 和表 1-3 所示。

表 1-2　　　　　　　　　　　　　**资 产 负 债 表**

编制单位:ABC 公司　　　　　　2022 年 12 月 31 日　　　　　　单位:万元

资　　　产	期末余额	上年年末余额	负债及股东权益	期末余额	上年年末余额
流动资产:			流动负债:		
货币资金	50	25	短期借款	60	45
交易性金融资产	6	12	交易性金融负债		
应收票据	8	11	应付票据	5	4
应收账款	398	199	应付账款	100	109
预付款项	22	4	预收款项	10	4

续　表

资　产	期末余额	上年年末余额	负债及股东权益	期末余额	上年年末余额
其他应收款	12	22	应付职工薪酬	2	
存货	119	326	应交税费	5	4
一年内到期的非流动资产	45	4	其他应付款	63	45
其他流动资产	40	7	预计负债	2	4
流动资产合计	700	610	一年内到期的非流动负债	50	0
非流动资产：			其他流动负债	3	5
债权投资	0	45	流动负债合计	300	220
长期股权投资	30	0	非流动负债：		
长期应收款			长期借款	450	245
固定资产	1 238	955	应付债券	240	260
在建工程	18	47	长期应付款	50	60
无形资产	6	8	专项应付款	0	0
开发支出			递延所得税负债	0	0
商誉			其他非流动负债	0	15
长期待摊费用	5	15	非流动负债合计	740	580
递延所得税资产	0	0	负债合计	1 040	800
其他非流动资产	3	0	股东权益：		
非流动资产合计	1 300	1 070	股本	100	100
			资本公积	10	10
			盈余公积	100	40
			未分配利润	750	730
			减：库存股	0	0
			股东权益合计	960	880
资产总计	2 000	1 680	负债及股东权益总计	2 000	1 680

表 1-3　　　　　　　　　　　**利　润　表**

编制单位：ABC 公司　　　　　　　2022 年度　　　　　　　单位：万元

项　　目	本期金额	上期金额
一、营业收入	3 000	2 850
减：营业成本	2 644	2 503
税金及附加	28	28
销售费用	22	20
管理费用	46	40
财务费用	110	96
加：投资收益	6	0
公允价值变动收益	0	0
二、营业利润	156	163
加：营业外收入	45	72
减：营业外支出	1	0
三、利润总额	200	235
减：所得税费用	64	75
四、净利润	136	160

要求：

（1）根据资料，计算反映 ABC 公司资本运营绩效的 3 个指标。

（2）根据资料，计算反映 ABC 公司资本运营总体效益的 3 个指标。

（3）根据资料，计算反映 ABC 公司资本经营风险性的 2 个指标。

参考答案

第二章　并　购

学习要点

1. 并购的相关概念,包括兼并与收购的联系和区别;

2. 并购的根本动因;

3. 并购的运作形式及程序;

4. 并购的形式;

5. 与并购相关的决策,包括企业并购价格决策、企业并购支付方式决策和企业并购融资决策;

6. 并购后的整合,包括文化整合、人力资源整合、资产债务整合等。

第一节　并　购　概　述

一、并购的基本概念

企业并购(mergers & acquisitions,M&A),指的是企业兼并与企业收购。这两者既有联系又有区别,虽然常被一起连用,但有必要分别加以界定和阐述。

(一) 兼并的概念

《大不列颠百科全书》对企业的兼并(merger)的权威解释是"兼并是指两家或多家的独立企业或公司合并组成一家企业,通常由一家占优势的公司吸收一家或更多的公司。一般指一家公司以现金、证券或其他形式购买取得其他公司的产权,使其他公司丧失法人资格或改变法人实体,并取得对这些企业控制权的经济行为"。从这个意义上讲,兼并等同于《中华人民共和国公司法》(以下简称《公司法》)中的吸收合并。《公司法》第 172 条规定,公司合并可以采取吸收合并和新设合并两种形式。所谓"吸收合并",是指在两个或两个以上的公司合并中,其中一个(优势)公司因吸收了其他公司而成为存续公司的合并形式。所谓"新设合并",是指两个或两个以上的公司通过合并同时消亡,在此基础上形成一个新公司,由其承担原各公司的全部资产与负债的合并形式。

(二) 收购的概念

收购是指一家公司以现金、债务或股票购买另一家公司全部或部分股票(称股权收购)或资产(资产收购)以获得对该公司的全部或部分所有权的控制。收购的目的是获得对目标企业的控制权,目标企业的法人地位并不消失。根据购买股权的比例,又可分为参股收购、控股收购和全面收购。

收购的概念源于英美普通法中的"take over"与"acquisition"两个词,此外,美国法中的"tender offer"也从另一侧面表达了收购的含义。我国立法文件中正式出现"收购"一词是在 1993 年 4 月 22 日国务院发布的《股票发行与交易管理暂行条例》中。《股票发行与交易管理暂行条例》的第四章对"上市公司的收购"进行了专门规定。但《股票发行与交易管理暂行条例》并未直接规定"收购"的明确含义,只是直接规定"任何个人不得持有一个上市公司 5％以上的发行在外的普通股;超过的部分,由公司在征得证监会同意后,按照原买入价格和市场价格中较低的一种价格收购"。

(三) 兼并与收购的区别与联系

1. 兼并与收购的区别

(1) 收购的主体是收购人和目标公司股东,收购人可以是法人,也可以是自然人;而兼并的主体则为进行合并的双方或多方法人。

(2) 典型的收购如要约收购是由收购人向不特定的股票持有人发出要约,从股东手中直接购得有表决权股票,而不必与目标公司经营者协商,也无须获得目标公司股东大会的批准;兼并则必须事先与对方公司协商,达成兼并协议,以合同方式进行产权交易,同时兼并协议必须获得股东大会的决议同意方可。

(3) 收购的后果主要是公司控股权的转移;而兼并必然导致一方或多方公司的解散、法人资格的丧失。

(4) 收购方对目标公司的原有债权债务仅以其控股比例承担,一般不会更换或重新明确原有的债权债务;而兼并各方的债权债务应由合并后存续的公司承担。

(5) 公司收购主要由《中华人民共和国证券法》(以下简称《证券法》)规范;而公司兼并则由《公司法》规范。收购是通过特定的一方向不特定的股票持有人发出要约并接受承诺的方式,从这些股东手中直接购得有表决权的股票,主要由《证券法》规范;兼并则是兼并方和被兼并方通过签订兼并合同的方式进行的交易,各方的权利义务要通过协议的形式进行规定,主要由《公司法》规范。

2. 兼并与收购的联系

兼并与收购有许多相似之处,主要表现在:

(1) 基本动因相似。其目的主要是扩大企业市场占有率;或扩大经营规模,实现规模经营;或拓宽企业经营范围,实现分散经营或多元化经营。总之,都是增强企业实力的外部扩张策略或途径。

（2）都以企业产权为交易对象。在现代企业制度下,企业兼并不仅仅是企业所有权（法律上的所有权）的转换,更重要的是企业产权的转让。收购通过控制目标公司股权取得控制权,即市场交易活动中对企业生产要素组合的支配权,它是在产权基础上提出的。这样,兼并和收购都是为了获取公司的控制权,是一种高级形态的产权交易。

二、并购的动因

在市场经济体制下,企业并购的主要动因是保证企业的生存和尽力扩大企业对周围资源的控制能力。企业作为独立的经济主体,其一切经济行为都受到利益驱使,即追求企业价值最大化。同时,企业并购的另一动因来源于市场竞争的巨大压力。这两大原始动因在现实经济生活中以不同的具体形态表现出来,即在多数情况下企业并非仅仅出于某一项动因进行并购,而是将各种因素综合平衡,以实现多方面的并购利益。

（一）谋求管理协同效应

如果某企业有一支高效率的管理队伍,其管理能力超出管理该企业的需要,但这批人才只能集体实现其效率,企业不能通过解聘释放能量,那么该企业就可并购那些由于缺乏管理人才而效率低下的企业,利用这支管理队伍通过提高整体效率水平而获利。

（二）谋求经营协同效应

由于经济的互补性及规模经济的效益性,两个或两个以上的企业合并后可提高其生产经营活动的效率,这就是所谓的经营协同效应。获取经营协同效应的一个重要的前提是产业中的确存在规模经济,且在并购前尚未达到规模经济或称"1+1>2"效应。

（三）谋求财务协同效应

企业并购不仅可因经营效率提高而获利,还可以在财务方面给企业带来如下收益:

（1）企业并购可以减少交易成本。科斯定理认为,企业之所以存在,是因为可以减少由市场交易而产生的交易费用。由于并购可使企业实现横向或纵向的一体化,这样自然减少了交易环节,节约了交易费用。

（2）降低公司资本成本。一般情况下,并购公司只有在具有剩余能力时,才会实施并购,实现资本在并购企业与被并购企业之间的有效再配置,从而降低资本成本。

（3）合法避税。税法一般包含亏损递延条款,即如果某公司在一年中出现了亏损,允许其免缴当年所得税,且其亏损可向后递延以抵消以后的年度盈余,企业根据抵消后的盈余交纳所得税。因此,如果一个企业在某一年严重亏损,或连续几年不曾盈利,企业拥有相当数量的累积亏损时,这家企业往往会被考虑作为兼并对象,或者该企业考虑兼并一盈利企业以充分利用它的纳税方面的优势。

另外,一些国家税法规定不同的资产适用不同的税率,股息收入、利息收入、营业利润、资本收益的税率也各不相同。企业可利用这些规定,通过并购行为及相应的财务处理合法避税。

（四）获得预期效应

预期效应是指并购使股票市场对企业股票评价发生改变而对股票价格的影响。由于预期效应的作用,企业并购往往伴随着强烈的股价波动,形成股票投机机会。投资者对投机利益的追求反过来又会刺激企业并购的发生。

（五）实现战略重组

当企业面临经营环境变化而需要调整战略时,并购可以使企业低成本且迅速地进入被并购企业所在的增长较快的行业,通过经营相关程度较低的不同行业分散风险,并在很大程度上保持被并购企业的市场份额以及现有的各种资源,从而保证企业持续不断的盈利能力,增强企业资产的安全性,实现战略重组。

（六）获得特殊资产

企图获取某项特殊资产往往是并购的重要动因之一。特殊资产可能是一些对企业发展至关重要的专门资产,如土地是企业发展的重要资源,一些有实力、有前途的企业往往由于狭小的空间难以扩展,而另一些经营不善、市场不景气的企业却占有较多的土地或处于优越的地理位置,这时优势企业就可能并购劣势企业以获取其优越的土地资源。另外,并购还可能是为了得到目标企业所拥有的高效管理队伍、优秀研究人员或专门人才以及专有技术、商标、品牌等无形资产。

（七）降低代理成本

在企业的所有权与经营权相分离的情况下,经理是决策或控制的代理人,而所有者作为委托人成为风险承担者。由此造成的代理成本包括契约成本、监督成本和剩余亏损。通过企业内部组织机制安排、报酬安排、经理市场和股票市场可以在一定程度上缓解代理问题,降低代理成本。当这些机制均不足以控制代理问题时,通过公开收购或代理权争夺而造成的接管,将会改选现任经理和董事会成员,从而作为最后的解决代理问题、降低代理成本的外部控制机制而起作用。

总之,企业并购的根本动因在于价值创造,在市场经济条件下谋求资源的最佳配置和资本的最大增值。

三、企业并购的发展与演变过程

企业并购是伴随着商品经济而产生的。由于美国是最发达的市场经济国家,因此成为大多数并购事件的主要发生地,并且在每个阶段的并购中,都是某一种特定类型的并购方式占了主导地位。为了能更准确地理解并购与经济发展阶段的内在联系,在这里以美国并购发展历史的演变过程为背景,分析不同阶段并购的动因和特点。从美国企业并购史上的五次大规模的并购,可以看到,所有并购活动都发生在经济持续高速增长时期,并且与商业环境的特点相吻合。

第一次并购潮发生在19世纪末20世纪初(1895—1904年),主要特点是横向并购,其结果是导致了许多行业的高度集中。这一时期美国正处于经济迅速扩张时期,此时的并购是伴随着经济基础设施和生产技术的重大革新、横亘大陆的铁路体系的建成、电力的出现、煤炭用途的扩展而出现的。修建起来的铁路体系促进了全国市场的发育,因此,并购活动在一定程度上代表了地区性企业向全国性企业的转变。但是初始的并购并不是都成功的,马克汉姆在早期的文献中指出,在328次兼并中有154次,即47%的兼并后来被证明是失败的。所谓失败是指并购后企业长期业绩下滑,失去了市场份额和竞争能力,以及并购所付出的代价高于目标企业的内在价值。早期兼并中如此高的失败率说明了这些兼并总体上具有投机特征。其实因为当时的经济环境正处于因铁路建设突飞猛进而导致竞争加剧的年代,即使没有兼并,那些企业也有可能倒闭。

第二次并购潮(1922—1929年)与第一次并购潮相似,始于1922年商业活动上升阶段。兼并的激励因素是运输、通信事业和零售推销的重大发展。这期间的许多并购发生在以前合并所集中的重型制造业以外的行业中,其中公用事业和银行业是最活跃的。这一时期纵向并购成为主要形式。钱德勒在总结这段历史时指出:"在美国,横向联合并不是一种在生意上常见而可行的长期策略。开始时以合并方式变大的公司之所以能够维持利润,只是因为它们在合并之后接着又采取了纵向结合的策略。"关于纵向兼并的增长,斯托金认为,20世纪20年代,商业界开始认识到一体化的优点。一体化的很多优点与技术经济有关,如缩短流程,或从机械操作的角度来说减少无用的劳动,或在市场尚不完善的情况下保证投入的供应和产成品的销路。

第三次并购潮发生在20世纪60年代,当时美国在世界经济中已处于霸主地位,其公司实力经过前两次并购与集中后已获得了长足的发展。同时,随着计算机等现代管理技术手段在企业管理中的应用,管理人员对大型混合公司的管理成为可能,混合并购成为这一时期的主导潮流。这段时期的大多数收购者是中等规模的公司,它们采取多角化战略进入传统行业以外的业务领域。而被兼并的企业多是"要么在分散的行业中从事经营,要么就在主要行业部门的外围从事经营的企业"。1971年,韦斯顿和曼辛卡指出,"混合企业进行防御性的多样化经营,以避免销售和利润的不稳定性、不利的发展、不利的竞争转移、技术过时与加剧行业的不稳定性"。另外,不断上升的公司税率也促使它们寻求多角化经营,以便更广泛地利用避税手段。

第四次并购潮(1975—1992年)是在20世纪70年代后期发生的,由于美国经济因贸易赤字扩大而走向萧条和外国产品的渗透,企业面临巨大的国际市场压力,同时第三次并购引发公司主营业务不突出现象,为此,一些企业为了摆脱困境走上了重组之路。这波并购的主要特点是:资产剥离活动占到相当大的比例;并购形式多样化。这次并购对前三次并购形式加以综合利用,使横向、纵向和混合三种形式互补,以达到最大优势,从总体上调整资产存量,优化资源配置;出现大量的"小鱼吃大鱼,弱者打败强者"的杠杆并购等。

第五次并购潮(1994年以后)发生在20世纪90年代,随着经济全球化进程的加快和资本的高度集中,资产规模得以迅速扩张,推动了产业结构和资产结构在全球范围内的优化、重组,从而推动了世界经济的发展。为了在未来的国际市场上占据更为有利的竞争地位,美国公司的并购活动也相应激烈地展开。此次并购的主要特点是第三产业成为并购的新热点,主要分布在金融服务业、医疗保险业、电信业、大众传播和国防工业等行业,尤为突出的是美国银行业间的并购。此轮并购促进了一批巨型、超巨型的大公司和跨国大公司的产生和发展,同时出现了战略联盟的趋向。在市场竞争日益激烈的当今世界,昔日那种视竞争者为仇敌、彼此势不两立的原则绝非上策,企业在竞争中为了确保生存,必须结成战略同盟。超越时空、不受地区及行业限制的联盟成为美国扩大市场、增强自身竞争力的重要策略。

综上所述,兼并和收购是一种正常的市场行为,它经历了资本主义的原始积累阶段到自由竞争阶段再到垄断阶段,但无论在哪个阶段,并购都是对经济环境基本特征的反映。美国历史上出现的五次并购浪潮,极大地促进了一批巨型、超巨型的跨国公司的产生和发展,完成了资产规模的迅速扩张和资本增值,推动了产业升级和资产结构在社会范围的优化,提高了企业的规模经济效益,在美国经济发展史上具有深远的影响。美国企业并购的冷热曲线与美国经济的起伏曲线基本吻合,较好的经济形势导致企业间竞争激烈是产生并购浪潮的主要动因。每一次并购潮的发生与特点都是与经济发展的阶段性密切相关的,伴随着经济的新热点和新调整,并购的内涵、形式和主题也在不断地演绎。如果说并购代表经济中资源分配与再分配过程,那么,面对经济条件的变化和推进工业发展的技术创新,企业必会对由此产生的新的投资和盈利机会作出反应,采取并购而非内部积累的方式更能加快调整过程。从并购的发展趋势看,海外并购的交易总额呈螺旋上升的趋势,宏观经济状况对并购活动有显著影响。并购的交易方式不断完善,由简单的横向并购到纵向并购再到混合并购,随着并购需求的变化和资本市场功能的完善而不断变化。由于市场经济的发展及国际化进程的加快,各国政府为了使本国企业能在国际竞争中处于有利地位,对反垄断及并购立法有放宽趋势。资产剥离在收购交易中所占比例不断加大。以美国为例,1966年资产剥离只占并购交易的11％,20世纪70年代后一直保持在40％上下的高比例。高新技术行业和第三产业在并购中所占比例不断上升,反映其在国民经济中的重要性增加,也反映了主要工业企业由于产品市场领域成熟或萎缩,需要寻求新的投资领域。由于企业并购规模的增加与复杂性上升,具有丰富专业知识的投资银行已成为现代并购活动中不可缺少的角色。

第二节　并购的运作形式与程序

一、并购的运作形式

企业并购的形式可以按不同的分类标准划分为不同的类别。

（一）按并购双方的行业关系分类

按并购双方所处的行业，企业并购划分为横向并购、纵向并购和混合并购三种形式。

1. 横向并购（horizontal merger）

当并购方与被并购方处于同一行业、生产或经营相同或相似产品，并购使资本在同一市场领域或部门集中时，称为横向并购，即竞争对手间的并购。这种并购因为双方生产工艺相近，并购风险较小，能够很快形成生产或销售的规模经济。并购投资的目的主要是确立或巩固企业在行业的优势地位，扩大市场份额，增加垄断实力。它是早期并购最主要的形式。美国历史上的第一次兼并浪潮主要就是横向并购。但由于横向并购易形成高度垄断，特别是大型企业之间的并购，因此许多国家在法律上对此有较严格的限制。

2. 纵向并购（vertical merger）

若并购公司是处于生产同一产品的不同生产阶段的企业，是再生产环节中的互为顾客关系，则称之为纵向并购。这种并购目的在于形成纵向生产或销售一体化。纵向并购又分为前体并购和后体并购。

3. 混合并购（conglomerate merger）

混合并购兼备前两者的特点，属于既非竞争对手，又非现实中或潜在的客户或供应商公司间的并购。其并购的目的是降低经营风险，或实现资源优势互补，或市场扩张等。混合并购可分为产品扩张型、市场扩展型、纯粹兼并型三类。

（二）按并购的实现方式分类

企业并购按实现方式，划分为承担债务式并购、现金购买式并购和股份交易式并购三类。

1. 承担债务式并购

根据承担债务的不同，承担债务式并购又可分为：① 在目标企业资产和债务相等的情况下，并购方以承担目标企业全部债务为条件，接收其全部资产所有权和经营权，目标企业法人主体消失；② 并购方以承担目标企业部分债务，同时提供技术、管理服务为条件，取得目标企业的部分资产所有权和全部经营权。此种方式下，所有资产整体归入并购企业。

2. 现金购买式并购

现金购买式并购有两种情况：① 并购方筹集足额的现金购买被并购方全部资产，使被并购方除现金外没有持续经营的物质基础，成为有资本结构而无生产资源的空壳，不得不从法律意义上消失；② 并购方以现金通过市场或协商购买目标公司的股票或股权，一旦拥有其大部分或全部股本，目标公司就被并购了。

3. 股份交易式并购

股份交易式并购有两种情况：① 以股权换股权。这是指并购方向目标公司的股东发行自己公司的股票，以换取目标公司的大部分或全部股票，达到控制目标公司的目的。通过并购,目标公司或者成为并购方的分公司和子公司,或者解散并入并购公司。② 以股权换资产。并购公司向目标公司发行并购公司自己的股票,以换取目标公司的资产,并购公司在有选择的情况下承担目标公司的全部或部分债务。目标公司也要把拥有的并购公司股票分配给自己的股东。

(三) 按涉及被并购企业的范围分类

企业并购按涉及被并购企业的范围,划分为整体并购和部分并购两种形式。

1. 整体并购

整体并购是指资产和产权的整体转让,它是产权的权益体系或资产不可分割的并购方式。其并购目的是通过资本迅速集中,增强企业实力,扩大生产规模,提高市场竞争能力。

2. 部分并购

部分并购是指将企业的资产和产权分割为若干部分进行交易而实现企业并购的行为。具体包括三种形式:① 对企业部分实物资产进行并购;② 将产权划分为若干价值相等的份额进行产权交易;③ 将经营权分成几个部分(如营销权、商标权、专利权等)进行产权转换。部分并购的优点在于可扩大企业并购的范围;弥补大规模整体并购的巨额资金"短缺";有利于企业设备更新换代,使企业将不需要的厂房、设备转让给其他并购者,更容易调整存量结构。

(四) 按并购双方事前协商的程度分类

按企业并购双方是否友好协商,企业并购划分为善意并购和敌意并购两种。

1. 善意并购

善意并购是指并购公司事先与目标公司协商,征得其同意并通过谈判达成收购条件的一致意见而完成收购活动的并购方式。善意并购有利于降低并购行动的风险与成本,使并购双方能够充分交流、沟通信息,目标公司主动向并购公司提供必要的资料。同时,善意并购还可避免因目标公司抗拒而带来额外的支出。但是,善意并购使并购公司不得不牺牲自身的部分利益,以换取目标公司的合作,而且协商、谈判过程过长也可能使并购行动丧失其部分价值。

2. 敌意并购

敌意并购是指并购公司在收购目标公司股权时虽然遭到目标公司的抗拒,但仍然强行收购,或者并购公司事先并不与目标公司进行协商,而突然直接向目标公司股东出价或发出收购要约的并购行为。敌意并购的优点在于并购公司完全处于主动地位,不用被动权衡各方利益,而且并购行动节奏快、时间短,可有效控制并购成本。但敌意并购通常无法从公司获取其内部实际运营、财务状况等重要资料,给公司估价带来困难,同时还会招致目标公司抵抗甚至设置各种障碍。所以,敌意并购的风险较大,要求并购公司事前制定严密的收购行动计划并严格保密、快速实施。另外,由于敌意并购易导致股市的不良波动,甚至影响市场正常秩序,各国政府都对敌意并购予以一定限制。

（五）按并购是否通过中介机构分类

企业并购按是否通过中介机构进行,划分为直接并购和间接并购两种形式。

1. 直接并购

直接并购是指并购公司直接向目标公司提出并购要求,双方通过一定程度的磋商,共同商定完成并购的各项条件,进而按协议的条件完成并购。

2. 间接并购

间接并购是指并购公司并不直接向目标公司提出兼并要求,而是在证券市场上以高于目标公司股票市价的价格大量收购其股票,从而达到控制该公司的目的。

（六）按并购资金的来源分类

企业并购按是否利用目标公司本身资产来支付并购资金,划分为杠杆并购与非杠杆并购两种形式。

1. 杠杆并购

杠杆并购是指并购公司利用目标公司资产作为债务抵押,来支付并购价款的并购方式。这种并购方式下,并购方不必拥有巨额资金,只需准备少量现金(用以支付并购过程中的律师、会计师等费用),加上以目标公司的资产及运营所得作为融资担保、还款来源所贷得的金额,即可兼并任何规模的公司。

2. 非杠杆并购

非杠杆并购是指不用目标公司自有资金及营运所得来支付或担保支付并购款的并购方式。早期并购多属非杠杆并购。事实上,几乎所有的并购都需用举债完成,只是负债数额不同而已。

（七）按并购形式策划的主动性分类

企业并购按企业并购形式的策划是否主动,分为积极式并购和机会式并购两种形式。

并购形式的策划,可采取"积极式"和"机会式"两种不同方式。在企业的整体性策划里,若确定要采取"外部成长"的发展战略,即会采取"积极式"的并购形式,否则一般采取"机会式"的并购形式。

1. 积极式并购

在积极式并购方式下,企业可根据并购的目标,制定明确的并购标准。在此标准下,企业可主动寻找、筛选出几家目标公司并开始进行个别并购洽谈。这些标准与条件一般包括产业类别、企业规模、财务状况、地理位置、技术水平、市场地位等;另外,还有一些其他标准,如不从事用人过多的行业、不从事与现有客户竞争的行业。

积极式并购的标准并不是固定的,一般每个决策者针对自己企业的状况与发展目标制定。一般而言,如果企业将并购标准定得非常明确,则不需要外界咨询机构的协助即可很容易确定出哪几家公司是最好的并购对象,并可主动去找并购对象商谈双方交易的可能性。在主动寻找目标公司时,可能因目标公司不愿出售一直无法成交,因此只好等待合适的被动并购机会。事实上,在某些标准下,即使主动寻找目标公司,亦可能不易成交。例如,所制定的并购标准是百分之百的全额并购,不愿合资,则价格常不易谈拢。又如,只想投资目标公司少数股份而不想取得对方某项资源的配合补充,则业务合作的方式往往确定不下来,此项交易可能一直无法成交。

寻找一家合适的并购对象,不论是完全的股权并购还是仅并购部分股权而形成合资企业,开始时都应设定许多标准,并且按重要性进行排列,依此标准去寻找,则交易的成功率往往比较大。

2. 机会式并购

机会式并购是指企业在其整体性策略规划里,没有具体的并购策划,只是在被动地得知同业间有哪家公司欲出售,或从专业并购中介机构中得到有出售公司的消息后,企业才依目标公司的状况,结合本企业的策略考虑进行评估,以决定是否进行公司并购。因此当企业得到并购机会时,应先评估与其既定的整体性策略的配合程度,若与其既定策略不符,则不必去考虑并购。

二、并购的程序

一般来说,并购整个过程可分为准备、执行、整合三个阶段。

(一) 并购的准备阶段

在这一阶段,要通过对目标公司的经营状况及未来收益情况进行并购可行性分析,进行并购策划。

1. 公司的自我评估

自我评估的内容包括公司的经济实力、所在行业发展前景、公司发展战略、所在行业科技发展趋势及对本公司影响。公司的经济实力主要是指公司目前的资金实力、业务水平、市场占有率及利润率、公众形象与资信级别等。公司经济实力在股票市场上表现为股价高低,如果在上市公司中,某公司市盈率一直很高,公众对其股价长期看好,该公司就有实力充当并购者,否则极有可能被并购。公司所在行业的发展前景是指所属行业的现状和前景,它将影响决策者对以下问题的决定:是继续在本行业谋求发展,还是进入其他行业发展。公司发展战略也是一项重要内容,发展战略不同,确定的并购对象亦不同。公司并购有横向并购、纵向并购、混合并购之分,这取决于不同的发展战略。此外,还要考虑科技发展趋势及本公司在发展中面临的机遇与挑战。例如,一个急需获得技术力量优势的公司可能会并购一些高科技产业及一些研究机构。

2. 备选目标基本情况分析

备选目标基本情况分析包括目标公司面临的行业环境、国内外竞争状况、目标公司拥有市场份额与实力的大小、目标公司利润水平及前景、企业所有制性质、财政隶属关系、政府对该企业或该企业所在行业的现状与前景所持的态度、是否会出现政府干预或支持并购的行动、企业财务状况、企业经营管理水平、管理者素质的高低等。

此外,还要注重对目标企业产品市场需求的调查研究。这种调查主要是要搞清楚以下几方面问题:① 产品的用途及发展趋势;② 客户的现状及将来的分布情况;③ 市场的需求量和产品的销售量及其发展潜力;④ 企业产品市场占有率及有无开发新产品的能力;⑤ 企业的产品是否有替代品的威胁、竞争状况及发展趋势;⑥ 产品的现行价格及今后趋势。

3. 公司并购依据分析

公司并购依据分析的内容包括四个主要方面:① 分析公司并购双方的优势与不足,包括财务状况、市场销售能力、市场分布状况、生产能力、产品质量、技术潜力等。② 确定公司并购的类型,通过双方工艺技术相关性判定所应采取的并购方式。③ 分析协同作用,通过分析并购后协同作用的大小来决定是否进行并购。例如,一家营销能力很强的企业并购一家生产能力很强但缺乏营销技能的企业就会产生巨大功能性协同作用。功能性协同作用还可以表现于技术领域、制造工艺领域、研究开发领域和财务方面。例如,一家资金雄厚的公司并购一家具有发展潜力但资金有限的公司,也可产生很好的协同作用。④ 分析财力、物力设备状况,即分析并购者资金实力及筹措资金能力大小、原材料及机器设备状况等。

4. 公司并购可能性分析

公司并购可能性分析包括两方面的含义:一是目标公司自身具有被并购的可能性;二是目标公司价格高低及买方承受能力大小。如果目标公司价格是在买方可承受的能力范围内,就有并购可能性。

对于目标公司本身的因素,主要应考虑公司股本结构。如果股权结构不合理,则可能遭到并购。此外,如果一家公司由于股票价格低于资产而被低估了价值的话,它极有可能成为并购的首选目标。例如,英国莱德房地产公司购买多萝西·帕金斯妇女服装连锁商店的股票,就是因为后者的市场价值低于其资产,转卖出去可赚到丰厚利润,库图研究了1969 年至 1975 年英国 35 000 多家公司后,得出估价率与被并购可能性呈负相关关系的结论,就是对此最有力的证明。

买方的承受能力因素,主要应考虑有没有能力吞下猎物,这取决于其自身实力,主要衡量标准是目标价格。如果目标价格高于公司所能承受的最高并购价格,则对买方而言,并购可能性不太大。因为他没有必要用高昂的代价作此冒险;反之,并购可能性就大。

5. 并购融资安排

并购成功与否,在很大程度上取决于其融资安排是否科学可行。并购融资安排主要包括两部分内容:一是融资渠道的选择;二是合理安排并购进度。由于并购所需资金量较大,因此,合理安排并购进度也是并购融资安排的重要内容。

(二) 并购的执行阶段

1. 评估和并购定价

完成准备工作后,就可以委托聘请的专业评估机构对目标公司进行价值评估,确定可接受的最高收购限价。在确定收购价格时,需综合考虑目标公司的盈利水平、资产账面价值、企业改造后的预期价值、可能承担的债务以及与其他买主的竞争等因素,争取竞争条件下的最可能的价格优惠。

2. 并购谈判,签订合同

在这一阶段,并购方就收购条件和价格等条款同目标公司董事会进行谈判。并购条款一经确定,并购便进入实质性阶段,管理层与目标公司正式签订并购协议书(或并购合同)。并购协议书应明确双方享有的权利和义务,其主要内容如下:

(1)并购双方的名称、住所、法定代表人,企业并购的性质和法律形式,并购完成后,被并购企业的法律地位和产权归属。

(2)并购的价格和折算标准,收购涉及的所有资本、债务的总金额,收购方支付收购资金来源、性质、方式和支付期限。

(3)被并购目标公司的债权、债务及各类合同的处理方式以及被并购目标公司的人员的安置及福利待遇等。

3. 并购合同的履行

并购集团按照并购目标或合同约定完成收购目标公司的资产或购买目标公司发行在外的股票。并购完成,根据并购具体情况办理下列手续和事项:

(1)审批和公证。协议签订后,经双方法定代表人签字,报请有关部门审批,然后根据需要和双方意愿申请法律公证,使并购协议具有法律约束力,成为以后解决相关纠纷的依据。

(2)办理变更手续。并购完成以后,意味着被收购方的法人资格发生了变化。协议书生效后,并购双方要向有关部门办理企业登记、企业注销、房产变更及土地使用权转让手续,以保证收购方的利益和权利。

(3)产权交接。并购双方的资产交接,须在律师现场见证、银行和中介机构等有关部门的监督下进行,按照协议办理移交手续,经过验收、造册,双方签证后,会计据此入账。收购目标公司的债权、债务,按协议进行清理,并据此调整账户,办理更换合同等手续。

4. 发布收购公告

发布收购公告是执行阶段的最后一道程序。并购公告可以在公开报刊上刊登,也可由有关机构发布,并购人将并购信息公之于众,并开始调整与之相关的业务。

(三)并购后的整合阶段

并购仅仅改变了产权关系,关键还在于其后的经营整合。

实施并购后,企业必须建立起一套动态的股权调整策略,这是并购完成后调动企业员工积极性、企业激励活动和建立约束机制的关键所在。对于刚刚完成并购的公司来说生存问题是第一位的,比发展更具现实意义。需要有一段时间的调整和整合来稳定局面渡过充满变数和风险的调整期。并购流程如图2-1所示。

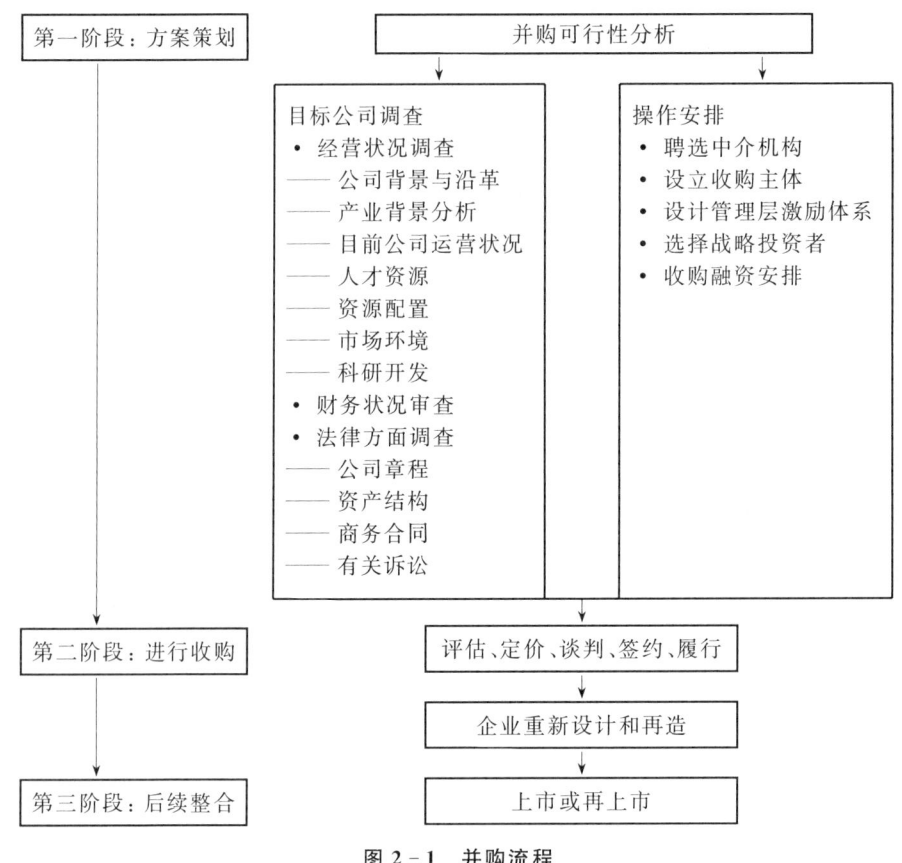

图 2 - 1　并购流程

第三节　并购的相关决策

一、企业并购价格决策

（一）企业并购价格的影响因素

1. 目标企业的评估价值

目标企业的评估价值是影响企业并购成交价格最重要的因素,是企业并购成交价格的重要基础。因此,正确评估目标企业的价值,是进行并购价格决策的关键环节,但最终的企业并购成交价格是并购双方以目标企业的评估价值为参考价格,综合考虑各种因素并通过协商谈判而确定的并购支付价格。

2. 并购双方在市场和并购中所处的地位

一般来说,并购是一种优胜劣汰的经济行为。在并购实施过程中,并购企业处于较为有利的地位,其要求以较低的收购价格收购目标企业。然而目标企业也会进行讨价还价。并购企业之所以愿意收购目标企业的产权,必然是因为目标企业存在可被利用的地方,如土地、专有技术以及其他的特殊资产等，而这一点正是目标企业可以提高价格的筹码，并最终会影响并购的成交价格。

3. 产权市场的供求状况

产权市场的供求状况是指产权转让的供给方与需求方在产权市场上的表现和竞争状况。很显然，当目标企业资产在产权市场上供给过剩，其价格必然会下跌；反之，当需求大于供给时，目标企业的价格可能会上涨。因此，对并购双方来说，把握并购的市场机会，会给自己带来意外的收获。

4. 企业未来经营环境的变化

尽管在企业价值评估时已经考虑了企业未来经营环境的变化，但是在目标企业资产的收购价格中，未来经营环境的变化仍然是考虑的主要因素。这是因为，未来经营环境的不确定性是投资风险的主要构成要素，一般来说，未来经营环境的不确定性越大，目标企业资产的收购价格越低；反之，未来经营环境比较稳定，则会提高目标企业资产的收购价格。

5. 并购双方的谈判技巧

企业并购的谈判过程是并购企业与目标企业双方博弈的过程。谈判是一项艺术，若并购企业精于谈判手法，掌握目标企业状况，善于运用自身优势，则可以较低的价格成交；反之，如果目标企业精于谈判技巧，能充分发挥信息不对称的优势，使并购以较高的价格成交，目标企业就可以通过谈判而得到额外的收益。

（二）企业价值评估方法

企业并购过程中并购双方最关心的问题，莫过于以持续经营的观点合理估算目标公司的价值，以确定并购价格。由于买卖双方对公司的价值含有主观判断的因素，如果双方认定差距太大，就难以达成共识导致交易失败，因此，正确选用企业并购中的价值评估方法有着重大的意义。

1. 价值基础法

价值基础法是通过对目标企业的资产进行估价来确定其价值的方法，国际上通行的资产评估价值标准有账面价值、市场价值、清算价值、续营价值和公平价值，因而就有了五种价值评估方法。

（1）以成本为基础的账面价值调整法。该法是以公司资产负债表上各项目的净值，即公司账面价值为基础，对资产负债表的各项目做必要的调整而计算出的企业价值。这种方法没有考虑公司的现实资产的市场价格，也不考虑公司的管理效能及资产的收益状况，因此是一种静态的估价标准，一般认为，用这种方法得出的结果，只能在企业并购中作为底价参考。

（2）以证券的市场价格为依据的市场价值法。该法是将股票市场上与目标公司经营业绩相似的公司最近的平均实际股票交易价格作为估算公司价值的参照物的一种方法。目前，我国股票市场一些上市公司的股价偏离了股票的内在价值，因此，这种方法对这些内在价值被高估的公司要谨慎使用。

（3）以价值为基础的清算价值法。当公司出现财务危机而导致破产清算时,公司作为一个整体已丧失了增值能力,公司市场价值已不再依赖于它的盈利能力,这时要将实物资产逐一分离、单个出售,用清算价格评估资产价值就较为恰当。

（4）续营价值法。续营价值是指目标企业作为一个整体仍然有增值能力,在保持其继续经营的条件下,以未来的收益为基础,来评估目标企业的价值。

（5）公平价值法。公平价值法是指将目标企业在未来持续经营情况下所产生的预期收益,按照设定的贴现率估算出现值。它把市场与企业未来的经营状况以及目标企业价值紧密结合,被认为是最科学和成熟的价值评估方法。

2. 现金流量折现法

现金流量折现法是一种理论性较强的方法,思维严密,科学性强,但是由于存在着主观性判断,需要一些严格的前提和假设,但这并不影响这种方法的合理性。现金流量折现法的结论往往作为检验其他方法合理与否的基本标准。其基本公式为:

$$V = \sum_{t=1}^{n} \frac{CF_t}{(1+k)^t}$$

式中,CF_t 是预计被并购方第 t 年给并购方新增的现金流量;k 是考虑了投资风险的折现率。用该方法计算目标企业的价值时应考虑以下几个因素:

（1）现金流量。现金流量等于年净利润加折旧及其他非付现费用,减去追加的流动资本及固定资本投资额。

（2）风险折现率。风险折现率常用主权资金成本和债务资金成本的加权平均数表示。在评判目标公司价值时,如果目标公司的风险与并购方公司相同,就按并购方公司的加权平均资金成本来贴现;如果目标公司的风险大于或小于并购方公司所用的资金成本,所选折现率就应高于或低于并购公司的加权平均资金成本。

（3）预测期限。公司的生命也许是无限的,但还是要预测公司的计划经营年限。这个预测期限根据企业外部环境的不同而不同,也可以主观地定为 5 年或 10 年。

（4）预测期末残值。目标公司期末残值的估算比较容易。期末净残值是指固定资产在项目计算期结束时的残余价值,在被并购方作为一个永续经营的整体时,等于原值乘以净残值率。在其计划年限终止时,公司作为一个整体的价值,一般可采用目标公司预期期末税后净利润,或者假定公司已进入成熟期,其现金流量按一固定增长率所计算的增长额来表示。

3. 市盈率法

市盈率法一般以目标企业同行业或同类公司的市盈率作为基础,再根据影响市盈率大小的因素,如预期的公司增长率、预期的公司风险和公司股票在市场上的可交易性等进行调整,选择一个标准市盈率。同时,确定估价收益指标,该指标可以选用目标企业最近一年的税后利润,在企业经营具有明显周期性的情况下,也可以选用目标企业最近三年税后利润的平均值作为估价收益指标。实际上对目标企业的估价应当更多地注重其被并购后的收益状况。将估价收益指标与标准市盈率相乘,即可估算出目标企业的价值。利用该方法估计目标公司的价格时,需要注意以下问题:一是估价结果是否合理,其中一个重要的因素就是估价指标的选择,作为一家上市公司,应选择的利润额应为税后利润,并扣除优先股股利后的余额;二是市盈率的选择必须在充分考虑各种因素后进行适当调整;三是估价着眼的是目标公司的未来情况而不是历史情况;四是应考虑各种事件对目标公司价格的影响,如会计政策、法规的调整,股票回购等,都会对目标公司的财务结果产生影响。

二、企业并购支付方式决策

企业并购的支付工具和企业并购的具体模式密不可分,不同的并购模式有不同的支付工具。企业并购按实现方式划分为承担债务式并购、现金购买式并购和股份交易式并购三种模式。相应地,支付工具包括现金支付、股权支付、综合证券支付等方式。

(一) 现金支付方式

现金支付是并购活动中最普遍采用的一种支付方式。现金支付包括一次支付和延期支付。延期支付包括分期付款、开立应付票据等卖方融资行为。现金支付在实际并购重组的操作中也演变为以资产支付、以股权支付等形式,如资产置换、以资产换股权等。这里需要说明的是,以拥有的对其他公司的股权作为支付工具(如长期投资)仍属于现金支付的范畴,而不属于股权支付的范畴,股权支付方式则特指换股、增发新股等方式。现金支付方式的操作过程中要做好税务筹划和财务风险预测。

(二) 股权支付方式

股权支付是指收购方通过换股(如吸收合并)或增发新股的方式,取得目标公司控制权、收购目标公司的一种支付方式。股权支付有以下特点:① 并购公司不需要支付大量的现金;② 收购完成后,目标公司的股东成了并购公司的股东;③ 对上市公司而言,股权支付方式可使目标公司实现借壳上市;④ 对增发新股而言,增发新股改变了原有的股权结构,导致原有股东权益的"淡化",股权淡化的结果甚至可能使原有的股东丧失对公司的控制权。

影响股权支付的因素有以下几个:

(1) 并购方的股权结构。由于股权支付方式的一个突出特点是它对原有股权比例有重大影响,并购公司必须首先确定主要大股东在多大程度上可以接受股权的淡化。

(2) 每股收益的变化。增发新股可能会摊薄每股收益,公司需要考虑股东的接受程度。

(3) 每股净资产值的变动。每股净资产值是衡量股东权益的一项重要标准。在某种情况下,新股的发行可能会减少每股所拥有的净资产值,这也会对股价造成不利影响。

(4) 财务杠杆比率。发行新股可能影响公司的财务杠杆比率。所以,并购公司应考虑到是否出现财务杠杆比率升高的情况,以及具体的资产负债的合理水平。

（5）当前股价水平。一般来说,在股票市场处于上升的过程中,股票的相对价格较高,以股权作为出资方式更有利于并购公司,增发的新股对目标公司也会具有较强的吸引力。因此,并购公司应事先考虑本公司股价所处的水平,同时还应预测增发新股会对股价波动带来多大影响。

（6）当前股息收益率。新股发行往往与并购公司原有的政策有一定的联系。一般而言,股东都希望得到较高的股息收益率。在股息收益率较高的情况下,发行固定利率较低的债券证券有利;反之,借贷有利。

此外,跨国并购的资本管制、外国投资者的股权投资限制、上市规则和会计方法的限制等都是股权支付并购时应考虑的因素。

（三）综合证券支付方式

1. 公司债券

公司债券作为一种出资方式,必须满足许多条件,一般要求它可以在证券交易所或场外交易市场上流通。与普通股相比,公司债券通常是一种更便宜的资金来源方式,而且向它的持有者支付的利息是免税的。对买方而言,它与认股权证或可转换债券结合起来是一大好处。

2. 认股权证

认股权证是一种上市公司发售的证明文件（股权证券）,它赋予其持有者一种权利,即持有人有权在指定的时间内,用指定价格认购由该公司发行的一定数量（按换股比率）的新股。对收购公司而言,发行认股权证的好处在于,企业可以因此而延期支付股利,从而为公司提供了额外的股本基础。对投资者而言,大多数认股权证比股票便宜,而且认购款项可延期支付,只需少数款额就可以把认股权证转卖,并从中获利。

3. 可转换债券

可转换债券向其持有者提供了一种选择权,在某一给定时间内可以某一特定价格将债券转换为股票。可转换债券发行时,发行企业应事前确定转换为股票的期限,确定所转换股票属于何种类型的股票和该股票每股的发行价格（转换价格）等。对收购公司而言,通过发行可转换债券,公司能以比普通债券更低的利率和较宽松的契约条件出售债券;还提供了一种能以比现行价格更高的价格出售股票的方式;同时,当公司正在开发新产品或开展新业务,预期从这种新产品或新业务所获得的额外利润可能正好与转换期相一致。对目标公司股东而言,可转换债券具有债券的安全性和作为股票可使本金增值的有利性相结合的双重性质;在股票价格较低的时期,可以将它的转换期延迟到预期股票价格上升的时期。

4. 无表决权的优先股

优先股虽在股利方面享有优先权,但不会影响原有股东对公司的控制权,这是这种支付方式的一个突出特点。

支付方式对并购双方的利益都有很大的影响,需考虑多方面的因素,下面从财务角度分析并购双方选择支付方式时应考虑的因素。

并购方首先应考虑现金的充裕程度。如果在并购之前,并购方企业有充足的甚至过剩的闲置现金,则可以考虑在并购时采用现金支付方式。其次,要考虑资本结构状况。企业融资渠道一般有债务融资和权益融资两种,债务融资又有银行借款、发行企业债券等具体方式;权益融资又有发行优先股、发行普通股、留存收益等具体方式。企业选择融资方式不仅要考虑个别资本成本的高低,同时还要考虑融资对企业资本结构的影响,要尽量保持最佳资本结构,使企业的综合资本成本最低。此外,还要考虑收益稀释的程度。如果并购方企业不能筹集足够的现金来并购目标企业,可以通过发行优先股或普通股来换取对方的资产或股票。但发行新股,意味着企业股本增加,参与分配利润的股本数增加,如果不仔细考虑并作出妥善安排,原来股东的收益就会被摊薄、稀释。最后,还要考虑控制权的稀释。采用发行新股的方式筹措并购资金,还要考虑到将会稀释原股东拥有该企业权益的比例。如果发行的新股数量足够大,甚至可能使原股东失去控股权。

目标企业首先要考虑股东收益的增幅程度。如果在并购时,采取的支付方式是换股方式,即并购方企业发行股票换取目标企业的资产或股票,则对目标企业的股东而言,从并购方企业新股中获得的收益至少不应低于从原来目标企业股票中获得的收益。其次要考虑税收因素。根据多数国家的税收法律制度,若并购方企业向目标企业的股东支付现金,则目标企业的股东必须在收到现金后立刻向政府缴纳所得税;若采取换股的方式,目标企业的股东不用马上缴纳所得税。因此,若并购方企业所支付的现金额不是大到足以弥补目标企业股东税收上的损失,目标企业可能会考虑接受股票支付方式。

由此可见,无论哪种支付方式,都各有利弊。一般情况下,支付现金是最常见的方式,因为此时目标企业的股东有极大的自由选择空间。若目标企业的股东不想使自己持有的股份流动,可以选择股票支付方式。

三、企业并购融资决策

(一)融资政策的选择

融资政策主要是确定短期融资和长期融资的比例及数量。确定收购方进行收购所需投入的资金,通常包括三个因素:收购价款、维持被收购公司正常营运资金和收购动机。

收购价款一般要考虑并购企业的长期负债能力,投资银行也以此为价格收取"成交费用"。假如并购双方没有签署股权转移时的强制偿还条款,收购后是否需要立即偿还全部长期负债,要根据具体情况而定。若这些负债是公司债,则可能因发行条件上有规定而无法立即赎回。

实践中,并购方在考虑所要投入的资金时,除了考虑用来偿还长期负债外,还需考虑偿还短期负债或充当运营资金,只有这样,才能顺利保证收购后目标公司的正常运营。故而从财务的观点看,买方所关心的并非收购价款的多少,关心的是在收购中究竟需投入多少现金流。在进行目标公司未来现金流量预测以计算投资报酬率时,假如目标公司负债比率过高,买方可以用该目标公司借款利率与本身资金成本作比较,以决定是否偿还负债。

若买方有意长期持有目标公司且欲进行公司业务整合,一般会投入较多资金;如果买方准备购买后等待时机再出售的话,则会减少投入资金。在目标公司的业务与买方业务相互独立的情况下,买方因考虑将来可能遇到的经营风险,而不投入过多资金,从而让目标公司自行举债。若买方资金比目标公司的长期负债率还低时,买方就不会对目标公司投入过多资金。

并购公司在筹集资金时所采取的融资政策大致可分为积极型、中庸型及保守型三种类型。一般而言,短期融资而形成的流动负债与流动资产的资金融通有关,而长期负债则是为进行长期投资做准备。在一般公司中,流动资产占全部资产的40%,如何合理安排资金结构,如何采取适当的筹资手段,就构成了企业的融资政策。

积极型融资政策是对总资产中扣除长期负债和权益的部分所对应的负债进行短期融资,对其余部分进行长期融资。

中庸型融资政策是经常被采用的一种融资政策,其特点是速动性资产对应短期融资,非速动性资产对应长期融资。

保守型融资政策是指不但对非速动性资产进行长期融资,而且对季节性或周期波动而产生的资产也进行长期融资。

(二) 融资渠道的选择

融资渠道分为内部融资渠道和外部融资渠道。内部融资渠道是指从公司内部寻找资金来源,筹措所需资金,主要来自公司留存收益。外部融资渠道可分为外部直接融资和外部间接融资两种。外部间接融资包括商业银行信贷资金、非银行金融机构资金、其他公司资金、民间资金、外资。外部直接融资主要指发行证券融资,包括发行普通股、优先股、债券、可转换证券、认股权证等。下面对外部直接融资进行介绍。

1. 普通股融资

普通股的基本特点是:其投资收益不是在购买时约定,而是事后根据公司的经营业绩来确定。持有普通股的股东,享有参与重大经营和财务政策的投票表决权、收益分配权、资产分配权、优先购股权和股份转让权等。从公司的角度来看,普通股融资不必支付固定的股利给股东,且因为没有固定的到期日,无须到时偿还本金。增发普通股,有助于提高公司的信誉,使公司负债成本降低,并增加公司未来的融资能力。当公司的前景看好时,普通股能以较高的价格发售给社会公众。这是由于普通股所提供的报酬率通常比优先股和债券的报酬率高。而且,由于普通股代表了公司的所有权,相对于优先股或债券,普通股可以为投资者提供一个较佳的屏障,以防止非预期性通货膨胀所造成的损失。公司发行普通股筹集的资金是公司实力的反映,因此,还可以维持充分的举债能力。

普通股融资具有下列缺点:

(1) 分散了公司的控制权。由于普通股股东通常都享有投票权,对外发行新股意味着公司的部分控制权转给新的股东。如果普通股发行太多,发行公司本身也将面临被收购的危险。例如,有公司试图通过收购流通在外普通股的方式来取得其他公司超过半数的股份,以达到接收公司的目的。由于普通股股东可以亲自出席股东大会行使投票权,也可以使用委托书委托代理人代为行使投票权,于是一些有收购意愿的人会出来收购委托书,然后在股东大会上投票,以推翻现有的管理层,这便是"委托书争夺战"。

(2) 对外发行新股容易使新股东坐享其成,即当未来公司的盈余激增时,新股东享有与旧股东同样的权利。

(3) 普通股融资审查成本较高且普通股的定价通常较债券或优先股低,但是不同市场情况也有可能不同,普通股的承销费用通常要较优先股或债券的承销费用高。

(4) 过多的普通股融资会使公司无法达到平均资金成本最低的最佳资本结构。

(5) 由于付给债权人的利息可在税前扣除,而付给股东的股利需在税后支付,相对而言,公司采用普通股融资越多,其缴纳的所得税也越多。

2. 优先股融资

优先股又称特别股,是股份公司专为某些获得优先特权的投资者设计的一种股票。它的主要特点是:① 一般预先确定股息收益率;② 优先股股东一般无选举权和投票权;③ 优先股有优先求偿权,能比普通股优先领取股息,在公司破产时可优先分配剩余资产。

从发行公司的角度看,优先股具有以下优点:

(1) 公司可凭借发行优先股来使融资成本保持不变,并得以将更多的未来潜在利润保留给普通股股东。

(2) 优先股一般没有到期时间和收回资金的规定,相对于负债,它们通常不会给公司带来现金流量问题。

(3) 通过发行优先股而非普通股融资,公司普通股股东可以避免与新投资者一起分享盈余与控制权。

优先股筹资也有缺点,主要表现在:

(1) 优先股的税后资金成本要高于负债的税后资金成本。

(2) 优先股股东往往负担了相当大的风险,却只能收取固定的报酬,因而在发行效果上可能不如债券。

3. 债券融资

债券是公司为了筹集资本,按照法定程序发行并承担在指定时间内支付一定利息和偿还本金义务的有价证券。从法律的角度看,债券是一种表示债务关系的凭证。债券的种类有抵押债券、信用债券、附属信用债券以及可转换债券等。

与股票相比,债券具有以下特点:

(1) 期限不同。股票只付股息,不需还本,故股票不存在期限问题;而债券一般都有固定的期限,到期要还本付息。

(2) 投资者拥有的权利不同。投资者购买债券投资,与发行者是借贷关系,投资者的权利就是到期获得本息,但无权参与发行公司的经营管理,也不承担偿还公司债务的责任。投资者购买股票进行投资后,他就成为股东,因而有权参与企业管理,并获得股利,同时还要按股承担企业经营风险的责任。

（3）收益的保障程度不同。债券持有者所持有的债券一旦到期，不论融资者的经营状况如何都要还本付息。但股票股利与企业获利情况有关，公司盈利多则可多派股利，公司盈利少则可少派股利。

（4）所获收入与国家税收的关系不同。债券利息在公司缴纳所得税前支付，股息则在缴纳所得税后支付。

4. 可转换证券融资

可转换证券是指持有人可将其转换为公司普通股的债券或优先股。当可转换证券被持有人转成普通股之后，虽然不像认股权证一样需要现金，但由于公司的负债比率已较前为低，故公司将更容易筹措到新的资金，其资本结构也更为健全。由于可转换证券发行之初可为投资者提供固定报酬，这等于单纯投资于公司债或优先股；当公司资本报酬率上升、公司普通股价格上升时，投资者又获得自由交换普通股的权利。故从投资者角度看，转换溢价是值得支付的，他们乐于接受这种收益较低的可转换证券。

可转换证券对公司筹措资金具有以下优点：

（1）由于其具有高度灵活性，公司可依据具体情况，设计出不同报酬率、不同转换溢价等条件的可转换证券，以寻求最佳的长期筹资方式。

（2）可转换证券的报酬率一般较低，即可转换证券的资本成本较低，大大减轻了公司的筹资成本，使公司获得并购的资本供给。

（3）可获得长期、稳定的资金来源，由于可转换公司债和可转换优先股等可转换证券一般要转换为没有届满期的普通股，发行可转换证券可为公司提供长期、稳定的资金来源。

利用可转换证券筹措资金具有以下缺点：

（1）当股票市价猛涨而且大大高于普通股转换价格时，发行可转换证券反而会使公司蒙受财务损失。

（2）当普通股市价未按预期的那样上涨时，可转换证券的转换就无法实现，这极有可能断绝公司获得新的长期资金的任何来源。这是因为，证券的转换未能实现时，一方面公司几乎不可能再发行新的可转换证券；另一方面由于投资者对公司财务状况的怀疑，会导致其他非可转换证券发行的困难。

（3）当可转换证券的转换顺利实现时，转换本身就意味着对公司原有股东参与权的稀释，也会引起对公司经营管理的干涉。

由上可见，可转换证券是一种极好的筹措长期资本的工具，在公司普通股目前市价偏低的情况下常常使用，也可应用于收购股息制度不同的其他企业。

5. 认股权证融资

认股权证是一种由公司发行的长期选择权，它允许持有人按某一特定价格买进既定数量的股票。认股权证通常随着公司的长期债券一起发行，以吸引投资者前来购买利率低于正常水平的长期债券。

认股权证在性质上与可转换证券有相同之处，但两者又有以下重大差别：当可转换证券被转换时,相当于发行了新的普通股,但公司资本并未因此增加。这是由于资本在可转换证券出售的当初已经增加了,在证券转换之时,只是一种证券(公司债)转换成另一种证券(普通股股票),即由债务资本转换为权益资本;而在认股权证被行使时,原来发行的公司债尚未收回,因此所发行的普通股意味着一批新的资金流入公司,这些新投入的资金可用于公司的运营。

因为认股权证代表了一种长期选择权,所以附有认股权证的债券或股票往往对投资者有较大的吸引力。从实践看,认股权证能在下列情况下推动公司有价证券的发售:

(1) 当公司处于信用危机边缘时,可利用认股权证吸引投资者购买公司债,否则公司债难以售出,甚至不能售出。

(2) 在金融紧缩时期,一些财务基础较好的公司也可用认股权证吸引投资者。

第四节　并购后的整合

企业并购后在内部管理方面的整合是指在管理制度、经营方式以及企业文化等方面的融合,主要涉及组织企业内部新旧业务的开展、监控企业内部职能部门和分支机构的流动、协商解决企业和各部门间的利益冲突等方面。只有经过整合过程,才能更有效地发挥双方的协同效应,因此,并购完成后,如何妥善对待整合问题,以收到事半功倍的效果,对于并购方能否达到并购的目的是至关重要的。

一、企业文化整合

一家公司的管理层在决定并购另一家公司时,往往会仔细地调查其财务状况、市场定位、管理水平等与该公司"健康状况"密切相关的具体情况。然而,有关公司经营理念等软性的一面——企业文化往往被忽视。事实上,并购中文化的不协同与财务、产品或市场的不协同一样会产生并购风险,甚至是导致并购活动流产的"罪魁祸首"。对此,美国管理大师彼得·德鲁克早就指出:与所有成功的多元化经营一样,要想通过并购成功地开展多元化经营,需要有一个共同的团结核心,必须具有"共同的文化"或至少有"文化上的姻缘"。

(一)企业文化整合的策略和模式

所谓文化整合是指将不同的文化质,经过合并、肢解、增强、减弱等方式,形成一种全新的文化质。鉴于企业文化的特殊性及其多元化特性,不同的企业并购方式应有不同的文化整合策略和模式。

1.吸收型(注入型)文化同化

吸收型文化同化是目标企业被并购方完全吸收并融入并购方文化中去的并购。能够成功接受这种改变的企业,通常都是采取了新的管理方法。重建的企业比那些不能把所有并购的附属企业完全同化的企业能得到更大回报。同化并不一定要采取公开的文化征服,有时潜移默化也能达到异曲同工的效果。

2. 保留型(平行型)文化同化

保留型文化同化策略适用于并购后被并购企业仍可以独立运作的情况。目的在于维持已有子公司的自治与独立。这种模式在鼓励业务经营单位发展多元化经营时经常使用。保留型并购企业成功的前提是,限制来自并购方的干涉,保护子公司的"边界"和经营自主权。如戴姆勒-奔驰与克莱斯勒并购案就是保留型的例证。

3. 整合型文化转化

并购方与目标企业都在并购方的意愿下进行最基本的改革。两者的协调不在于重新确定事业领域,而在于重塑一个企业。这是所有企业组织形式中的最高层次,它需要巨额投资以及有创造力的管理方法。文化转化涉及并购双方一体化进程,需要双方互动地作出一体化决定,这种方式常让双方得利,同时也要求双方作出一定牺牲。

4. 反并购型文化同化

反并购型也是一种文化同化,这种情况指并购方的文化及组织结构也发生了变化。一般地,反并购型通过对并购方平行机构的操纵得以实现。此种类型的文化整合发生的概率较低。

(二) 企业文化整合的步骤

与组织制度、生产经营、资产负债相比,企业文化是隐性的,并且根植于员工头脑中,具有很强的独立性,因此,文化整合是最困难的一步。企业并购后,随着整合逐步深入,被并购企业的文化面临革新,一种文化向另一种文化的变迁,必然要经历一个解体到重构的过程,企业文化整合需要运用一定的方法并按照一定程序进行。美国电信大亨戴尔和肯尼迪在合著的《塑造公司文化》一书中指出,塑造公司文化需要建立共识,彼此信任,使用技巧,建立耐心和保持弹性——是我们认为的最终需要解决问题的办法。劳伦斯·米勒在《美国的企业精神》一书中也提出,为了发展新的文化,必须动员一切力量,为了改变公司的文化,必须有实例、训练、教导、强化以及对新作风予以支持的制度。企业文化整合的实施应有三个阶段:一是改变企业文化环境,通过系统的企业文化宣传,营造企业变革的舆论氛围,向员工传递企业文化变革的信息和决心。二是全面推行新文化。结合人力资源和组织结构的变更,在较短时间内全面推行新的规章制度,要求员工严格遵守新文化准则。通过系统的企业文化培训,使员工能够完全理解和执行新的文化准则。三是持续强化新文化。文化变革是一个长期的过程,新文化的建立需要持续的强化。领导者和管理者要带头执行,要不断清除旧文化中的不良成分,反复纠正员工的行为偏差。可以通过采取一定的奖励措施来巩固和维护新文化,防止员工的旧文化反弹,直至员工能自觉适应新文化。总之,企业文化整合既是一个文化变迁过程,又是文化再造和文化创新的过程。

二、人力资源整合

美国管理大师彼得·德鲁克在论述并购成功的五要素中指出,公司高层管理人员任免是否得当是并购成功与否的关键。人是企业生产经营活动的主体,整合人员因素对并购的最终成败有着至关重要的影响。人力资源整合相对于其他生产要素的重组而言,涉及的问题多而复杂,是过渡期与整个阶段管理的核心工作之一。因此,必须以慎重的态度进行人力资源的战略整合。

(一)目标企业主管人员的选择

选派具有专业管理才能、忠诚并购方的主管人员是实现企业整合经济效益的有效途径。是否选派主管人员是持股、控股与管理参与型并购的本质区别。只有派出主管人员对目标公司进行直接控制,才能保证并购方经营决策的执行和并购整合效果的发挥。主管人员选派不当造成目标公司人才流失、客户减少、经营混乱,影响整合和并购目标的实现。如果并购方进行跨行业、多元化并购,拓宽经营领域,并购方对目标公司经营业务不熟悉,又找不到合适的主管,则应继续留用目标公司主管。麦肯锡公司经过调查发现,约有85%的并购方留用了目标公司经理人员。留用目标公司主管虽有利于保持并购后经营的相对稳定,但也存在大量问题,并购方的控制权不易完全实现,一些目标公司原来的管理层不完全接受并购方的领导,出现并购后仍"貌合神离"的现象。因此,并购整合一定要尊重并购方的控制(股)权威,落实并购方对目标公司享有的主要经营者任免权,以选派合适的主管进行并购整合。

(二)人才安置

国外研究表明,并购后很快离开公司的绝大部分是技术管理人员。因此,在过渡与整合阶段,应采取切实措施稳定和留住这些对企业未来发展至关重要的人才资源。如果并购方业绩佳、名声好,目标公司人才以成为新公司一员为荣,自愿留下,并购为目标企业带来繁荣也有助于留住人才。常用的挽留人才的具体措施有:提供更好的工作条件、增加工资、升职、给高级经理人员"股票期权"和新增奖金、红利等。

(三)员工安置

过渡与整合阶段,企业要利用并购整合的契机,推动劳资人事改革。企业各部门和生产体系应具有开放性,各层次、各级员工都有竞争上岗机会。并购方在全部或大部分接收目标公司员工的基础上进行人员调整,这虽然带来冗员压力,但提供了优化人力资源配置的机会。目标公司员工是并购方企业重要的人力资本,有实际操作能力和经验,熟悉特定工艺技术。尤其对于横向并购企业,这些员工与现存生产条件具有兼容性,这将减轻员工对整合的不适应性,可节约对新招员工教育培训费用,降低生产成本。

三、生产经营整合

(一)企业经营方向的调整

不管并购方以何种角色参与目标企业的经营,对目标企业的经营都有必要进行或多或少的调整。或者是一般经营政策的调整,或者是目标企业经营方向的根本性转变,如利用目标企业的设备和员工生产其他产品。并购后生产经营的调整十分普遍,如生产线的重复等都涉及生产经营的调整。在中国,亏损企业产品往往滞销,被并购的较多,一般要从产品入手进行调整,砍掉不盈利的产品生产线或品种,增加盈利产品的生产线或品种,调整企业产品结构,提高企业盈利能力。对供销系统工作要作相应调整,尤其在垂直一体化型并购中,并购协议达成后,要对供应和销售体系进行重新组合。总之,并购过渡与整合阶段的经营应该按照并购战略要求进行,剥离"瘦狗"产品,壮大"金牛"产品,尽快获得并购收益。

(二) 企业职能的协同与匹配

在并购后的整合阶段,并购方始终面对如何将可能性变成现实性的问题,即如何将职能互补、功能匹配的不同"配件"组装在一起,发挥放大效用。进行职能系统整合以发挥协同作用是此阶段的工作重心。并购方以功能开发、开拓重组者身份进入,职能协同与匹配是其主要任务。发挥协同功能过程是并购双方职能部门能力强化、组织科学化的过程。协同功能的发挥可从两个方面进行:一是"补短边"。利用"木桶原理",以并购一方为主体(一般是并购方),另一方为"资源库",将资源提供方较强的却是并购方的短边功能(职能)予以补充、增强,整体提高企业功能。二是"补长边"。加强并购双方的优势,实现高度专业化,发挥规模经济效应,进而推动"补短边",以产生整体放大作用。中国企业并购对功能(职能)协同的认识还不深入,大多停留在获取生产要素的水平,明显的经营协同并购案例并不多见。

(三) 生产作业整合

对于追求规模经济效益的企业,并购后生产作业整合十分重要。生产作业整合是指生产完全相同或相似产品的并购双方在并购后生产作业的整合。并购双方技术、生产设备、工艺流程及员工技术素质等相近,生产作业整合较容易进行。这种整合可不断优化生产作业组织,能产生直接协调作用,带来"并购增值"。但是,由于地理位置等因素影响,生产作业组织整合可能遇到很大困难,而且,重要设备的调整、生产能力的重新组织在这种跨组织、跨地区调整中困难很大。此外,迁移费用的增加、生产过程的中断会降低生产效率,带来高额调整成本。但从长远计议,这种调整会降低生产成本和存货成本,提高企业整体生产能力和生产效率。

(四) 组织制度整合

企业运转是通过机构网络相互联系、相互制约并按照一定规章制度进行的。并购后期,对组织机构和管理制度的整合必不可少。调整企业组织机构,形成新型组织体系过渡与整合阶段,机构调整的目标取决于并购方经营目标和总体战略。并购本身具备扩张特征,机构调整要达到以下目标:形成一个开放性与自律性有机统一的组织系统,使整合后生产要素更加高效结合；组织系统的扩张与收缩具有灵活性，能适应外部环境的变化；形成企业内部物资、资金和信息流动通畅的网络结构；机构责权利分明，相互协作又相互制约；机构精简高效，无冗余重复。并购后期组织机构调整的内容有：① 企业内部各部门增减、权责增减、分布搭配的调整；② 部门横向联系、纵向沟通的调整；③ 基层生产经营车间、班组划分及力量搭配的调整；④ 其他调整。

组织机构的调整既要考虑企业经营战略，又要考虑并购双方力量的相对强弱等。组织调整须根据统一指挥原则、权利对等原则、弹性原则、专业化原则和管理幅度原则，借助并购整合契机进行组织结构革新。

（五）整合管理制度，统一行动规范

为了利于沟通，更有效控制目标公司，在过渡与整合阶段，并购方一般将自己良好的制度移植到目标公司。对于那些组织完整、业绩优良、财务状况良好的目标公司，并购方通常不改变其管理制度，尽力保持制度的稳定性和连续性。但多数情况下，尤其是中国企业并购，管理不善、制度落后、机制陈旧的目标企业数量很大。因此，把并购方的良好制度植入目标公司就十分重要。推行新的管理制度会遇到很多困难，也是一个渐进过程，目标公司员工往往对新制度缺乏认同感而消极应付。因此，引入新制度时，应深入了解原有的企业制度，逐步将并购方的管理制度引入并贯彻。管理制度整合涉及企业经营的方方面面，比较重要的有：工资、财务会计、营销、人事、设备、物资和生产管理等制度。要强调的是并购后企业财务制度必须一致，财务管理制度的统一是实现并购双方一体化经营的最重要标志。例如，"海信"并购"科龙"、"美的"并购"小天鹅"的成功经验都说明贯彻优势企业的先进管理十分重要。"美的"在"小天鹅"内部坚定不移地贯彻行之有效的管理制度，有力促进了并购双方企业的整合，实现了并购增值。

四、资产债务整合

一般地说，企业并购是并购方为获取目标企业的可用资产而引起的，也是目标企业摆脱经营困境、调整财务结构、减轻负债的无奈选择。按照并购协议，调整并购双方资产债务是并购后期的重要内容。

资产整合指在并购后期，以并购方为主体，对双方企业（主要是目标企业）范围内的资产进行分拆、整合，是并购整合的核心。从中国企业并购整合的实践看，对资产整合主要侧重于固定资产整合、长期投资整合和无形资产整合上，而流动资产、递延资产及其他资产的整合则主要通过财务处理进行。固定资产的整合是并购整合的关键。并购方要结合自身的发展战略和经营目标，对固定资产进行鉴别、吸纳或剥离。吸纳目标公司企业固定资产至少要考虑以下因素：生产经营体系的完整性，使整合后的企业具有核心业务涉及的原料采购、生产销售及研发一系列配套完整的经营组织体系；企业的战略发展，整合后的企业资产要适应战略发展规则；短期内能带来不低于期望期的收益，不带来太大的财务压力。目标公司长期未产生效益的资产、不适合并购方总体发展战略要求的经营性固定

资产、一些多余的生产行政管理资产(如办公设备等)和其他难以有效利用的资产应剥离出售。对于目标企业普遍存在的庞大社会职能系统应分类由相关社会部门整合,不能整合的应剥离。无形资产整合十分重要,并购涉及的无形资产包括目标企业拥有的专利权、专有技术、商标权、专营权及土地使用权等。要评估无形资产的现实价值,联系并购方的生产经营活动及其适用程度,予以保留或转让。那些与企业形象好、产品质量佳、服务好相联系的商标应保留。一般地,专营权不能转让,但因其稀缺,应充分利用。

债务整合是指债务人负债责任的转移和债转股等。债务整合没有从总体上减少或增加企业的资产总额,只是调整了财务结构,将企业负债率调整到一个合理的水平。债务整合主要有两种形式:

(1)目标企业债务全部由并购方承担,即承担债务式并购。按照"负债随资产"原则,并购方承担债务的同时,也控制了目标企业的资产。如2001年9月21日,韩国大宇汽车公司的债权银行代表——韩国产业银行和美国通用汽车公司在汉城(现首尔)签署了一项谅解备忘录。按照这项备忘录,通用汽车公司以20亿美元并购大宇的资产和负债。这20亿美元中,有8亿美元是通用公司承担原大宇汽车公司负债和海外法人贷款,12亿美元由新法人企业发行股票并以长期优先股形式支付给债权银行。

(2)债转股。债转股是指为减少并购方的负债而将目标企业负债转化为债权人对企业的股权。特殊情况下,并购方企业原有股东为防止股权被稀释,为保持控股地位,往往会主动承担部分债务。如2016年6月,甘肃省国有资产投资集团有限公司发布公告称根据甘肃省政府国资委相关文件,甘肃国投对兰州电机股份有限公司的6亿元借款实施了债转股。该方案实施后兰电股份股权结构变为甘肃国投、甘肃省新业资产经营有限责任公司持股和兰州长城电工股份有限公司分别持股70％、19.97％和10.03％。

 本　章　小　结

1. 企业并购是指企业兼并与企业收购。

2. 企业并购的动因包括谋求管理协同效应、谋求经营协同效应、谋求财务协同效应、获得预期效应、实现战略重组、获得特殊资产、降低代理成本。

3. 企业并购按并购双方所处的行业可分为横向并购、纵向并购和混合并购三类。企业并购按实现方式可分为承担债务式并购、现金购买式并购和股份交易式并购三类。企业并购按涉及的被并购企业的范围可分为整体并购和部分并购两类。企业并购按是否利用目标公司本身资产来支付并购资金可分为杠杆并购和非杠杆两类。

4. 企业并购的程序一般可分为准备、执行、整合三个阶段。

5. 企业并购决策包括并购价格决策、并购支付方式决策、并购融资决策。

6. 企业并购后的整合包括文化整合、人力资源整合、生产经营整合和资产债务整合。

复习思考题

一、名词解释

兼并与收购;预期效应;善意并购;杠杆并购;机会式并购;价值基础法;现金流量折现法;市盈率法。

二、单项选择题

1. 确定并购目标公司价值的方法有成本法、期权法、换股比例法和贴现现金流量法等多种,其中,(　　)是最重要的一种价值评估方法。

    A. 成本法　　　　　　　　　　　　B. 期权法

    C. 换股比例法　　　　　　　　　　D. 贴现现金流量法

2. 下列各项中,属于吸收合并特点的是(　　)。

    A. 两家企业合并设立新的企业　　　B. 两家企业法人地位同时存在

    C. 被并购企业法人地位消失　　　　D. 两家企业法人地位同时消失

3. 并购方通过借款的方式来对目标公司进行收购,收购成功后,再以目标公司的收益或是出售其资产来偿本付息的收购方式是(　　)。

    A. 现金支付　　B. 杠杆收购　　C. 股票对价　　　D. 卖方融资

4. 并购目标确立后,(　　)在企业并购中处于核心地位。

    A. 寻求足够的并购资金　　　　　　B. 目标公司的搜寻与抉择

    C. 企业并购估价　　　　　　　　　D. 确定目标公司的规模

5. (　　)是经常被采用的一种融资政策,其特点是速动性资产对应短期融资,非速动性资产对应长期融资。

    A. 积极型融资政策　　　　　　　　B. 中庸型融资政策

    C. 激进型融资政策　　　　　　　　D. 保守型融资政策

三、多项选择题

1. 企业并购估价的基本方法有(　　　　)。

    A. 贴现现金流量法　　　　　　　　B. 成本法

    C. 期权法　　　　　　　　　　　　D. 换股估价法

    E. 重估成本法

2. 下列各项中,属于并购支付方式的有(　　　　)。

    A. 现金支付　　　　　　　　　　　B. 股票支付

    C. 债券支付　　　　　　　　　　　D. 混合证券支付

3. 企业/企业集团对目标公司并购价格的支付方式主要包括(　　　　)。

    A. 现金支付方式　　　　　　　　　B. 股票对价方式

    C. 杠杆收购方式　　　　　　　　　D. 递延支付方式

4. 现金支付时筹资方式包括(   )。

    A. 增资扩股   B. 金融机构贷款

    C. 发行股票   D. 发行优先股

四、判断题

1. 并购本身并不能创造价值,并购的真正效益来源于并购后对生产要素的有效整合。 (   )

2. 管理层收购追求的是所有权与经营权的合一,从而实现管理层对企业决策控制权、剩余控制权和剩余索取权的接管。 (   )

3. 实施并购后,企业必须建立起一套动态的股权调整策略,这是并购完成后调动企业员工积极性、企业激励活动和建立约束机制的关键所在。 (   )

4. 整体并购的目的是将企业的资产和产权分割为若干部分进行交易。 (   )

五、简答题

简述横向并购及纵向并购的优点。

六、案例分析题

互联网巨头美国在线(AOL)与传媒巨人时代华纳(Time Warner)在2000年1月10日宣布了合并计划。合并后的新公司命名为"美国在线时代华纳公司"(AOL Time Warner),被媒体称为全球第一家面向互联网世界的综合性大众传播及通信公司。合并方式是采取换股方式(即股票对价方式)的新设合并。根据双方董事会批准的合并条款,时代华纳公司的股东将按1∶1.5的比率置换新公司的股票,美国在线的股东的换股比率为1∶1。合并后原美国在线的股东将持有新公司55%的股票,原时代华纳公司的股东将拥有新公司45%的股票。美国在线当时市值为1 640亿美元,时代华纳当时市值为970亿美元。对美国在线而言,合并对其股票的估值实际上仅是市场价格的75%。而时代华纳在这次合并中的价格已达到了1 500亿美元,远远超过其合并前的市值。美国在线和时代华纳公司的合并在当时堪称有史以来最大的一起并购案。

问题:

(1) 企业并购过程需要经历哪些主要环节?

(2) 何谓股票对价方式,它的优缺点有哪些?

(3) 企业搜寻合适的并购对象时,并购对象一般应符合哪些标准?

(4) 本案例给你哪些启示?

参考答案

第三章 跨国并购

学习要点

1. 跨国并购的概念；
2. 跨国并购的优势；
3. 跨国并购的分类；
4. 跨国并购的环境及其影响因素。

第一节 跨国并购概述

一、跨国并购的基本概念

（一）跨国并购的概念与结构

跨国并购是并购在概念外延上的拓展，是并购在空间上的跨越国界。跨国并购的基本含义为：一国企业为了某种目的，通过一定的形式和支付手段，购买另一国企业的股份或资产的一部分或全部，从而对该国企业的经营管理活动实施控制。跨国并购涉及两个或两个以上国家的企业，"一国企业"或称"母国"企业，是并购发出企业或并购企业，一般实力强大的跨国公司成为跨国并购的主体，"另一国企业"或称"东道国"企业，是被并购企业，也叫目标企业。并购所用的形式，同样包含跨国兼并（在当地企业和外国企业的资产和业务合并后建立一家新的实体或合并成为一家现有的企业）和跨国收购（收购一家现有的当地企业或外国子公司的控股股份）两种形式，两者的并购结构如图 3－1 所示。并购所用的支付手段，包括支付现金、从金融机构贷款、以股换股和发行债券等方式。跨国并购是国内企业并购的延伸，即跨越国界，涉及两个或两个以上国家的企业、两个或两个以上国家的市场和两个或两个以上政府控制下的法律制度的并购。

（二）跨国并购与国内并购以及外国直接投资的区别和联系

1. 国内并购与跨国并购

国内并购与跨国并购都属于并购的范畴，其本质是一致的。但跨国并购与国内并购

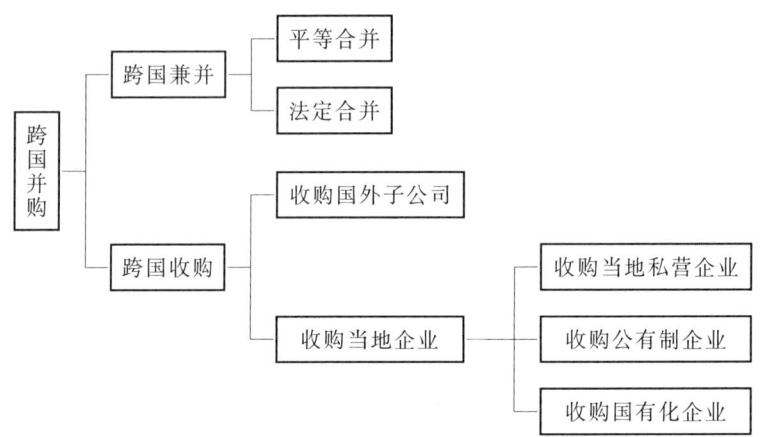

图 3-1 两种跨国并购形式的并购结构

相比具有不同的特点。

（1）跨国并购是国际上的习惯提法，从字面上看包括跨国兼并和跨国收购两层含义，但从法律形式上看，主要是指跨国收购而不是跨国兼并。因为跨国收购的目的和最终结果并不是改变公司（即法人）的数量，而是改变目标企业的产权关系和经营管理权关系。而跨国兼并则意味着两个以上的法人最终变成一个法人，不是母国企业的消失，就是目标国企业的消失。这种情况在跨国并购中并不多见。但有两种情况需要进行鉴别：第一种情况是跨国公司在目标公司所在国并没有子公司，但为了获得目标国对并购活动的税务优惠或减免对目标企业承担的债务责任等，先设立一个"空壳子公司"，然后用这个"空壳子公司"去兼并目标公司，"空壳子公司"随之成为存续公司，目标公司就此消失。这种情况从形式上看是国内兼并，但实质上是跨国收购，因为目标国的公司数量、市场结构和市场份额并没有发生实质性的变化。第二种情况是跨国公司以其自己原来就拥有的在目标国的子公司，来兼并目标国的目标企业。这种情况从广义（即经济效应）上说，也可以属于跨国兼并，但从狭义上看，又可被认为是一种国内并购，因为两个企业都是注册在同一个国家内，都属于同一个国家的法人，那么从法律上说，就属于在同一个国家内的企业并购。

（2）基于跨国并购的跨国性，其发生的原因与国际因素具有更大的相关性。这些国际因素包括世界市场的竞争格局、全球范围的私有化进程、贸易和投资自由化进程、世界经济一体化进程、区域集团化趋势、跨国投资的国际协调等。因此，对跨国并购的分析和研究必须将其放在世界经济范围内进行。

（3）跨国并购在对市场影响的方式和范围方面也具有显著的特点。国内并购非常直观地表现为市场份额的改变和市场力集中程度的提高；而跨国并购分别就并购母国和并购目标国市场而言，并未直接表现为市场份额和市场力的改变，而是表现为并购者对市场份额的占有程度和市场竞争能力的扩展，表现为世界市场份额和市场力集中程度的改变。也就是说，跨国并购对国内市场的影响是潜在的。它是通过两国或两国以上比较优势的组合和各类资源的配置，对国际市场的份额和市场力的未来变化起作用。

（4）跨国并购的主体大多数是跨国公司，而跨国公司实施并购计划更多地是从全球发展战略的角度来考虑经济利益的得失问题。这就使跨国并购理论与一般并购理论有了较大的不同。

（5）跨国并购比国内并购具有更多的进入障碍，使得跨国并购的实施更为复杂。这些障碍包括并购母国和并购目标国在经济利益及竞争格局、公司产权及管理模式、外资政策及法律制度、历史传统及文化语言等方面的差异。

2. 跨国并购与外国直接投资

根据 UNCTAD 报告，外国直接投资定义为一国（地区）的居民实体（对外直接投资者或母公司）在其本国（地区）以外的另一国的企业（外国直接投资企业、分支机构或国外分支机构）中建立长期关系，享有长期利益，并对之进行控制的投资。外国直接投资既涉及两个实体之间最初的交易，也涉及两者之间以及联合或非联合的国外分支机构之间的所有后续交易。进行外国直接投资的可以是商业实体，也可以是个人。

外国直接投资属于国际投资的一种。除直接投资以外，国际投资还包括间接投资。间接投资是指仅仅以其持有的能提供收入的股票或证券进行投资，但对企业既不参加经营管理，也不享有控制或支配权，因此，间接投资又称为证券投资。外国直接投资主要有新建外国直接投资和跨国并购两种基本形式。与新建外国直接投资相比，在当前动态变化的条件下以及在产品和服务市场全球化和出现国际生产体系的背景下，跨国并购日渐成为企业进行重塑和重组的重要手段，跨国公司已表现出将并购作为外国直接投资进入方式的明显偏好。

（1）跨国并购的优势表现在三个方面：

一是跨国并购有效突破了进入新行业的壁垒。企业在进入新的领域时，面临现有企业的激烈反应，若以小规模方式进入则面临成本劣势；同时，企业用户群以及销售渠道的建立也必须支付较高的转置成本，使新企业难以占领市场；另外，由于某些资本密集型行业要求巨额投资，企业进入时面临较大风险，使企业在筹资方面面临困难；新企业还可能面临其他一系列不利因素，如原有企业拥有的专门生产技术、有利的供应链、累积的经验以及政府的优惠政策等。

二是跨国并购降低了企业发展的风险和成本。投资新建的方法并不仅仅涉及增加新的生产能力，还要企业花费大量的时间和财力获取稳定的原料来源，寻找合适的销售渠道，开拓和争夺市场。因此这种方式面临更多的不确定性，相应的风险也较大；如果采取并购方式，企业拥有原有的供应和销售渠道，资本市场对原有企业也有一定了解，可以大幅度减少其不确定性，降低风险和成本。

三是跨国并购充分利用了经验-成本曲线效应。在很多行业中，由于存在较强的行业专属性，企业生产成本的下降具有经验-成本曲线效应。采用新建方式进入时，由于新企业不具备经验优势，与并购进入方式相比必然存在成本劣势。

（2）跨国并购的负面作用主要表现在四个方面：

从东道国的角度来看，跨国并购与新建外国直接投资相比在某些方面可能产生的收益较小或负面影响较大。

第一,尽管通过并购和新建投资进入的外国直接投资都为东道国带来了国外金融资源,通过并购提供的金融资源并不总是增加生产资本存量;但新建外国直接投资一定会增加生产资本存量。因此,通过并购方式进入的外国直接投资所形成的生产性投资可能少于相同数量的新建外国直接投资。

第二,通过并购方式进入的外国直接投资不像新建外国直接投资那样有可能转让新的或更好的技术与技能。而且,根据收购者的公司战略,它可能直接导致当地生产或职能活动(如研发能力)的降级或关闭,或导致这些活动的重新选址;而新建外国直接投资不会直接减少东道国的技术或其他资产和能力。

第三,跨国并购短期内一般不会形成新的生产能力,因此并购外国直接投资在进入某个国家时不仅不会创造就业,还可能导致裁员;而新建外国直接投资在进入时必定会创造新的就业机会。

第四,并购外国直接投资能够加强东道国的市场集中,并导致反竞争的结果。事实上,并购可以削弱或消除竞争。根据定义,新建外国直接投资在进入时将增加现有企业数目,并且不可能直接加强市场集中。与新建外国直接投资相比,并购外国直接投资的缺点大部分与进入时或进入后不久的影响有关。在较长时期内,考虑到所有的直接和间接影响,这两种进入方式的许多差异会缩小或消失。在跨国并购之后,外国收购者常常进行后续投资,特别是在私有化等特殊情况下,后续投资的规模有时很大。因此,在较长时期里,正如新建外国直接投资那样,并购方式的外国直接投资也能加强生产投资,如果被收购企业的关联得以维持或加强,跨国并购还能够创造就业。

二、跨国并购的分类

跨国公司采取并购方式进行直接投资,其目的在于开拓国际市场,取得产品商标、品牌和已形成的行销网络,保障原材料的供应和产品的销售市场及经营领域、区域和资产的多元化等,根据其目的的不同,也会相应地采取不同的并购类型。作为一种极为复杂的跨国经营行为,跨国并购可以按不同标准进行分类。

(一)按跨国并购双方的行业相互关系分类

按并购双方的行业相互关系,跨国并购可以分为横向跨国并购(水平式跨国并购)、纵向跨国并购(垂直式跨国并购)和混合跨国并购(复合跨国并购)。

1. 横向跨国并购

横向跨国并购是指两个或两个以上国家生产或销售相同或相似产品的企业之间的并购。这种跨国并购的目的通常是扩大世界市场的份额或增加企业的国际竞争和垄断或寡占实力,因为风险较小,并购双方比较容易整合,进而形成规模经济、内部化交易而带来利润的增长。横向并购是跨国并购中经常采用的形式,但由于这种并购(尤其是大型跨国公司的并购)容易限制竞争形成垄断局面,许多国家都密切关注并限制这类并购的进行。

2. 纵向跨国并购

纵向跨国并购是指两个或两个以上国家中生产同种产品或相似产品但又处于不同生产阶段的企业之间的并购。并购双方一般是原材料供应者或产成品购买者,所以对彼此的生产状况比较熟悉,并购后容易融合在一起。并购的目的通常是低价扩大原材料供应来源或扩大产品的销路。

3. 混合跨国并购

混合跨国并购是指两个或两个以上国家中处于不同行业的企业之间的并购。这种并购方式与跨国公司的全球发展战略和多元化经营战略密切相关,可以减少单一行业经营的风险,降低生产成本,增强企业在世界市场上的整体竞争实力。这种并购方式与前两种并购方式的不同之处在于,前两种并购的目的往往表现得十分明显,因而容易受到所在国的限制,而混合式并购的目的往往是隐蔽的,不易为他人发现和利用。

(二)按并购公司和目标公司是否接触分类

按并购前并购公司和目标公司是否有所接触,跨国并购可分为直接并购和间接并购。

1. 直接并购

直接并购也称协议收购或友好接管。在直接并购中,并购公司可以直接向目标公司提出拥有所有权的要求,双方按照一定的程序进行磋商,共同商定条件,根据双方的协议完成所有权的转移。

2. 间接并购

间接并购通常是通过投资银行或其他中介机构进行的并购交易。间接并购往往是通过在证券市场上收购目标公司已发行和流通的具有表决权的普通股票,从而掌握目标公司的控制权。此种收购如果是善意的,比较容易取得成功。然而在大多数情况下,由于间接并购不是建立在共同意愿的基础上,极有可能引起被并购公司的激烈对抗。在间接并购中,并购公司并非只满足于取得部分所有权,而是要取得目标公司董事会的多数股权,强行完成对整个目标公司的并购。

(三)按目标公司是否是上市公司分类

根据目标公司是否上市,跨国并购可分为私人公司并购和上市公司并购。

1. 私人公司并购

私人公司并购指并购公司是在非证券交易所对非上市公司的收购。对私人公司(private company)的并购一般是通过公司股东直接的、非公开的协商方式进行的,只要目标公司的大部分股东同意出售其持有的股份,私人公司的控制权便可转移给并购公司,并购行为即告完成。私人公司并购由各公司的章程制约,并受民事法律规范,各国对之一般不以专门立法的形式进行规范。所以,对私人公司的并购一般有较大的自由度,但这类并购的规模一般都比较小,风险也较大。

2. 上市公司并购

上市公司并购指并购公司是在证券交易所通过对上市公司股票的收购实现并购。由于现代经济中处于举足轻重地位的大企业几乎全是上市公司,具有重大影响的跨国并购都是通过证券市场完成的。从制度经济学角度看,企业并购行为的发生主要依赖于现代公司制度和证券市场两大制度安排的发展和健全。

三、跨国并购的历史与现状

企业的并购现象,最初是从国内市场展开的。国内企业并购是市场经济的产物,并伴随着现代企业的发展而发展。现代企业的出现从逻辑上讲,是两个或两个以上的古典企业被包含于一个企业的结果。经济学家钱德勒(Alfred D. Chandler)指出,这种企业组织的产生和持续发展"是靠设立或购进一些在理论上可以独立运转的经营单位而来的"。按照钱德勒的描述,现代企业替代古典企业有两个主要标志:一是大规模分配和大规模生产的发展;二是两者的结合。西方国家从自由竞争进入垄断阶段,实际上是资本逐步积聚、逐步集中的过程,其中企业并购是最重要的方式。

跨国并购作为跨国直接投资的一种方式,是伴随着跨国直接投资一起形成和发展的,但其真正作为一种世界经济现象而受到关注,则远晚于跨国直接投资的传统方式——绿地投资。以美国企业并购活动为例,从 19 世纪末 20 世纪初发展至今,企业并购已经经历了五次浪潮。在第二次世界大战以前发生过的两次并购浪潮,主要在美国国内市场上展开,即资本或资产存量的流动还仅局限于本国。虽然当时西方国家占领了众多殖民地,并有资本的输出,但主要局限于投资办厂的跨国投资方式。第二次世界大战以后,旧的国际政治经济秩序被打破,为各国的经济发展和竞争创造了相对平等与和平的国际环境。科技革命的兴起和发展,推动了国际分工的深化,引发了大规模的资本跨国流动,跨国公司在这一阶段得到了迅猛的发展。跨国并购也开始作为一种传统跨国投资的替代方式,为跨国公司所运用。哈佛大学跨国企业研究中心对 180 家美国跨国公司的抽样调查表明:跨国并购在跨国直接投资方式中所占的比例在第二次世界大战后迅速增长,在 1951—1955 年间达到了 30%,1961—1965 年间达到了 40.8%,1971—1975 年间达到了 46.3%。结合美国和欧洲主要国家的政府对跨国直接投资的统计分析,可以认为,跨国并购作为一种直接投资的普遍方式起始于第二次世界大战以后,其在直接投资方式中所占比例的快速增长则是在 20 世纪 60 年代和 70 年代。进入 20 世纪 80 年代后,即在第四次企业并购浪潮中,西方发达国家的资本输出发生了重大变化,除了在海外以创建企业方式从事直接投资外,还开始大规模并购海外他国企业。1980 年,全世界的跨国并购总额为 500 亿美元,1985 年上升到 1 500 亿美元,1988 年达到创纪录的 2 500 亿美元。1970 年,外国公司对美国公司的并购额仅为 54 亿美元,1988 年则高达 608 亿美元,超过同期美国国内公司并购的资产价值。自 1990 年以来,随着西方发达国家跨国企业并购的不断发展,这一趋势也愈演愈烈。从 1994 年开始掀起的第五次企业并购浪潮中,跨国并购已经成为令人瞩目的主要方式。

世界范围内和国内企业之间达成的并购以年均 42% 的速度增长,在 1999 年达到 3 万亿美元。1980 年至 1999 年间发生的并购交易超过 24 000 起,如果以价值来衡量,全球并购(包括国内并购和跨国并购)的价值占 GDP 的比率从 1980 年的 0.3% 上升到 1990 年的 2% 和 1999 年的 8%,其中跨国并购的比率从 1987 年的 0.5% 提高到 1999 年的 2%,增加了 3 倍。

2000 年至今,受全球金融危机、公共卫生危机等事件影响,全球并购交易量呈波动上升状态。其中,2000 年前后的互联网泡沫事件、2008 年金融危机、2019 年新冠疫情均使全球并购交易量、交易额等指标大幅下降。据贝恩公司《2022 全球并购市场报告》,2021年全球并购交易数量超 20 000 起,并购交易总额超 3.8 万亿美元,比 2001 年相比增长138%。1990—2020 年部分直接外资和国际生产指标如表 3-1 所示。至 2018 年,跨国公司的国外销售额、产值等国际生产指标均不断增加,跨国公司外国子公司的产值约占全球GDP 的 10%。不可否认,跨国并购已经成为世界经济一体化进程中一个引人注目的重要因素,跨国公司推动的跨国并购活动正在国际经济中产生广泛而深远的影响。

四、跨国并购的特点与影响因素

(一)跨国并购的特点

1. 新兴经济体成为跨国并购的中坚力量

毕马威发布的《新兴市场跨国并购交易研究》显示,2010 年上半年新兴经济体企业对发达经济体的跨国并购活动增加了 25%。2010 年上半年共计有 243 件新兴经济体对发达经济体的并购交易,而 2009 年下半年则为 194 件。在上述增幅达 25% 的并购交易中,正处于复苏中的印度占颇大的比重。印度于 2010 年上半年共有 50 件并购交易,较2009 年下半年间的 21 件大幅增加。中国的并购交易亦增加 9 件上升至 39 件,而东南亚由 34 件上升至 37 件。新兴市场的跨境并购交易也正在增加。就新兴经济体对新兴经济体的并购交易而言,东南亚企业一直是最受欢迎的并购目标,海外企业收购东南亚企业的交易达 302 件。其次为中国,并购交易宗数达 197 件,领先于独联体的 176 件及印度的167 件。

跨国并购作为外国直接投资的主要形式,跨国并购额从 1990 年的 1 866 亿美元增加到 2000 年 1.1 万亿美元,跨国并购额占全球直接投资的比重从 1995 年的 57% 上升到2000 年的 85%。2000 年至今,跨国并购总额虽然有涨有跌,但跨国并购在国际直接投资中的主体地位并未动摇。从 UNCTAD2021 年《世界投资报告》的数据来看,2019 年发达经济体直接外资流入量占全球流入的 48.96%,而发展中经济体所占比重达到 47.3%,几乎与发达经济体平分秋色。2020 年,受新冠疫情影响,全球 FDI 降至 9 990 亿美元,下降了 35%,但流入发展中经济体的 FDI 仍达 6 630 亿美元,是发达经济体的 2 倍体量,且降幅仅为 8%,较于发达经济体高达 58% 的降幅来说,表现十分稳健。2019—2021 年按区域统计的直接外资流量如表 3-2 所示。新兴经济体已成为跨国并购的中坚力量。

表3-1 1990—2020年部分直接外资和国际生产指标

项目	按时价计算的价值/10亿美元						年增长率或回报率变化/（%）					
	1990年	2005—2007年（平均）	2017年	2018年	2019年	2020年	1991—1995年（平均）	1996—2000年（平均）	2001—2005年（平均）	2018年	2019年	2020年
直接外资流入量	205	1 425	1 647	1 437	1 530	999	22.50	40.10	5.30	−0.13	0.06	−0.35
直接外资流出量	244	1 464	1 696	871	1 220	740	16.90	36.30	9.10	−0.49	0.40	−0.39
内向直接外资存量	2 196	14 607	33 162	32 784	36 377	41 354	9.40	18.80	13.40	−0.01	0.11	0.14
外向直接外资存量	2 255	15 316	32 851	31 219	34 351	39 247	11.90	18.30	14.70	−0.05	0.10	0.14
内向直接外资的收入	82	1 119	2 084	2 375	2 202	1 745	35.10	13.10	32.00	0.14	−0.07	−0.21
内向直接外资回报率	5	9	6	7	6	5	−0.50	0.00	0.10	0.10	−0.10	−0.24
外向直接外资的收入	128	1 230	2 101	2 330	2 205	1 802	19.90	10.10	31.30	0.11	−0.05	−0.18
外向直接外资回报率	8	10	6	7	6	5	−0.40	0.00	0.00	0.06	−0.07	−0.22
跨界并购	98	729	694	816	507	475	49.10	64.00	0.60	0.18	−0.38	−0.06
外国子公司销售额	7 165	28 444	30 866	33 203			8.20	7.10	14.90	0.08		
外国子公司总产值	1 588	6 783	8 244	8 254			3.60	7.90	10.90	0.00		
外国子公司总资产	7 305	70 643	11 444	110 220			13.10	19.60	15.50	8.63		
外国子公司雇员（千人）	30 861	68 057	72 239	85 504	87 345	84 538	2.90	11.80	4.10	0.18		
国内生产总值	23 627	52 546	74 664	85 893			6.00	1.40	9.90	0.15	0.02	−0.03
固定资产形成总值	5 748	13 009	18 731	22 743	23 090	22 260	5.10	1.30	10.70	0.21	0.02	−0.04
特许权和许可证收费	31	179	321	427	410	394	14.60	10.00	13.60	0.33	−0.04	−0.04

表 3 - 2　　　　　　　　　**2019—2021 年按区域统计的直接外资流量**

单位：10 亿美元

区　　域	直接外资流入量			直接外资流出量		
	2019 年	2020 年	2021 年	2019 年	2020 年	2021 年
全球	1 481	963	1 582	1 124	780	1 708
发达经济体	764	319	746	737	408	1 269
美洲	275	174	427	108	281	493
亚洲	41	44	71	277	137	217
大洋洲	44	21	29	10	10	7
欧洲	405	81	219	343	−21	552
发展中经济体	716	644	837	387	372	438
非洲	46	39	83	5	−1	3
美洲	159	86	134	47	−5	42
亚洲	512	519	619	336	378	394
大洋洲	0	0	0	−1	−1	0

2. 第一产业稳步收缩，信息通信及制药行业跨境并购活跃

20 世纪末，跨国并购主要集中在服务业以及技术密集型产业。按出售方所属部门、行业统计的跨国并购出售额计算，在 1990 年全球跨国并购交易总额中，第三产业（服务业）占 46.5%，其中的 51.8% 是金融和运输、仓储与通信；2000 年比重上升至 73.6%。高新技术产业也是跨国并购的重点，其中最明显的行业是通信产业和制药业。2000 年欧美通信业出现了跨国并购潮，如法国电信公司用 350 亿美元收购了英国第三大移动电信公司奥兰治公司，德国电信用 507 亿美元并购了美国声流公司，2001 年惠普与康柏合并等。

21 世纪初，在全球经济不景气的大环境下，直接外资流量减少最多的服务业，其 2010 年的直接外资流量继续下滑。主要服务业（商业服务、金融、运输、通信和公用事业）的直接外资流量都在下降，虽然下降速度有所不同。金融业直接外资流量跌幅最大。制造业在全部直接外资项目中的份额几乎升至一半。化工业（包括制药业）保持着活力，食品、饮料、烟草、纺织品、服装及汽车等行业在经历了次贷危机之后于 2010 年有所复苏。

2016 年，全球外国直接投资的行业结构发生了显著变化：第一产业外国直接投资大幅减少；制造业外国直接投资则有所增长。受 2014 年中期以来初级商品价格大跌的影响，石油和采矿行业的跨国公司大幅消减资本开支，而盈利的减少则影响了其利润再投资的规模，因此第一产业的外国直接投资大幅下降。与此同时，由于制药等行业一些大规模交易的出现，制造业占全球跨国并购总金额的比重提高到了 50% 以上。

2020 年,初级品部门(主要是采矿、采石和石油)的并购价值下降了 31%,并出现了几项大规模的撤资。例如,英国石油公司以 56 亿美元的价格将其在阿拉斯加的业务出售给美国希尔克普能源公司,阿布扎比穆巴达拉公司以 47 亿美元的价格将其北欧化工的股份出售给奥地利石油天然气公司。第一产业的并购活动稳步收缩,反映出石油和天然气行业上游活动投资持续减少的趋势。

2019 年新冠肺炎疫情爆发后,数字和卫生部门的并购得到巨大推动。数字相关行业的资产销售显著增长(主要是计算机、电子、光学产品和电气设备制造业,以及信息和技术领域),著名交易包括英飞凌(德国)以 98 亿美元收购赛普拉斯(美国)。医药行业在 2020 年的交易数量达到 211 笔,创下历史最高纪录,其并购销售额在 2019 年大幅增长后稳定在 560 亿美元。这反映了该行业从大型并购到小型收购的战略转变,特别是在治疗领域,以及研发合作,例如美国辉瑞公司和德国生物新技术公司针对 COVID - 19 疫苗方面的合作。

3. 股票置换成为跨国并购的主要交易方式和手段

换股方式是指并购方增发新股换取被并购企业的旧股,它不仅比现金并购方式节约交易成本,还可以合法避税和产生股票预期增长效应,此外,在两国的国际收支平衡表上可以相互冲销,不涉及巨额现金的国际流动。因此,随着 20 世纪 90 年代以来国际金融环境的日趋宽松,特别是金融服务贸易自由化的发展,以换股进行并购交易的方式风行全球。1990 年,现金交易方式的并购在全球跨国并购项目总数中占 94%,占总金额的91%。可见,当时的跨国并购仍以现金支付为主。到 1999 年,虽然现金交易方式在全球跨国并购项目总数中所占比例高达 98%,但交易金额只占并购总额的 64%。尤其值得注意的是,发达国家以换股方式进行的并购交易越来越多,其占总额的比重显著提高,1999年换股金额占总金额的 68%。2000 年,美国以股票或股票加现金方式支付的部分占到72%,而日本的这一比例也上升为 67%。

大宗交易的增加,使得股票互换越来越成为主要的交易方式。2005 年股票互换方式占跨国并购总值的比重虽然低于 1999—2001 年 38% 的平均水平,但是达到自 2002 年以来的最高水平,以股票互换方式完成的交易占跨国并购总值的 17%。2005 年超过 10 亿美元的交易的数量是 2004 年的两倍。这些大额交易成交的特点就是大多采用互换股票,以便减少资金的需求,并且可以延缓或最小化对资本收益的税收支出。

2020 年,以中国为主导的已完成跨国并购事件共 153 件,其中 51 项并购采取股票支付的方式。

4. 横向并购是跨国并购的主流,大大提高了行业市场集中度

在新一轮的跨国并购浪潮中,无论是从并购企业数还是从并购值看,横向并购均占第一位,其次是混合并购,最后是纵向并购。1990 年横向并购值占总值的 55%,到 1999 年上升为 70%。混合并购在 20 世纪 90 年代中期企业多元化经营战略的影响下曾经很活跃,但到 20 世纪 90 年代后期,随着国际市场竞争的日益激烈,公司经营战线开始收缩,混合并购开始下降,1999 年占跨国并购总数的 27%。纵向并购的比重在 20 世纪 90 年代一直处于 10% 以下。

由于并购,汽车、银行和制药等诸多行业的集中程度大大提高。就全球并购交易比较活跃的 2020 年而言,科技、医药和信息服务行业出现了交易额 300 亿美元左右的并购。例如,沙特国家商业银行以 148 亿美元收购竞争对手沙美金融集团,使得合并后的银行总资产达到 2 203 亿美元,成为沙特最大银行。英国制药巨头阿斯利康与美国亚力兄制药协议以 390 亿美元收购亚力兄制药,极大提高了阿斯利康在免疫学领域的地位。博格华纳对汽车系统供应商德尔福科技的收购极大增强了博格华纳在电子和功率电子产品方面的技术实力和业务规模,巩固了其在电驱动系统领域的领导地位。从目前情况来看,横向并购仍然是跨国并购的主流。

(二)影响跨国并购的主要因素

1. 经济全球化

20 世纪 90 年代以来,经济日益全球化,将各国的生产、贸易与消费纳入一体化之中。由在国外拥有 80 多万个子公司的 6 万多家跨国公司的全球性拓展,控制了 40% 的全球产出、60% 的贸易、70% 的技术转让和 90% 的国际直接投资,极大地推动了经济全球化的进程。

反过来,经济全球化要求各种生产要素在全球范围内配置,这使各国内部市场与外部市场的界限日趋模糊,跨国公司的外部环境发生急剧变化,它们不得不面对更多的竞争对手,在更残酷的国际竞争中生存。跨国并购是其拓展全球市场、在竞争中取胜的一个杀手锏。

2. 技术进步

20 世纪 90 年代以来,技术进步日新月异,对世界经济高速发展起了重大的推动作用。同时,它也是影响跨国并购的重要因素。

一方面,技术进步使跨国公司分散在世界各地的经营活动得到更好的协调和管理,从而为跨国公司进行跨国并购提供了有利条件。如利用电子商务有可能重新安排供应链,缩短了商品进入消费领域的环节;技术进步可以降低运输成本、信息与通信成本,从而大大缩小了经济空间等。结果是跨国公司可以更有效率地进行跨国并购,它们可以在国际生产体系内部进行更好的联络,更便宜地进行跨国界的商品和人员的转移,可以把生产和管理过程进行分解并在不同的国家重新布局,以实现成本的最低化。

另一方面,技术进步反过来也使跨国公司面临着更大的竞争压力,促使它们进行跨国并购。在大多数行业,创新的成本和风险与日俱增,而且需要持续不断地吸收和发展新的技术和管理手段。跨国公司需要付出更大努力以保持其创新领先地位,开拓新的技术领域,缩短产品生命周期。在一个以技术变化快、高风险研发项目开支不断增加为特点的环境中,许多跨国公司感到有必要通过跨国并购来分摊创新成本,获得新的技术资产以增强它们的创新能力。20 世纪 90 年代以来的跨国并购愈来愈证实了这一点。

3. 各国对外国直接投资管理政策的调整

外国直接投资管理政策的调整主要包括贸易投资自由化和一些政策措施的调整。贸易自由化的发展,一方面扩大了市场范围,从而吸引企业设立子公司;另一方面,市场的透明度也得以提高,从而降低了跨国并购的成本,促进了跨国并购的迅速发展。外国直接投资政策既包括绿地投资也包括跨国并购。在跨国并购投资方面,全球普遍的政策调整主要包括:取消必须成立合资企业的规定、取消对外资不能占多数股权的要求和取消对外商不能享有所有权的规定等。同时,许多国家对影响外国直接投资的政策措施进行了多项调整。据统计,2008—2020年,各国外国直接投资的政策措施共发生1 352次调整。2020年,67个经济体总共推出了152项影响外国直接投资的政策措施,与2019年相比增加了约42%。其中,由发达经济体引入的监管或限制性措施数量增加了一倍多,达到50项,原因在于一些国家引入或加强了外国投资审查制度,包括将此作为对COVID-19大流行的回应。相反,旨在促进投资及其自由化和便利化的措施总数保持相对稳定(72项),其中大部分由发展中经济体引入。其余30项措施属于中性或不确定的状态。限制性更强或监管性更强的新政策措施的比例为2003年以来最高。2003—2020年外国直接投资政策变化如表3-3所示。

表 3-3　　　　　　　　　　2003—2020年外国直接投资政策变化

项　目	2003—2007年	2008年	2009年	2010年	2011年	2012年	2013年	2014年	2015年	2016年	2017年	2018年	2019年	2020年
引入政策变化的国家数量	67	40	46	54	51	57	60	41	49	59	65	55	54	67
监管变化数量	128	68	89	116	86	92	87	74	100	125	144	112	107	152
自由化/促进	107	51	61	77	62	65	63	52	75	84	84	98	65	72
限制/监管	20	15	24	33	21	21	21	12	14	22	23	31	21	50
中性/待定	1	2	4	6	3	3	3	10	11	19	23	16	20	30

4.资本市场自由化的推动

从20世纪80年代开始,大多数发达国家已经实现了资本账户的自由化,对跨国借贷和证券投资不再进行限制。20世纪90年代中期以来,很多发展中国家和转型经济国家也开始进行了资本账户的自由化。资本市场自由化为跨国并购解除了制度障碍,从而促进了跨国并购活动更广泛地进行。同时,金融衍生工具的增加对跨国并购提供了技术上的保证,发行股票和债券对跨国并购的融资比重越来越高,公司基金和风险投资的发展成为中小企业跨国并购的主要融资渠道。

第二节　跨国并购的动因

跨国并购是由跨国公司推动的一种战略投资行为,从性质上看,这种投资行为具有双重性:它既是一种外国直接投资行为,又是一种并购行为。因此,对其理论的解释可以分别从这两个角度进行。并购的具体动机前面已经介绍,由于跨国并购属于跨国公司的战略决策行为,因此,分析跨国并购的并购动因不能忽视公司战略。本节主要从外国直接投资角度分析跨国并购的动因。

综观目前国际投资和国际贸易的有关理论,较具代表性的有海默(Hymer)1960年提出的"垄断优势理论",弗农(Venon)1966年提出的"产品生命周期理论",巴克利(Buckley)和卡森(Casson)1976年提出的"内部化理论",邓宁(Dunning)1977年提出的"国际生产折衷理论",日本小岛清(Kojima)1977年提出的"边际产业扩张理论"等,其中以邓宁的"国际生产折衷理论"最具影响力。

一、垄断优势理论

垄断优势理论以不完全竞争和不完全竞争市场条件为背景解释企业的对外直接投资行为。该理论认为,不完全竞争是指规模经济、技术垄断、商标及产品差别等引起的偏离完全竞争的市场结构。寡占是不完全竞争的主要形式。不完全竞争市场是指市场的运行及其体系在功能或结构上的缺陷和失效。

1960年,美国经济学家海默在他的博士论文《一国企业的国际经营:对外直接投资研究》中,首次提出了垄断优势理论。垄断优势理论的提出,不仅首先创立了外国直接投资理论,而且开创了外国直接投资理论研究的先河,被称为零公里界碑。海默在他的博士论文中,根据美国商务部关于直接投资与间接投资的区分准则,用实证方法分析了美国1914—1956年对外投资的有关资料,并得出了对外直接投资与对外证券投资有着不同的行为表现,传统的理论难以对直接投资作出科学的解释。传统的解释国际资本运动的理论是要素禀赋论。该理论认为,各国的产品和生产要素市场是完全竞争的;资本从"资本过剩"国流向"资本短缺"国;国际资本流动的根本原因是各国间利率的差异,对外投资的主要目标是追求高利率。而海默的理论认为这种传统的理论无法解释二战后迅速发展的外国直接投资现象。海默在大量实证分析的基础上指出,现实的市场是不完全竞争的市场,面对同一市场的各国企业存在着竞争,若实行集中经营,则可使其他企业难以进入市场,形成一定的垄断,既可获得垄断利润,又可减少由于竞争而造成的损失。跨国公司实际上就是垄断者或寡占者。所以,海默认为市场的不完全竞争是跨国公司进行外国直接投资的根本原因,而跨国公司特有的垄断或寡占优势是其实现对外直接投资利益的条件。由于跨国公司在进行对外直接投资时,相对于东道国厂商处于较为不利的地位,比如东道国企业熟悉投资环境和市场,运输费用低廉,信息灵通,决策迅捷,易于获得政府的支持以及不存在语言文化障碍等。跨国公司在东道国投资要承担比东道国企业更大的风险。为了要在竞争中获胜,跨国公司必须利用市场的不完全性和自身的垄断优势来抵消东道国厂商所特有的优势,以补偿在东道国陌生环境中投资经营所增加的成本,并能获得高额利润。垄断优势理论认为跨国公司拥有的垄断优势主要有技术优势、先进的管理经验、雄厚的资金实力、全面而灵通的信息、规模经济优势以及全球性的销售网络。

总之,垄断优势理论认为,对外直接投资是不完全竞争的产物,纯粹竞争性的市场部门不会出现对外直接投资;跨国公司为了保持垄断优势的独占性,倾向于采取寡占行为。所谓"寡占行为",是指处于垄断地位的跨国公司通过在竞争对手的领土上建立地盘,来加强自己在国际竞争中地位的活动。发达国家相互直接投资是国内寡占竞争行为在世界范围内的延伸,其目的在于防止竞争对手占领潜在市场而削弱自己的竞争地位。例如,制皂业中莱弗尔兄弟公司在美国营业,普罗克特-甘布公司在英国营业;石油业中壳牌公司在美国营业,而埃克森公司则在其他各个市场营业。

垄断优势理论为西方外国直接投资奠定了理论基础,确定了对外直接投资的内容,在整个 20 世纪 60 年代和 70 年代,西方经济学家就在此基础上发表了大量的论文,对垄断优势理论进行了进一步检验和发展。此领域的主要代表人物有约翰逊(H.G.Johnson)、凯夫斯(R.E.Caves)、尼克博克(F.T.Knickerbocker)等。垄断优势理论开创了外国直接投资理论研究的先河,其许多内容至今具有相当的科学性:该理论首次提出了不完全竞争市场是导致外国直接投资的根本原因,并论述了市场不完全的类型,提出了跨国公司拥有的垄断优势是其实现对外直接投资获得高额利润的条件,并分析了垄断优势的内容;提出了知识的转移是跨国公司直接投资过程的关键,并分析了知识产品的特点;提出了产品的差异能力是跨国公司进行对外直接投资的又一重要优势,并分析了产品差异性能给跨国公司带来的优势维护和强化;提出了跨国公司的寡占反应行为是导致其对外直接投资的主要原因,并分析了寡占反应行为所导致的对外直接投资的成批性。这些理论对于外国直接投资理论和实践的发展都具有十分重要的意义。

二、内部化理论

垄断优势理论提出了市场不完全是跨国公司进行对外直接投资的前提条件。内部化理论也承认市场的不完全,但将其原因归结为市场机制的内在缺陷,从中间产品(特别是知识产品)的性质和市场机制的矛盾来论述内部化的必要性,内部化的目标就是要消除外部市场的不完全。内部化理论的雏形是由美国学者科斯(R.H.Coase)在 1937 年出版的《公司的性质》一书中提出的。他认为市场交易需要支付一定的成本,包括寻找合适价格的成本、在合同中规定双方权利和义务的成本、与接受合同有关的风险成本、对市场贸易所支付的交易成本等。也就是说,当市场失效时,通过市场进行的交易就必然导致企业交易成本的增加,使企业的市场交易失去效率。内部化理论是由英国的巴克利(P.J.Buckley)、卡森(M.Casson)和加拿大学者拉格曼(A.M.Rugman)完成的。1976 年,巴克利与卡森在合著的《跨国公司的未来》一书中对传统的外国直接投资理论提出了批评,并提出了新的对外直接投资理论。拉格曼在 1981 年出版的《跨国公司的内幕》一书中,指出市场内部化是指"将市场建立在公司内部的过程,以内部市场取代原来固定的外部市场,公司内部的调拨价格起着润滑内部市场的作用,使它能像固定的外部市场同样有效地发挥作用"。

内部化理论与垄断优势理论不同,它不是强调跨国公司所特有的知识产权优势本身,而是强调企业通过内部组织体系以较低成本在内部转移该优势的能力,并把这种能力当作企业发生对外直接投资的真正动因。

在市场不完全条件下,跨国公司为了谋求企业整体利益的最大化,往往倾向于将知识产权在公司内部转让,以避免外部市场不完全造成的损失。所以,跨国公司实行市场内部化的动因是由知识产品的特殊性质和知识产品的市场结构,以及知识产品在现代企业经营管理中的重要地位决定的。因此,企业往往会通过对其拥有的产品实行内部化,以达到长时期保持对知识产品独占优势的目的,最大限度地收回研究开发费用,并最大限度地实现价值的增值。

内部化理论的出现标志着西方对外国直接投资研究的重要转折。垄断优势理论从市场的不完全和寡占的市场结构论述了发达国家对外直接投资的动机和决定因素,内部化理论则从跨国公司所面临的内、外部市场的差异、国际分工、国际生产组织的形式等来研究对外直接投资的行为和动机。它与其他对外直接投资理论相比具有较大的适应性,较好地解释了跨国公司的性质、起源,以及对外投资的形式等。它既可以解释发达国家的对外投资行为,又可以解释发展中国家的对外直接投资行为。该理论对国际经济学界产生了较大的影响。同时,内部化理论较好地解释了跨国公司在对外直接投资、出口贸易和许可证安排这三种参与国际经济方式选择的依据。跨国公司通过对外直接投资使市场内部化,可以保持其在世界范围内的垄断优势,从而实现公司利润的最大化,因此在这三种方式中居主导地位。出口贸易由于受到进口国贸易保护主义的限制,而许可证安排由于局限于技术进入产品周期的最后阶段,均属于次要地位。另外,内部化理论还有助于解释第二次世界大战后跨国公司增长速度、发展阶段和赢利变动等事实。知识产品市场的内部化激励跨国公司在研究与开发方面投入巨额资金,为保持和扩展拥有的技术优势而增加对外直接投资,推动了外国直接投资的高速增长。大型跨国公司的兼并和合并活动,以及研究开发领域的扩展,使其多样化经营程度进一步提高,也促进了外国直接投资的迅速增加。

三、产品生命周期理论

1966 年,美国哈佛大学教授弗农(R. Vernon)在垄断优势理论的基础上,发表了名为《产品周期中的国际投资和国际贸易》的论文,提出了产品生命周期理论,对外国直接投资的动因从另一个角度进行了解释。后来,他又对该理论作了进一步发展和完善,认为跨国公司拥有知识资产优势,具有新产品创新能力,并且极力维持企业所拥有的技术优势地位,以获得新产品的创新利润。但是新技术的发展日新月异,跨国公司不可能长期垄断这些新技术,新产品一旦上市就会被竞争者仿制。新产品必然要从研制创新阶段过渡到产品的成熟阶段,然后再过渡到产品的标准化阶段。所以,跨国公司只有将企业拥有的技术优势和企业在特定东道国所获得的区位优势结合起来,才能发生直接投资,才能给投资者带来利润。弗农据此建立了产品生命周期三阶段模型。

根据产品生命周期理论,外国直接投资的产生是产品生命周期三个阶段更迭的必然结果。该模型假设世界上存在三种类型的国家,第一类是新产品的创新国,通常指最发达的国家,如美国;第二类是较发达国家,如欧洲各国、日本和新兴工业化国家;第三类是发展中国家。随着新产品依次经历创新阶段、成熟阶段和标准化阶段,其生产的区位选择也依次从最发达国家向较发达国家,再向发展中国家转移。

在新产品的初级阶段,新产品首先在最发达的美国的创新企业中生产,并逐渐进入大规模生产,这一时期的产品主要是为了满足本国市场的需求,因为美国的人均收入很高,存在对昂贵的新产品的消费群体。由于美国消费者对其他较发达国家的消费者有示范作用,其他发达国家的高收入阶层也产生了对该种新产品的消费需求,因此,随着产量和销售量的增加,有一小部分产品出口到其他较发达国家。由于在这一阶段创新企业拥有独占的技术垄断优势,其他发达国家也没有出现与之竞争的对手,创新企业基本上控制着国内外市场份额。在这种情况下,产品在国内生产将更为有利。所以这一阶段不会发生外国直接投资。

到了产品生命周期的第二阶段,即成熟阶段,出现了由寡占竞争引起的对外直接投资。较发达国家的竞争厂商开始仿制创新企业的新产品。为了保护这些仿制厂商的利益,各国政府可能采取限制进口提高关税的政策,以支持本国企业迅速发展新产品替代进口。在这种情况下,创新企业为了维持其在国外的市场份额,绕过贸易壁垒,通过对外直接投资在东道国建立子公司,专门供应东道国市场。在这时期,由于技术垄断局面完全被打破,创新企业一方面通过新产品异质化来保持自身的竞争优势,另一方面也通过许可证方式获取收益。新产品市场的垄断竞争局面正式形成,最发达国家的出口和较发达国家的进口开始减少,因为发达国家对新产品的消费对发展中国家的消费者具有示范效应,最终导致发展中国家对该新产品的需求增加,从而又导致发展中国家对该产品的进口增长,各发达国家的厂商都转向发展中国家出口该产品。随着较发达国家越来越多的仿制厂商的出现和发展中国家消费的增加,各发达国家的厂商都开始向劳动力成本更低的发展中国家进行直接投资,因此,发展中国家也产生了对该产品的少量的生产能力。总之,在这一阶段产生了外国直接投资,并且投资的区位重点主要是在较发达国家和新兴工业化国家和地区。

到了产品生命周期的最后阶段,即标准化阶段,新产品的生产已经成为标准化的生产,技术已经普及,技术方面的垄断优势已经完全丧失,价格方面的竞争压力越来越大,降低成本已经成为增强竞争力的第一要旨。而这一时期只有发展中国家具有廉价的劳动力优势和资源优势。因此发达国家的厂商就把新产品的生产完全转移到发展中国家进行。这时发展中国家对该产品的生产急剧增加,不仅满足本国市场,还反过来向最发达的美国和其他较发达国家出口。所以在产品标准化阶段,发展中国家对该产品的出口呈现快速增长的态势。

1974年,弗农发表了《经济活动的选址》,在这篇论文中,他进一步发展了产品生命周期理论,引入了"国际寡占行为"来解释跨国公司的对外直接投资行为。他把所有跨国公司都定义为寡占者,并把它们分为三类:技术创新期寡占者、成熟期寡占者和衰退期寡占者,与产品生命周期发展的三个阶段相对应。

产品生命周期理论与垄断优势理论一样,也是在对美国跨国公司对外直接投资行为进行实证研究的基础上推出的一种理论。该理论有很多科学之处:第一,较好地解释了美国战后对西欧各国大规模直接投资的原因;第二,把美国跨国公司的对外直接投资归结为出口贸易的替代,因而是美国跨国公司在国内外市场环境发生变化时采取的防御性策略;第三,对整个对外直接投资的产品周期选择和区位选择进行了动态分析和时间序列分析,为投资企业进行区位与市场选择和国际分工的阶梯分布提供了一个分析框架,这是该理论的重要特色;第四,将跨国公司的对外直接投资和国际贸易有机地结合起来进行论述,给以后的国际生产折衷理论以有益的启迪。

四、边际产业扩张理论

边际产业扩张理论,又称边际比较优势理论,是由日本一桥大学教授小岛清在 20 世纪 70 年代中期根据国际贸易比较成本理论,在对日本厂商的对外直接投资进行实证研究的基础上提出的。小岛清认为,海默的垄断优势理论是从微观理论出发,强调厂商内部垄断优势对直接投资的影响,重视对海外投资企业进行微观经济分析和公司管理的研究,而完全忽视了宏观经济因素的分析,尤其是忽略了国际分工原则的作用。他认为,根据美国对外直接投资企业的实际情况得出的外国直接投资理论,无法解释日本的对外直接投资现象。

小岛清 1977 年在《对外直接投资论》一书中,从国际分工原则出发,第一次系统地阐述了他的对外直接投资理论。在 1981 年第 5 次再版的《对外贸易论》、1982 年出版的《跨国公司的对外直接投资》等论著中,小岛清对自己的理论作了进一步的补充。小岛清认为,垄断优势理论对跨国公司的分析忽略了对宏观因素的分析,尤其是忽略了国际分工原则的作用。实际上,国际分工原则和比较成本原则是一致的,即国际分工不仅能解释对外贸易,也能解释对外直接投资。美国的对外直接投资企业主要分布在制造业部门,这种直接投资是建立在贸易替代的结构基础上的。也就是说,美国从事直接投资的企业正是美国具有比较优势的产业部门。根据国际分工的原则,美国应该将这类企业留在国内,通过不断扩大出口来获得比较利益。但这些企业竞相到国外投资建厂,把产品的生产基地转移到国外,造成了美国的出口被直接投资所代替,致使美国的出口减少,国际收支逆差加大,贸易条件恶化。而日本的对外直接投资方式与美国不同,资源开发型投资具有很大比重,即使是对制造业的投资,也属于"贸易制造型",而不是"贸易替代型",也就是说,日本在制造业的投资不仅没有替代国内同类产品的出口,相反,还带动与之相关的产品的出口,从而使对外直接投资和出口贸易结合起来。日本向国外投资的企业,是在日本国内生产已处于比较劣势的部门。为了继续维持这些企业的生产规模,就需要到仍然处于比较优势的国家进行生产。在日本国内应集中发展比较优势更大的产业,这样一方面可以优化国内的产业结构,另一方面又可以促进对外贸易的增加。可见,日本的对外直接投资可以将日本国内处于比较劣势的部门在国外转为比较优势的部门,从而形成了该产业比较优势的延伸。

小岛清创立的边际产业扩张理论的基本核心是对外直接投资应该从投资国已经处于或即将处于比较劣势的产业即边际产业依次进行。这些边际产业是东道国具有比较优势或潜在比较优势的产业。从边际产业开始进行投资,可以使投资国丰富的资本、技术、经营技能与东道国廉价的劳动力资源相结合,发挥出该产业在东道国的比较优势。

边际产业扩张理论所研究的对象是日本跨国公司,反映了日本这个后起的经济大国在国际生产领域寻求最佳发展途径的愿望,比较符合 20 世纪六七十年代日本对外直接投资的实际,因而有其科学性的方面:第一,边际产业扩张理论与垄断优势理论、内部化理论以及产品生命周期理论不同,从宏观的角度,利用比较优势理论采用两个国家、两种产品或多种产品的分析模式,提出了从边际产业开始依次对外进行直接投资的结论。第二,边际产业扩张理论分析的外国直接投资,主要是随着利用东道国劳动力资源的比较优势变化,从高工资国转移到低工资国而发生的。经济发达国家的要素禀赋比率的变化速度快于发展中国家,发达国家对发展中国家的投资是按照本国产业比较劣势的顺序进行的。这种依据比较成本动态变化所作出的解释,比较符合发达国家如日本和新兴工业化国家对发展中国家的直接投资状况。第三,边际产业扩张理论认为对外直接投资的主体是中小企业,因为中小企业拥有的技术更适合东道国当地的生产要素结构,这就很好地解释了中小企业对外直接投资的原因和动机。第四,边际产业扩张理论强调,无论是投资国还是东道国都不需要有垄断市场,从国际分工的角度来解释日本式的对外直接投资,这一分析方法与其他外国直接投资理论相比有独到之处。

五、国际生产折衷理论

国际生产折衷理论又称国际生产综合理论,是由英国经济学家邓宁在 20 世纪 70 年代提出来的。20 世纪 80 年代初,他又对自己的理论进行了系统的整理和补充,形成了在外国直接投资理论中影响最大的理论框架。邓宁在 1977 年发表了题为《贸易、经济活动的区位与多国企业折衷理论探索》的论文。在这篇论文中,他提出了国际生产折衷理论,他把厂商特定的资产所有权、内部化、国家区位三方面综合起来解释外国直接投资。此后,在 1981 年出版的《国际产业和跨国企业》一书中,邓宁全面、系统地阐述了国际生产折衷理论。20 世纪 80 年代以后,邓宁继续发表了大量的论著,进一步补充和完善了他的折衷理论。邓宁在它的理论中集百家之长,融众说之精髓,包含了自海默以来的各种重要的外国直接投资理论流派,同时又吸收了西方经济学中的产业组织理论、新厂商理论、区位论和俄林的要素禀赋理论等,并使之具有较高的综合性和概括性。

国际生产折衷理论认为,对外直接投资主要是由所有权优势、内部化优势和区位优势这三个基本因素决定的。

(一)所有权优势

所有权优势又称厂商优势,是指一国企业拥有或能够获得的而他国企业没有或无法获得的资产及其所有权。邓宁认为,跨国公司所拥有的所有权优势主要包括两类:第一类是通过出口贸易、技术转让和对外直接投资等方式均能给企业带来收益的所有权优势。这类优势几乎包括企业拥有的各种优势,如产品、技术、商标、组织管理技能等。第二类是只有通过对外直接投资才能获得的所有权优势,这种所有权优势无法通过出口贸易、技术转让的方式给企业带来收益,只有在企业内部使用,才能给企业带来收益,如交易和运输成本的降低、产品和市场的多样化、产品生产加工的统一调配、对销售市场和原料来源的垄断等。具体来讲,所有权优势应该包括四个方面。第一,技术优势,主要包括专利、专用技术、管理经验、销售技巧、研究与开发能力等。第二,企业规模优势,有两方面的含义:一是公司规模越大,研究和开发能力也越强,就越有利于技术创新;二是公司规模越大,越能在国内外市场上获得规模经济优势。第三,组织管理优势,公司规模越大,越有利于高度专业化管理人才的充分利用,形成组织管理优势。第四,金融和货币优势,公司越大,越能在国际金融市场上多渠道、低成本获得资金。邓宁认为跨国公司在参与国际市场时,拥有超过其他国家企业的所有权优势,才具有对外直接投资的能力。不过,邓宁认为,企业具有所有权优势,只具备了进行对外直接投资的必要条件,要很好地解释对外直接投资活动,还必须具备内部化优势。

(二)内部化优势

内部化优势是为了避免不完全市场给企业带来的影响,而将其所拥有的资产加以内部化,从而保持企业所拥有的优势。邓宁认为,一个企业如果有在产品各阶段生产的特点,就很容易产生"跨地区化"以至"跨国化"。因为,在产品各阶段生产过程中,必然存在中间产品,如果将这些中间产品的供求过程在外部市场进行,则会由于外部市场的不完全性,造成生产成本的上升。而把中间产品的外部市场交易变成企业内部的关系,在企业内部统一调拨合理配置,使产品生产的全部过程都由企业内部完成,则能使企业的垄断优势发挥最大的效用。所以,跨国公司将其所拥有的各种所有权优势内部化的动机在于避免外部市场的不完全对企业产生的不利影响,实现资源的最优配置,并且继续保持和充分利用其所有权优势的垄断地位。邓宁认为,市场的不完全不仅存在于中间产品中,而且存在于最终产品中。邓宁将市场不完全划分为两种,即结构性市场不完全和知识性市场不完全。前者是指竞争壁垒、交易成本高而导致的市场不完全;后者是指不容易获得或需要支付较高代价才能获得生产与销售的有关信息所导致的市场不完全。跨国公司对其拥有的所有权优势可以采取转让的方式,即将其拥有的资产或资产的使用权出售给外国的企业,也就是将资产的使用外部化;也可以采取内部化的方式,即将其拥有的资产所有权留在企业内部进行使用。在外国直接投资中,资产使用的内部化意味着跨国公司利用其所拥有的资产发展对外直接投资。邓宁认为,一个企业具备了所有权优势,并且使这些优势内部化,还不能完全解释外国直接投资活动。因此,还必须考虑导致外国直接投资的充分条件即区位优势。

(三)区位优势

区位优势是指跨国公司在投资区位上具有的选择优势。区位优势也是跨国公司发展对外直接投资时必须考虑的一个重要因素。跨国公司在拥有了所有权优势和内部化优势后,还要进行区位选择,如果企业在国外生产比在国内生产能获得更大的利润,那么就会导致对外直接投资;如果在国外的甲地投资比乙地投资能使跨国公司获得更大的利润,则选择甲地进行直接投资。所以,对外直接投资的流向取决于区位禀赋的吸引力。

区位优势包括直接区位优势和间接区位优势。前者是指东道国的某些有利因素所形成的区位优势,比如广阔的产品销售市场、政府的各种优惠投资政策、低廉的生产要素成本、当地原材料的可供性等。后者是指由于投资国某些不利因素所形成的区位优势,如商品出口运输费用过高、商品出口受到东道国贸易保护主义的限制、生产要素成本较高等。这两种区位优势从不同的方向形成跨国公司对外直接投资的区位优势。区位优势是由投资国和东道国的多种因素决定的。这些因素主要包括:生产要素投入和市场的地理分布状况;生产要素成本、运输成本和通信成本;基础设施状况;政府干预经济的程度和范围;金融市场状况和金融制度;国内市场与国际市场的差异程度;文化环境的差异程度;贸易障碍等。邓宁认为,区位优势不仅决定了一国企业是否进行对外直接投资,还决定了其对外直接投资的类型和部门结构。邓宁把对外直接投资划分为以下类型:资源开发型;生产或加工专业化型;贸易和销售型;服务型;其他类型。每一种类型的对外直接投资又是由不同的所有权优势、内部化优势和区位优势组合所决定的。邓宁认为,决定对外直接投资的三项因素是相互关联、紧密联系的。可以用公式表示为:外国直接投资＝所有权优势＋内部化优势＋区位优势。一个企业所拥有的所有权优势越大,将其资产内部化使用的可能性也越大,从而在国外利用其资产比在国内可能更为有利,就越有可能发展对外直接投资。如果本企业在这三个方面都处于劣势,则最好吸引国外直接投资。上述公式还可以说明一国企业对参与国际经济方式的选择,即将对外贸易、技术转让、对外直接投资三者有机地结合起来。企业对外直接投资必须具备所有权、内部化和区位三种优势;而出口只需要具备所有权和内部化优势,不一定需要区位优势;如果企业只具备所有权优势,既没有能力使之内部化,也不能利用国外的区位优势,最好采用许可证贸易方式进行技术转让。

20 世纪 80 年代以来,邓宁对其理论进行了发展和补充。他认为,跨国公司之所以会拥有所有权优势、内部化优势和区位优势,根本原因是不流动的国际资源在各国间的分布不均衡;另一个重要原因是国际市场存在"缺陷";同时,他还认为,要素禀赋理论和市场缺陷理论构成了国际生产折衷理论的基础;另外,东道国政府的管理政策也会对跨国公司的对外直接投资行为产生影响。

六、其他外国直接投资理论

除了上述在学术界影响广泛的理论外,还有一些西方经济学家从不同的角度,就外国直接投资的某一个方面进行研究,并形成了各种不同的理论,如国际资本移动效应理论和产业内双向直接投资理论等。

(一) 国际资本移动效应理论

国际资本移动效应理论由麦克杜格尔(G.D.A.Macdougall)在 1960 年发表的《外国私人投资的收益与成本:理论分析》论文中首先提出来的。后来,由肯普(M. C. Kemp)在 1966 年发表的《国际贸易与投资收益:新赫·克歇尔-俄林分析法》和琼斯(R.W.Jones)在 1967 年发表的《国际资本移动与关税贸易理论》的论文中进行了更细致的论述。麦克杜格尔国际资本移动效应理论认为,资本在各国间的自由流动可使资本的边际生产力在国际上得到平均化,从而可以提高世界资源的利用效率,增加世界的财富总量,提高各国的经济效益。假定世界是由投资国(甲国)与东道国(乙国)构成的,甲国资本充裕,乙国资本短缺,资本由甲国流向乙国,甲国资本的边际生产力低于乙国。假定资本受边际生产力递减法则支配,两国内市场完全竞争,资本的价格等于资本的边际生产力。根据这些条件,经过分析可以得出结论,资本从充裕国流向短缺国可以提高全世界的总产量,因为资本的国际移动使资本更有效地配置和资本收益更均等化。投资国把一部分资本投资到资本边际生产力较高的东道国,可以得到更高的报酬;而东道国利用了外资,使国内其他资源得到更有效的利用,也使本国的净收益增加,因此,国际资本的流动结果对各国都有利。

还有一些西方经济学家提出了最佳对外投资课税论,作为麦克杜格尔资本流动理论的补充和完善。他们认为,从各国政府的角度来看,对资本的跨国流动实行一些必要的限制,更有利于投资国和东道国增加国民收入。从东道国的角度来看,对外资的流入征税,采取一定的限制会产生双重效应:一方面可以使外资的流入量减少,减少了东道国的收益(来源于外资的实际收益率与支付给外国投资者的报酬率之差),这对东道国会产生不利影响;另一方面,对外资以税收的方式采取一定的限制后,随着外资流入量的减少,支付给外资的利息负担也减轻了,同时税收还增加了东道国的收入,这又会对东道国产生有利影响。前者是东道国对外资实行限制所付出的代价,后者是东道国对外资实行限制所带来的效益,只有当后者大于前者,对东道国才产生真正有利的影响。因此,东道国应当有一个能使国民收入达到最大限度的"最佳课税率"和与之相应的"最佳资本流入量"。同样的道理,投资国对本国跨国公司的对外投资征税以实行一定的限制,也是有利的。

(二) 产业内双向直接投资理论

产业内双向直接投资理论是解释发达国家在同一产业内相互进行直接投资的理论。随着科技的进步,知识产品和高技术含量的产品所占比例越来越高。这些行业存在规模经济。规模经济的结果导致行业内贸易的出现。所谓行业内贸易是指某一行业内差异产品的双向贸易,世界贸易的1/4是由行业内贸易构成的。规模经济的另一个结果是导致不完全竞争。厂商追求规模经济的结果是同行业中只剩下为数不多的几家主要厂商,各个厂商的产品是互相区别的。这也是外国直接投资的一个重要原因。20世纪60年代以来,发达国家的相互直接投资一直在外国直接投资领域占据主导地位,而且这种投资的很大一部分是在同一产业,主要是技术密集型行业内进行的。

E.M.格雷姆在1975年对美国的187家跨国公司及其在欧洲的子公司和88家欧洲跨国公司在美国的子公司的产业分布进行了实证分析,结果表明,美国跨国公司和欧洲跨国公司对外直接投资活动的产业是相同的。邓宁于1984年根据187家美国跨国公司和226家非美国跨国公司对外直接投资的有关资料,计算出了产业内双向直接投资指数,进一步验证了格雷姆的观点。邓宁认为,发达国家之间的科学技术水平相近,且跨国公司都拥有强大的研究与开发能力。在发达国家的同一产业内,没有一家跨国公司能拥有独占的所有权优势,而是少数几个跨国公司拥有相近的所有权优势,都有能力向对方的国家进行直接投资。邓宁还认为，西方发达国家跨国公司的产业内双向直接投资，还可以取得垂直一体化经营的优势，获得规模经济效益，并可以充分利用东道国的低廉成本。

还有一些西方经济学家认为，当代国际直接投资不只是开辟了投资市场，更重要的是通过投资市场开辟了商品市场，从而带动了出口贸易。西方国家的经济发展水平相近，需求结构也基本相似，对高档消费品的需求呈上升趋势，各国的同类产品各有其特点，追求优质的、个性化的消费心理导致产业内双向贸易。当贸易壁垒或产品运输成本过高而使产业内双向贸易受阻时，产业内双向直接投资就成为一种必然的选择。20 世纪 60 年代以来，各国贸易保护主义盛行，也是导致产业内双向直接投资的重要原因。产业内双向直接投资理论较为科学地解释了发达国家之间直接投资的原因和动机，但无法对垂直对外直接投资和逆向对外直接投资作出合理的解释，所以，它的应用范围极为有限。

七、外国直接投资理论的评价

（一）研究的对象主要是美国、日本等西方发达国家

海默的垄断优势理论是根据美国商务部关于直接投资与间接投资的区分准则，在实证分析了美国 1914—1956 年对外投资的有关基础资料后提出的。小岛清在 20 世纪 70 年代中期根据国际贸易比较成本理论，在比较美、日不同贸易模式以及对日本厂商对外直接投资实证研究的基础上提出了边际产业扩张理论。因此，邓宁认为，海默、巴克利和卡森、弗农、小岛清等人的对外直接投资理论，都是从某一特定国家的国情出发进行实证研究后得出的结论，均不具有普遍的意义。

（二）研究的行为主要是新建投资行为

跨国并购作为外国直接投资的一种方式，国外理论界分析的素材更多地来自新建投资而不是并购。无论是海默的垄断优势理论、弗农的产品生命周期理论、巴克利和卡森的内部化理论还是邓宁的国际生产折衷理论、日本小岛清的边际产业扩张理论等，都是建立在新建投资生产企业的假设前提之下，或者说是基于新建外国直接投资进行分析的。跨国并购及其特点要求对传统分析加以改进，邓宁于 1998 年和 1999 年也承认有必要修正 OLI 框架以满足新的形势的要求。邓宁认为导致外国直接投资的基本变量主要有三个，即企业资产所有权优势（O）、区位优势（L）、内部化优势（I）。这三个要素是相互关联的，其中 O、I 因素是外国直接投资的必要条件，L 是充分条件。三个要素的不同组合，不仅可以确定各种类型的直接投资，而且可以解释企业关于直接投资、出口、非股权转让的选择行为。但是在跨国并购中，由于涉及并购双方的资源环境以及交互行为，如果采用合并的方式，就存在联合内部化，因此，企业所有权优势不仅表现在类似新建投资的"我有你无"的优势，而且可以体现为并购双方拥有在规模、协同或市场势力、生产链条方面互补的所有权优势；或者在互不相干的领域拥有所有权优势，在这些领域之间存在范围经济。关于区位优势，在跨国并购中可能来自与新建外国直接投资一样的优势（如纵向跨国并购），也

可能主要是市场规模增长或资本增值的前景(如混合并购),也可能与新建外国直接投资中所说的区位无关,如两家跨国公司全球生产体系的合并。相应地,跨国并购的内部化优势可以是合并双方为了获得规模经济而使共同的优势内部化;或者并购企业都想获得安全、信息、财务或市场势力,降低交易成本;对混合并购而言,并购企业主要是为了寻求一种更大的资本基础、多样化或者范围经济,而非通过内部化来降低交易成本。

(三)各理论本身存在的局限

1. 垄断优势理论的局限性

垄断优势理论主要是针对美国对外直接投资研究的成果,并且研究的对象是技术经济实力雄厚、独具对外扩张能力的大型跨国公司。垄断优势理论对于发展中国家的对外直接投资及中小企业的对外直接投资没有进行分析。而实践中出现的情况则是,自 20 世纪 60 年代以来许多发达国家的中小企业也积极进行对外直接投资,特别是广大的发展中国家的企业也加入对国际直接投资的行列中来。垄断优势理论显然对这些新现象无法作出科学的解释。垄断优势理论的这些局限性使它失去了普遍的应用意义。

2. 内部化理论的局限性

第一,跨国公司实行内部化主要是对高技术含量的知识产品实行内部化,这就势必阻碍新技术、新产品在全世界范围的迅速普及,从而在一定程度上阻碍生产力的发展。第二,内部化理论未能科学地解释跨国公司对外直接投资的区域分布,因而常常受到区位优势论经济学家的抨击。第三,内部化理论对西方大型跨国公司的垄断行为的某些特征未能作出具体的分析,这也是该理论的一大缺憾。

3. 产品生命周期理论的局限性

由于产品生命周期理论是美国跨国公司特定时期对外直接投资实证研究的结果,随着时间的推移,国际直接投资多样化,该理论也就难以对各种对外直接投资行为作出全面而科学的解释。第一,在 20 世纪 80 年代之后,西方发达国家的跨国公司也在国外生产非标准化产品,或者为了适应东道国市场的需求而将其原创新产品进行改进或多样化;第二,产品生命周期理论所解释的是美国制造业的对外直接投资行为,对有些跨国公司在国外原材料产地进行的直接投资行为无法作出科学的解释;第三,对发展中国家的对外直接投资行为也无法作出令人满意的解释。

4. 边际产业扩张理论的局限性

随着 20 世纪 80 年代日本经济实力的增强和产业结构的变化,日本对外直接投资也偏向于对发达国家的制造业进行投资,向贸易替代型转化,特别是大型跨国公司的对外直接投资比重迅速上升。边际产业扩张理论显然无法解释日本对外直接投资的这些新变化。另外,20 世纪 80 年代以后,发展中国家对外直接投资增长迅速,该理论显然也无法解释这种逆向比较优势的对外直接投资。

5. 国际生产折衷理论的局限性

国际生产折衷理论也存在着很多局限:第一,该理论是在对西方私人跨国公司对外直接投资实证研究基础上提出来的,对国有跨国公司或国营企业的对外直接投资活动无法作出科学的解释。因为这些企业的对外直接投资并不是由三种优势决定的。而往往是由国际经济合作协议和本国经济发展总体规划决定的。第二,该理论将利润最大化作为跨国公司对外直接投资的主要目标,与 20 世纪 60 年代以来跨国公司对外直接投资目标的多元化现实不相符。

第三节 跨国并购的环境

跨国并购是一种国际直接投资方式,涉及两个或两个以上国家的企业、市场和政府控制下的法律制度,因此国际投资环境尤其是法律环境的分析具有十分重要的意义。

一、跨国并购的国际投资环境

(一) 国际投资环境的概念

国际投资环境是指在一定时间内,东道国(地区)拥有的影响和决定国际直接投资进入并取得预期经济效益的各种因素的有机整体。它是开展国际直接投资活动所具有的外部条件,是国际直接投资赖以进行的前提。由于国际直接投资是一种跨国投资,东道国的政治、社会、经济、文化、法律等方面存在着差异,投资者在作出投资决策之前,都要对东道国的投资环境进行国别比较,力求把安全度高、获利大的国家和地区确定为对外直接投资的地点。如果投资地点缺乏资本赖以生存和发展的各种必要的要素,即缺乏物质的、技术的、社会的、经济的条件,那么,一种投资项目意向会在可行性论证中被否决,即使勉强作出了投资决策,也必定在建设过程和生产经营活动中遇到种种困难,达不到预期投资效果。因此,跨国公司和企业直接面临着投资失败的巨大风险,从事国际直接投资活动的公司,必须通过种种途径和采取适当方式,对东道国投资环境的各因素进行调查和评估,并在不同的投资地点之间进行优选,以确定具有最佳投资环境的地点,作出正确的投资决策。

(二) 国际投资环境的构成因素与分类

1. 国际投资环境的构成因素

国际投资环境的构成因素主要有:东道国的政治和政局的稳定性,社会的安定性,外资企业国有化的可能性,政府对外商投资的政策,居民对外商投资的态度;经济增长的情况及潜力,经济管理体制,经济发展战略,产业结构及政策;工业基础及其配套能力;财政、金融、保险状况,信息及咨询业的发展,物价上涨幅度,资本及利润汇入、汇出有无控制,货币对外汇价的升降,集资与借贷是否便利;商品市场规模及潜力,商品市场的地理位置,商品分销网点的多少,商品营销辅助机构状况,市场开放程度及竞争状况,同类产品的进出口情况;通信设施状况,交通运输条件,电力供应,用水供应,仓储设施;科学技术水平,文化教育状况,员工素质,劳动生产率,工资水平,人才供应;物质资源状况,土地及其费用状况;语言文字,宗教信仰,社会风俗习惯,价值观念;法律健全程度,执法情况;行政机构的繁简,行政手续及办事效率;生活及娱乐设施,自然条件等。总之,投资环境是一个由多种复杂因素构成的系统,国际投资环境系统如图 3-2 所示。

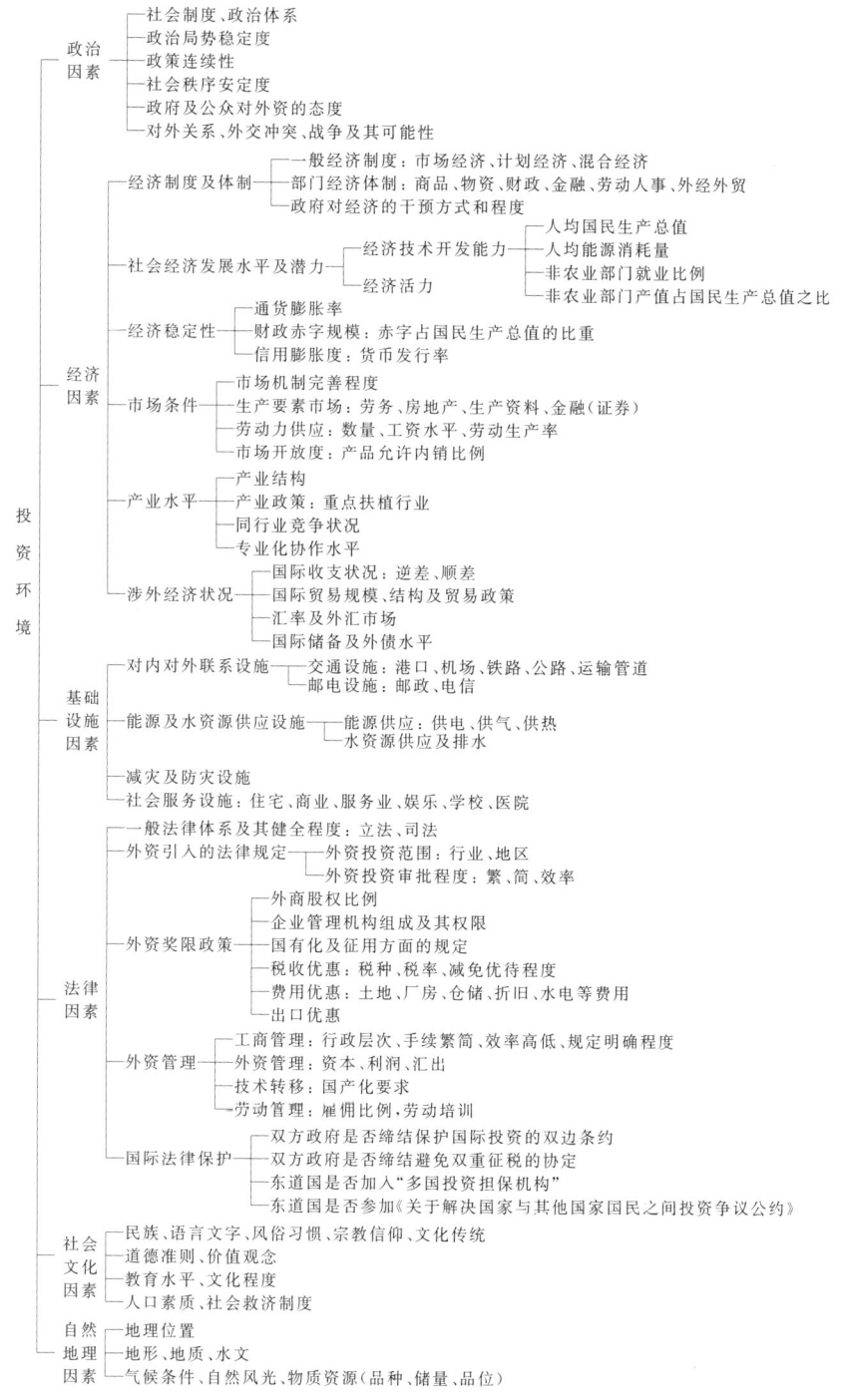

图 3-2　国际投资环境系统

2. 国际投资环境的分类

国际投资环境按照构成国际投资环境诸因素的属性可分为政治因素、经济因素、基础设施因素、法律因素、社会文化因素、自然地理因素六类。

(1) 政治因素,是指由东道国(地区)的政治体制、社会结构、政局稳定性、社会安定性、国际信誉度等内容构成的政治和社会综合条件,是吸引外国直接投资的必要条件和最敏感因素。因为投资者进行跨国投资,东道国的政局是否稳定、社会是否安定、国际信誉高低等直接关系到投资有无保障的问题。只有政局稳定、社会安定、讲求效益、致力于和平建设的国家,才能确保投资的安全,并为经营获利创造必要的前提。

(2) 经济因素,是指东道国的经济发展状况及其趋势,经济体制及其运行,市场规模、潜力及开放程度,产业结构、就业结构、消费结构及其水平,经济发展政策和措施,资源和原材料的供应情况,工业配套水平,企业生产系统及其经营成本的水平,金融信贷制度及资本市场发达程度,财政税收制度,通货膨胀及汇率情况,国际收支状况,信息及社会服务水平等。国际直接投资的动机,一般是开拓市场、获得廉价生产要素、提高经济效益,而这些动机的实现,又直接受到东道国经济环境各因素的影响和制约。

(3) 基础设施因素,是指外国投资者在东道国(地区)进行直接投资从事生产经营活动所面临的基本物质条件,可分为生产基础设施和生活基础设施两部分。生产基础设施包括交通(港口、码头、机场、铁路、公路等)、通信、供电、给排水、燃气、仓库、厂房等;生活基础设施除生产基础设施中可用于生活的部分外,还包括道路、住宅、购物场所、娱乐设施等。基础设施状况,既是物质文明和现代化程度的标志,又与生产和生活密切相关,因而是构成投资环境的必要因素,成为吸引外商投资的重要条件。

(4) 法律因素,是指接受投资者即东道国通过有关法制和立法所体现的对外国投资的一般态度(积极的或消极的),特别是对外国投资者期待的利益可能给予的影响。例如,对外国投资的行业范围的限制,外国投资者的权利与义务,外国资本投资企业的经营管理权限,对特定投资项目的鼓励、限制或禁止以及对外国投资企业的税收优惠、对政治风险的保障等,这些都是通过一定法律形式作出明文规定予以保护的。

(5) 社会文化因素,是指东道国(地区)影响和制约国际直接投资和经营活动的各种社会文化因素的总称。它的内容比较广泛,主要包括民族语言、文字、宗教信仰、风俗习惯、文化传统、价值观念、道德准则、教育水平及人口素质等。这些是东道国(地区)投资软环境中的重要组成因素,也是投资环境整体中不可或缺的内容。

(6) 自然地理因素,是指东道国(地区)的地理位置、气候条件、地质水文、自然资源情况以及环境保护情况等的总和。它的状况对某些投资项目起着决定作用。不同性质的投资项目所要求的自然地理条件不同。外国投资者必然要选择与自己投资项目相适应的自然地理环境。因此,为了扩大吸引外资的范围与规模,在科学技术和生产力发展水平允许的限度内,应努力加强对自然地理环境的利用和改造。

综上所述,投资环境是一个由多种复合因素构成的系统。投资者在作出决策之前,对东道国的投资环境进行严格的评价与比较,寻求一个安全度高、获利大的投资区位,具有十分重要的意义。

二、跨国并购的法律环境

跨国并购的法律环境（法制环境）指一个国家或地区的足以直接或间接影响外国收购公司投资权益、投资活动及组织的有关法律制度和法律规范的总称。与跨国并购有关的法律环境包括三个层次：一是东道国对外资进入证券市场的管制及对外资收购上市公司控制权的限制，这是法律环境的核心层次；二是东道国证券法的有关规定，如证券交易和证券市场的管理形式、证券市场的性质、政府管理和证券业自律管理的相互关系、新证券的发行、信息的持续披露、内幕交易及其他欺诈行为的处罚、法律顾问的作用、对上市公司控制权的收购等，是法律环境的中间层次；三是与并购有关的其他重要法律规范，如公司法、企业法、反垄断法、外资法、外汇管理法、税法等，是法律环境的外部层次。以下就跨国并购法律环境的三个层次，分别介绍美国、英国、日本及欧盟的情况。

（一）美国跨国并购的法律环境

美国涉及跨国并购的现有法律主要有美国联邦证券法、反托拉斯法及政府颁布的并购准则。

1. 美国联邦证券法

美国联邦证券法由三部法规构成，分别是《1933 年联邦证券法》《1934 年联邦证券交易法》和《1968 年威廉斯法》。美国《1933 年联邦证券法》又称《诚实证券法案》，该法对证券发行、信息披露以及以股换股的收购要约要向美国证券交易委员会注册等内容作出了明确的规定。《1934 年联邦证券交易法》决定成立证券交易委员会（SEC）实施证券法案、管理证券交易与监管市场。《1968 年威廉斯法》是有关并购的联邦证券法的核心，该法对通过证券交易所逐步收购和通告发出收购要约一次性收购作了详细的规定，此后其被补充进了《1934 年证券交易法》的 13D 及 14D 条款。

第 13 条 D 款要求持有一个上市公司 5％以上股票的股东须披露其持股情况。该条款并不限制一个股东在持股 5％以后继续购买该种股票，只是要求当他成为 5％以上股东之后的 10 个工作日内向美国证券交易委员会、证交所及发行该种股票的公司备案。若该股东作了上述的备案后，其买入或卖出每 10％以上该种股票，或其持股意图有变化都要及时（1 天以内）向上述三机构补充备案。即第 13 条 D 款对通过证券交易系统逐步收购某种股票的信息披露作了较为详细的规定。

第 14 条 D 款规范的是通过发出收购要约一次性收购一个上市公司的程序的要求。如果一个投资者向多个人发出收购股票的要约邀请，并且收购价格比市场价格优惠，就构成一个收购要约。该投资者须按照法律规定填送 14D－1 表格向美国证交会备案，同时通知该公司和该公司上市的证券交易所。14D－1 备案的内容除了 13D 的内容之外，还需要披露收购要约的内容，包括收购股票的数量、收购价格、要约有效期、付款方式、收购人的财务状况等。收购要约的有效期不得低于 20 个工作日，即使收购要约期已经结束，只要收购要约人没有实际购买股票,承诺要约的股东也有权在要约开始后 60 日内撤回其承诺,这给了中小股东充足的时间考虑是否接受一个收购要约。

2. 反托拉斯法及政府颁布的并购准则

反托拉斯法主要包括 1890 年的《谢尔曼法》、1914 年的《克莱顿法》及之后颁布的若干修正案。《谢尔曼法》是美国历史上第一次企业合并高潮的产物,它是较为原则性地禁止垄断、鼓励竞争的法律。《克莱顿法》于 1914 年 5 月 6 日生效,它是对《谢尔曼法》的补充。该法第七条对控制企业并购作了详细的规定。

另外美国司法部为了便于执行反托拉斯法,每隔若干年就颁布一次兼并准则,用于衡量什么样的并购可以被批准,什么样的将得不到批准。兼并准则最早颁布于 1968 年,1982 年和 1984 年进行了两次修改,1992 年,美国司法部和联邦贸易委员会联合发布了"横向合并指南"。该指南是美国司法部和联邦贸易委员会第一次共同发布的关于企业横向合并的指南,以修改司法部 1984 年的兼并准则和联邦贸易委员会 1982 年关于横向合并的指南。指南开宗明义地宣告,它不涉及非横向合并,这表明美国政府没有改变它们自 1984 年以来对垂直并购和混合并购基本上不干预的态度。1992 年横向合并指南对如何分析企业并购的垄断效应规定了具体框架,但没有法律效力,主要起到了一种指导作用。1997 年,美国司法部和联邦贸易委员会又联合修改了兼并指导准则。新的兼并准则进一步淡化了市场份额指标,突出了效益指标,强调了兼并对竞争趋势影响的分析,提出了评价兼并对竞争效应的分析框架和具体标准,详细地解决了如何分析兼并行为是否导致反竞争效应以及特定的市场要素是否影响了这种效应。

(二)英国跨国并购的法律环境

1. 对外资进入证券市场的管制

(1)英国对外国人投资的控制主要是根据 1947 年的《外汇管制法》,该法对某些种类的交易加以限制,它授权财政部,财政部又授权给英格兰银行,根据一般条件或经特殊申请,批准某些交易。英格兰银行被授权制定各种外汇管制规则,特别是对证券交易有影响的规则。

(2)在英国内的股票向(或由)英国以外的海峡群岛、爱尔兰共和国、马恩岛和直布罗陀地区居民转让或发行,以及英国公司的控制权从英国居民手中转出,都应得到财政部的批准。作为财政部的代理人,英格兰银行被授权对特定的交易进行批准,也可以根据 1947 年外汇管制法通过普通许可或以作出指示的方式将各种权力授予部分商业银行,这些银行被称为外汇指定银行。这些权力还可授权给股票经纪人、律师和其他主要与证券交易有关的人,这些人统称为指定受托人。这些授予的权力使指定银行和指定受托人无须得到特定的许可,就能对某些证券交易进行监督。

(3)对非英国居民的证券投资。有关法律法规规定,如果证券购买者只是对有关公司进行一般的投资,通常只需遵循一般许可即可,没有特殊规定。但如果一个非英国居民认购了一个英国公司 10% 以上的有表决权的股份,这种由外国进入的直接投资,通常应取得英格兰银行的特别批准。一般来说,非英国居民在英国投资是受欢迎的,只要这种投资资金开始不是来自英国,不会造成英国储备金的损耗。然而对制造业公司来说,为了其在英国经营,即使被非英国居民所控制,通常也允许其在英国借入英镑,如果公司经营一项对英国经济有特殊重要意义的业务,可以对它作特殊考虑。

（4）对外国人投资的控制。除了外汇管制外,1970 年《所得税与公司税法》第 482 条关于公司移往外国及其业务的规定中还有一项限制,即某些交易除非是经过财政部批准经营的,否则便是非法的。关于批准的方式,可以是根据财政部公布的一般批准原则,以适用于特定情况,也可以是对该项交易作出专门批准。

（5）1970 年《所得税与公司税法》第 482 条规定下列各种交易为非法的：① 英国居民的公司将其资产或业务的一部分转让给非英国居民的公司,如果出让者为投资控股公司,则还包括其子公司的业务或其他投资的转移；② 英国居民的公司促使或允许一个它所控制的非英国居民的公司创立或发行股票或债券；③（除了为使一名董事能持有必要的股份以符合董事资格外）英国居民的公司将它控制的一个非英国居民公司的股票或债券转让他人,或促使、允许将该股票或债券转让他人,而该股票或债券是这个英国居民公司所拥有的,或该公司对之有股份的。如果违反了 1970 年《所得税与公司税法》第 482 条的规定,当事人将会受到非常严厉的处罚。

（6）财政部根据 1970 年《所得税与公司税法》第 482 条的规定,颁发了一般性的批准事项。有关上述（5）中②的最重要的一般性批准事项是指下列情况：非英国居民公司用现金支付的全部对价发行股票,或以它取得一项业务或一宗财产作为全部对价发行股票。有关以上（5）中③的一般性批准事项适用于：一个英国居民公司将它所控制的一个非英国居民公司的股票,转让给另一个英国居民公司,除非其结果是出让股票的公司不再对非英国居民公司享有控制权。

（7）根据 1986 年《金融服务法》,英国政府成立了证券投资委员会对从事证券和投资活动的自我管制组织以及从事各种金融服务的企业进行管理,从而把自我管理与法制管理融为一体,关于对上市公司证券和非上市公司证券的管理,取消了 1948 年公布的《股票交易所上市交易管理条例》的规定,授权交易所可以制定各种规章制度以保证《公司法》的贯彻执行。

2. 对外资收购上市公司控制权的限制

对外国人接管公司的限制主要是依据 1947 年的《外汇管制法》和依此制定的规定。1975 年的《工业法》禁止外国人取得对英国具有重大意义的制造业的控制权。此外,其他对外国人的规定和对英国居民的规定没有什么区别。虽然就垄断和合并委员会来说,在考虑一项拟议中的合并是否违反英国利益的时候,接管征购人是不是英国居民是一个重要的考虑因素。

（三）日本跨国并购的法律环境

1. 日本对外资进入市场的控制

为了实施资本移动自由化方案,日本内阁先后于 1967 年、1975 年通过了《对内直接投资自由化决议》及《关于技术引进自由化决议》,大大放宽了对外国资本和技术进入的限制。1980 年修订《外汇与外贸管理法》后,废止旧的外资法案,实施了新的外资政策,将原有关于外资的部分规定,在新的基础上加以修订,纳入《外汇与外贸管理法》中第 5 章《对内直接投资》。

新法一般不采取审批制度(许可制),但要求外国投资者进行申报,即自动许可。凡符合法律规定的内容,合格投资者按法定程序进行申请,即可获得自动认可,开始投资。依法律规定,合格申报者(投资者)包括:① 作为非居住者的个人;② 依外国法律设立的法人或其他团体,或者在外国有主要事务所的法人或其他团体;③ 如为公司,其所直接拥有的股份数额或出资金额,或通过其他公司所拥有依政令所定的股份数额或出资金额的总计,其比例达到该公司发行股份总数或出资总金额的 50% 以上者;④ 在上述第 2 项法人或团体以外的法人或团体中,作为非居住者个人,占有该法人或团体有代表权的过半数以上者。

进行申报的内容包括:① 非上市公司股份或持股的取得,不论该公司是老公司,还是新建公司,也不论是独资子公司,还是同日方建立的合营企业;② 从非居住者受让其持有的非上市公司的股份;③ 取得上市公司股份的 10% 或以上;④ 关于公司事业目的的实质性变更(但限于拥有占该公司已发行股份总额或出资总额的 1/3 的股东);⑤ 在日本设立分公司或变更分公司的种类或其他实质性的变更;⑥ 超过法定金额的贷款;⑦ 依法令规定准许用于上述各项内容之一的行为;⑧ 同日本公司订立技术转让契约。

2. 对外国公司投资的法律限制

1991 年,日本完成了对《外汇管理法》的修订,规定对外国直接投资的管理,除了与国家安全、公共秩序和公众安全有关的行业和四种例外行业,原则上从事前申请制转向事后报告制,同时努力实现手续的快速化。随着日本外汇业务完全自由化,1997 年《外汇管理法》这一名称中的"管理"一词被删除,改为一直延续至今的《外汇法》。

2016 年 12 月召开的经济产业省"产业结构审议会通商、贸易分科会安全保障贸易管理委员会"第二次会议上,事务局就日本引进外国直接投资的情况以及日本《外汇法》与其他国家关于外国直接投资管理政策规制的差异进行了说明,指出了现行《外汇法》存在的问题点,该委员会于 2017 年 1 月发布"中间报告",3 月内阁会议通过了以该报告为基础制定的"《外汇法》修正案",5 月通过国会审议,10 月 1 日开始实施。

依日本法律规定,外国投资公司提出投资申报 30 天后,即可进行投资,如该申请投资项目被认为无其他问题,这段时间还可缩短。在多数情况下,外国投资者一般可在提出申报之日起开始投资。但如该投资项目有可能被认为:① 不利于维护国家利益及公共秩序和安全;② 严重影响日本本国事业、企业活动及日本经济的发展;③ 如该投资来自同日本无双边投资保护条约或其他国际协定关系的国家,为使日本向该国投资在实质上获得同等待遇,有必要中止该项投资或变更其内容者;④ 从资金使用及其他情况看,该投资相当于须经个别审批的资本交易,认为有必要中止该项投资或变更其内容,如经审查确系有上述情况之一,可劝告其中止投资或变更其投资内容,但个别审查时间最长不得超过 4 个月,在这期间,不得开始投资。

（四）欧盟跨国并购的法律环境

欧盟（原欧共体）自 1957 年正式签订《罗马条约》以来，已颁布了一系列协调其成员国证券市场的指令，企业并购直接适用于反垄断规则，从而对成员国境内发生的并购行为产生了以下重要影响：

1. 主要股权指令

1988 年颁布的"主要股权指令"规定了上市公司主要股权交易的公布责任，其目的是通过强制性的充分信息披露来促进对投资者的保护，由此增强投资者对证券市场的信心并确保证券市场的正常运作。该指令已由各成员国在 1991 年 1 月 1 日执行。该指令要求自然人和法人将有关证券的取得或转让，以及该项取得或转让导致由其控制的表决权达到、超过或低于某具体界限等情况，通知发生上述交易的公司和有关主管机构。它未要求收购公司公布其有关表决权股份持有数、目标公司或对目标公司证券的进一步取得意图等情况。但各成员国基于非歧视性原则，可规定其他的或更严格的披露要求；各成员国亦可发布对专业证券交易商遵守以上要求的豁免。自然人或法人在完成有关证券的取得或转让的 7 天内应发出通知，有关公司在收到通知后 9 天内，应在其股票正式上市的交易所所在成员国向公众公布有关证券交易情况。为了尽快向公众提供上市公司重要股权的完整情况，该指令要求上市公司在指令生效时应公布其现有的主要股权情况。因此，上市公司在其设立地所在成员国实行该指令的 3 个月内应召开股东年会，拥有公司 10% 以上表决权的人应将其拥有的表决权比例通知公司和有关主管机构，这一资料还应在股东年会召开后的 1 个月内向公众公布。

2. 反垄断条款

1971 年，欧共体委员会第一次通过了企业并购适用《欧洲经济共同体条约》第 86 条的规定，美国大陆包装公司通过它的比利时子公司取得了在当时具有行业领导地位的联邦德国金属包装制造企业的多数股份，进而申请并购包装行业中的一个更大的荷兰包装企业。欧共体委员会认为，美国大陆包装公司采用并购方式取得了对它的一个重要竞争者的控制权，而滥用了它在欧共体市场上的优势地位，造成欧共体内包装行业中竞争的消失。于是，欧共体委员会限令美国大陆包装公司解除并购，恢复欧共体市场范围内包装行业的原有竞争状况，欧洲法院对此也作出了相应判决。

第四节　跨国并购的策划与运作

一、跨国并购的策划

（一）并购目标策划

并购的策划实质上是并购目标公司的选定。并购目标的选定是一个理智的、科学的、严密的分析过程,如何找到合适的并购对象,是企业并购决策中的首要问题,企业需要经常根据自己所处的环境,评估存在哪些发展机会与潜在的威胁,并根据自身在市场上的优势和弱势,明确制定出企业的成长目标,进而拟定出未来应采取的发展战略。

企业的成长目标一般分为内部成长目标和外部成长目标。内部成长目标靠企业通过扩大自身的资本积累,吸收外来资金加盟经营而实现。外部成长目标则靠寻求更广阔的市场空间,争取政府的政策优惠和特别许可而实现。企业决定并购其他公司是企业内外成长目标相互作用的结果。公司在进行整体性策略规划时,往往考虑本行业发展前景而积极主动进入其他产业,寻求另一个成长空间,因此会主动地进行并购策略规划。

并购目标公司有关信息的来源,一般有银行、投资银行家、会计师事务所、律师、商务经纪人、供应商、销售代表、子公司、破产处理专家、风险投资家、经营顾问、政府相关部门及商界朋友等。借助报纸、杂志、广播等大众传播媒介搜集信息,也是一种行之有效的方法。例如,在英国,如果并购方想要了解的目标公司是一家上市公司,可以从数据流(datastream)和 Excel 信息服务机构及金融出版物中得到有关信息。

(二)并购形式策划

公司的并购形式,可采取"积极式"和"机会式"两种不同方式。如果企业决定采取"外部成长"的发展战略,就会采取"积极式"的并购形式,否则一般采取"机会式"的并购形式。

1. 积极式并购

积极式并购是指企业根据并购目标,制定明确的并购标准,主动寻找、筛选目标公司的并购形式。并购标准与条件一般包括产业类别、企业规模、财务状况、地理位置、技术水平、市场地位等,另外,还有一些其他标准,如不从事用人过多的行业、不从事与现有客户竞争的行业。积极式并购的标准并不是固定的,一般由每个决策者针对自己企业的状况与发展目标制定。

2. 机会式并购

机会式并购是指企业事先没有进行具体的并购策划,只是在被动得到有关并购信息后,才根据目标公司的状况、结合本企业的策略进行评估,以决定是否进行公司并购。

二、跨国并购的运作

跨国并购的运作严格意义上应包括目标企业价值评估、跨国并购支付方式的选择、跨国并购融资方式的选择以及跨国并购整合等过程。

(一)目标企业价值评估

并购价值评估,包括对目标企业并购前价值的评估和并购后增长价值的评估两部分。并购企业价值增长过程如图3-3所示。并购前对目标企业进行价值评估,就是要测算目标企业当前的合理价值,通过并购支付价格与目标企业的合理价值对比,作出初步决策。对并购后增长价值评估,就是通过并购双方企业对并购的相互反应来判断并购是否可创造出新的价值。与商品市场上的商品交易不同,企业并购是在资本市场上交割企业资产的。商品一般具有标准化和可分割性的属性;而资产和企业则是一个动态、复杂的系统,其在交易之前、交易过程中和交易之后,受外在条件的相互影响和内在因素的相互作用,会发生可控和不可控的变化,这些变化将导致并购企业对目标企业进行并购的价值评估发生变化。并购企业对目标企业实施并购,更注重目标企业的增长潜力,因此,对并购后增长价值的评估是并购价值评估的核心。

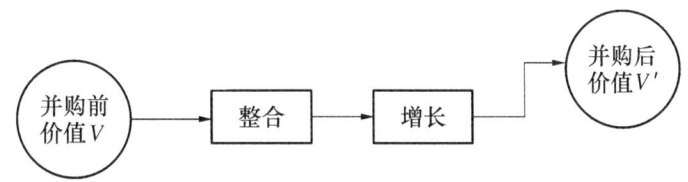

图 3-3 并购企业价值增长过程

1. 目标企业并购前价值评估

对目标企业进行并购前的价值评估,是并购决策分析的第一步,也是整个并购价值评估的基础环节。一般来说,在实践中广泛运用的并购前并购企业价值评估方法有 4 种,如图 3-4 所示。

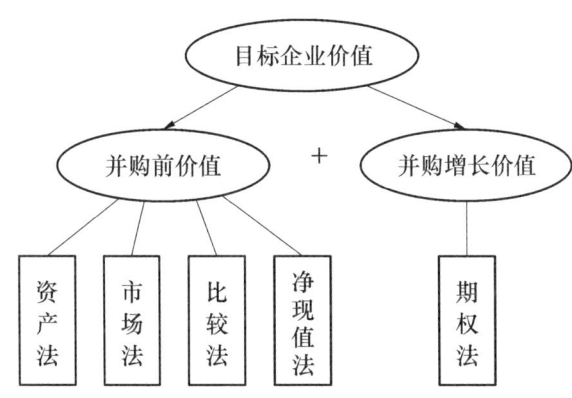

图 3-4 并购前并购企业价值评估方法

(1) 资产法。资产法是通过对目标企业的资产、负债和商誉进行逐项评估的方式来评估目标企业价值的一种方法。这一方法将公司会计人员所记录的公司资产和负债的历史价值与它们的市场价值等同起来。因为账面价值和市场价值经常会不一致,通常评估师都要调整资产负债表的有关项目,以便使评估结果更为接近市场价值。采用该方法时,首先需要对各项资产、负债进行评估,并计算出净资产的公允价值;其次,对目标企业商誉价值进行评估;最后,求出目标企业的评估价值。其计算公式为:

目标企业评估价值=净资产公允价值+商誉价值

=(资产公允价值-负债公允价值)+商誉价值

(2) 市场法。市场法是通过公司发行在外的各种证券的市场价值来评估该公司的价值。这种方法通常要借助于股票和债券的估值方法,从定义上讲,只适用于证券公开上市交易的公司。其理论基础是有效市场假设,也就是说公开交易证券的价格准确地反映了相应公司的价值。尽管这种股票和债券的估值方法仅直接适用于少数发行公开交易证券的公司,但相对于直接比较法来说,市场法已成为一种不可缺少的价值评估方法。实际应用中,市场法具体又分为以下几种方法:

① 股票市价法。上市公司的股票价格反映了该企业未来期望的收益和股利,所以上市公司股票的市场价值对并购必然产生重要的影响。股票市价法是利用目标企业的市场价格评估其净资产价值的一种方法。如果目标企业的股票在证券交易所上市并广泛交易,则其市值总额就可视为目标企业的股权价值。其计算公式为:

目标企业(上市公司)评估价值＝每股股票市价×目标企业(上市公司)股票数量

股票市价法一般可以直接用于上市公司价值评估,但由于股票市场价格经常波动,并受到投资者的利润预期、政治事件、投资心理、人们的感情、个人的判断、企业经济信息的披露情况等因素的影响,使得股票市场价格并不总是目标企业价值的公正反映。尽管如此,股票市价法由于其易操作性,仍不失为一种广泛应用的方法。在股票市场上收购目标企业的股票时,为诱使目标企业股东出售手中持有的股票而达到并购之目的,并购企业通常需要支付高于并购前目标企业股票市价一定比例的价格。

② 市盈率乘数法。市盈率乘数法是根据市盈率和目标企业被并购后所带来的预期年税后利润来测算目标企业价值的一种评估方法。它主要适用于对上市公司的并购,尤其是采用股票并购方式。其计算公式为:

目标企业评估价值＝税后利润×标准市盈率

市盈率反映投资者愿意为公司的营利能力付出的代价。一个高的市盈率说明市场认为股票的收益很可能迅速增长,投资者对股票的前景抱乐观态度,愿意支付更多的投资成本;一个低的市盈率说明股票未来的预期收益是不景气的,投资者持悲观失望的心理,不愿意支付较多的投资成本。一般来说,一个具有增长前景的公司,其股票的市盈率较高;反之,一个前途暗淡的公司,其股票的市盈率较低。市盈率乘数法主要有两大难点:标准市盈率的确定和作为估价基础的税后利润的确定。

③ 股利资本化法。股利资本化法是根据并购后预期可获得的年股利额和年股利率来估算目标企业价值的一种评估方法。对投资者而言,其收益是由股利和出售股票时的资本利得两个部分构成的,但是投资者所获得的资本利得仅仅是其他投资者为了取得将来的股利而愿意支付的股票价格的一部分,因而从长期来看,投资者关心的是股利的一种特殊形式。于是可以通过股利收益资本化来评估目标企业价值。其计算公式为:

目标企业评估价值＝并购后预期可获得的年股利额/年股利率

对于非上市公司的价值评估,可以参照具有可比性的上市公司的年股利率来对它资本化,但由于非上市公司缺少市场能力,因此应使用一定的折扣来调整年股利率。股利资本化的缺点在于它没有考虑企业并购后,并购企业不仅可以获得股利,而且可以获得控制权。如果某一股东持有较大比例的有投票权股票,就可以确保他对股利政策的影响,那么用股利代替收益没有任何优点。此外,利用股利资本化法对快速成长公司的估价偏低,以及对周期性变化较大的行业较难运用也是该法的缺点与限制。因此,股利资本化法在目标企业价值评估中较少采用,一般更适用于少数持股股东进行投资时的价格决策分析。

(3)比较法。比较法是指在次强式效率证券市场环境下,参照可比的企业股价或有关财务数据计算出某一财务比率作为乘数,来估算目标企业价值的一种评估方法。该法主要适用于评估非上市公司或交易不活跃的上市公司的价值。西方财务理论认为证券市场的效率一般可以分为三种类型:弱式效率、次强式效率、强式效率。由于次强式效率性的证券市场处于均衡状态,因此,股价反映了投资者对目标企业未来现金净流量和风险的预期,于是市场价格会自动在市场价值的较小范围内波动。市场比较法以可比公司的股价或市场价值等作为目标企业价值评估的参照标准,评估方法简便,在实践中广为采用,可以避免评估当中许多棘手的问题。市场比较法的比较标准可以是公开交易公司股价、相似公司最近并购价或新上市公司发行价。

(4)净现值法。净现值法也称现金流量贴现法,是企业并购中评估目标企业价值最为常用的方法。它是根据目标企业被并购后各年的现金净流量,按照一定的折现率所折算的现值作为目标企业价值的一种评估方法。采用现金流量贴现法确定并购后目标企业的评估价值,关键是正确选择和估算四个因子,即预测期限的确定、并购后目标企业各年现金净流量的测算、预测期末终值的测算、折现率的确定。

2. 目标企业并购后增长价值评估

并购前企业价值评估时虽然已经对企业未来价值增长进行了预期,但是这种预期是基于单个企业而言的,或者说是基于没有被并购时价值的预期。从实证研究的结果来看,并购行为一般会给目标企业带来一定的市场价值的增长,而这种增长价值是以上方法难以体现的;更重要的是,并购企业并购行为的原因之一在于并购整合所带来的整体效应或价值,这种价值的产生可能来源于规模经济或范围经济,也可能来自内部化成本的节约,或其他并购动因。跨国公司跨国并购产生的真正动因在于追求这种增长的价值,这种价值是一种战略价值。在考虑成长期权的评价体系下,企业并购投资价值由两部分组成:一部分是运用传统的净现值评价方法得出的未来现金流贴现值;另一部分为成长期权的价值。用公式表示为:

$$V_T = V_N + V_O$$

式中,V_T 为并购投资全部价值;V_N 为按净现值方法计算的并购投资现金流贴现值;V_O 为成长期权价值。

跨国公司进行跨国并购决策正是认识到了这种成长机会的战略价值。这种战略价值可以用 Black and Scholes 期权定价模型(B-S option pricing model)进行计算。

(二)跨国并购支付方式的选择

并购方在优选出目标企业后,要对采用何种支付工具获取目标企业的资产和股权进行分析与选择,不同的并购支付方式对并购双方的财务影响各不相同,支付工具选择适当与否,不仅关系到并购策略能否实现,还会显示出不同的并购信息价值,从而影响到并购市场的运行,也决定着并购交易最终能否成功。

1. 跨国并购支付方式

跨国并购与国内企业并购的支付方式相似,常见的并购支付方式有现金、股票、债券、可转换债券或优先股等。国外有关并购支付方式选择的实证研究表明,一半以上的并购案采用的是现金支付方式,其次为股票交换,而使用债券等固定收益证券的支付方式只占并购案总数的 10% 以下。

2. 影响支付方式选择的因素

(1)制度限制。对公司的并购活动,各国在其公司法、商法、证券法等法规中都作出了一般规定。这些规定条款是支付方式选择不可回避的法律背景。特别是采用股票交易方式时,对新股发行主体资格、发行条件、发行对象以及各种性质股份的比例,证券法规中都有明确的规定,以现金方式购买上市公司股票,其收购要约的发出、收购价格的确定也都存在法律限制。股票支付方式与现金支付方式相比,其受到的法律条文制约更多。

(2)并购方当前的财务状况。支付方式的选择受到并购方当前财务状况的影响,包括资产中期与长期的流动性和短期的货币流动性、股权结构、杠杆比率、资本成本、当前股价与股利水平等。

(3)税收。并购中的税收问题与并购交易结构密切相关。企业并购的不同支付方式会导致截然不同的税收结果,同时,由于各国税法中对不同类型的资产和收益规定的税率有很大差别,这就为公司合法避税提供了途径,也是选择并购支付方式所要考虑的一个重要因素。从目标企业股东的角度看,一项并购可能为"应税",也可能为"免税"。例如,根据美国国内税收准则(IRS)的规定,一项并购只有同时满足这样三个条件时才能"免税":第一,并购必须是出于商业目的,而不是基于财务动机;第二,并购完成后,被并购企业必须以某种可辨认的形式持续经营,即联合企业不能出售被并购企业的资产;第三,被并购企业的股东所收到的"补偿"中,至少有 50% 的部分是并购企业发行的有表决权的股份。根据这些规定,如果以现金方式并购,则不符合"免税"的第三个条件,在目标企业股东所收到的现金超过了他们所转让股份的购入成本时,应就超额部分缴纳资本利得税,但从并购方企业来看,由于现金并购下采用"购买法",在账面上将反映资产的升值,即资产公允市价超过其历史成本的部分。根据美国税法的规定,资产升值的摊销可以抵减应税收益,并购企业可以节约一部分所得税。因此,选择现金作为并购的支付手段,会增加目标企业股东的税收负担,但同时会减少并购企业的所得税支出。对目标企业股东来说,现金支付的数额应大到足以弥补其在税收上的损失时,现金支付才是可以接受的。

如果选择普通股作为并购支付工具,则符合以上"免税"的三个条件。目标企业的股东在并购之时无须纳税,只有在等到这些股东日后出售他们所持有的新股份时,才会缴纳资本利得税,但在该支付方式下,因并购企业采用"权益集合法",被并购企业的各项资产和负债仍以历史成本(账面价值)反映在并购企业的账表上,税法也不允许改变所购资产的折旧基础,因而并购企业也就不会从中得到税收上的好处,所以说选择普通股作为并购的支付工具,目标企业股东可以得到"免税"(其实是"推迟纳税")的好处,但并购企业却在税收上无利可图。

如果并购企业不是将被并购企业的股票直接转换为本企业的股票,而是转换为可转换债券,一段时间后再将它们转换为普通股,采用这种并购支付方式,由于企业支付的债券利息可以减少应税利润,从而可以少缴所得税,但目标企业的股东会因债券的利息收入而承担个人所得税,由于利息所得税税率一般低于资本利得税税率,更低于股利所得税税率,目标企业从节税角度出发可能更接受可转换债券支付方式。

因此,一项并购交易的目标企业若欲获取"免税"优惠,只能选取换股并购支付方式;否则,当目标企业股东收到交换其股票的现金时,就形成缴纳资本利得税的义务。当然也有例外,如在英国,当股东是免除资本利得税的基金时,如公益信托基金、养老基金、单位信托基金或投资信托基金等,这一问题就不会出现。因此,并购双方最终采取的并购支付方式,是在综合考虑了并购时的资本利得税、并购方所得税的节约以及并购后目标企业原股东收到股利或债务利息应缴纳的所得税等因素后选择的结果,也是并购各方税收利益权衡的结果。

(4)目标企业股东与并购方企业股东的要求。并购交易各方对支付方式的确定或接受,均是从本方股东的利益出发,通过不断讨价还价,最后达成合理的支付方式协议。就目标企业股东来说,他们对支付方式的选择主要受收入和控制权这两个因素的影响。从收入来看,不同支付方式所能带来的收入的多少具有较大的不确定性,它受到税收因素、付款时间、企业价值的评价、投资者的态度以及企业未来成长潜力等因素的影响,是不同支付方式下风险与收益均衡的结果。对并购公司的要求则是认真研究目标企业股东的收入水平、税收待遇及心理特征,设计出对方愿意接受的支付方式。从目标企业股东对控制权的态度来看,如果他们愿意出让股份或控制权,则现金或债权类证券是并购企业的选择对象;反之,则普通股为首选的支付工具。就并购企业股东来说,由于支付方式的不同将影响并购企业的控制权和每股收益的大小,如果并购企业通过发行新股来换取对方的资产或股票,则意味着公司股本的增加,参与分配利润的股份的增加,若不仔细考虑并作出妥善安排,原有股东的收益及对公司的控制权就会被摊薄(稀释),甚至产生控制权转移的情况,即被并购企业的股东反而取得了对并购企业的主导控制权(通常称为"反向并购"),从而使原有股东丧失对企业的控制权。因此,并购企业股东的利益主导支付方式的选择。当然,最终选择的支付方式有可能会使某方利益暂时受损,但其将会从并购后未来新增利益中得到"补偿"。

(5)会计处理方法。支付工具的选择涉及并购业务是采用购买法或权益集合法进行会计处理。购买法应用于以现金或举债方式购入目标企业的净资产,购买法下合并报表应揭示并购交易所产生的商誉,并购后因商誉的摊销会使企业的盈利水平有一定的下降。另外,在购买法下,并购方的财务结构也将发生变化,表现为:在现金支付方式下,并购方流动资产减少,长期资产增加,并购方的总资产规模虽未改变,但流动资产在总资产中所占比例降低了;在举债并购方式下,并购方资产和负债同时增加,股东权益比例下降,同时由于负债增加,企业利息增加,盈利水平则随之下降。权益集合法应用于并购方通过换股并购的形式获得目标企业的控制权,采用权益集合法进行并购业务的会计处理,将导致并购方的总资产增加,股东权益增加,股本规模扩大,同时由于权益集合法只反映目标企业资产的账面价值,而不考虑资产的公允市价,因此有可能存在未实现的收益,一旦并购方将这些资产出售,就可能产生并购收益,从而在一定程度上提高盈利水平。此外,权益集合法下不会产生合并商誉,故不存在商誉的摊销费,也使得企业的报告收益较高。与购买法相比,权益集合法下并购方的盈利水平较高的另一个原因是:编制合并报表时,对目标企业在并购前后的收益均予以合并,而购买法下只是合并目标企业并购后的收益。由于权益集合法比购买法能产生较高的企业报告收益,一定程度上刺激着并购方采用换股并购支付方式。因此,对于那些好大喜功或其奖励与会计收益挂钩的经理人员来说,他们乐于选择普通股来作为并购的支付方式。因为只有以普通股来支付,在会计处理上才可能用权益集合法;而只有选用权益集合法,才能产生较高的报告收益。

(三)跨国并购融资方式的选择

跨国并购所需资金除了来源于本国市场外,还可从东道国以及国际市场筹集,相对国内并购来说,其融资途径和方式要多得多。但从财务角度来看,其基本的融资方式是一致的。一般财务理论认为,企业融资方式与其资本结构、资金成本、经营者筹资政策紧密相关,负债融资、权益融资和混合性证券是企业融资的三种基本方式。不同的并购支付方式应采用不同的融资方式。

(四)跨国并购整合

跨国公司进行跨国并购,其目的是追求并购带来的战略价值,而这种价值的实现是通过整合达到的。通过整合,对目标企业进行优化组合和再造(re-engineering),从而使目标企业实现价值增值。

1. 跨国并购整合及其本质

跨国并购整合是指跨国公司对目标公司实施并购后,根据并购目的对目标企业资产(包括有形资产和无形资产)进行的全面的、彻底的和全方位的组合和再造过程。整合过程是跨国公司并购价值的实现过程,是并购战略意义的价值体现。从价值链理论分析,跨国并购使并购企业和目标企业在形成了一个紧密或半紧密的合作体,跨国并购通过合作体内各企业价值链的交互作用,包括企业基本活动和辅助活动之间联系的增强、互补或重构、再造,使每一个企业的价值链得以改进,从而最有效地利用合作系统内的资源,促进企业在采购、生产、销售、服务、产品、技术等各个环节的衔接,实现企业竞争能力的聚合或倍增,增强企业的竞争能力。因此,从企业价值链角度看,跨国并购整合的本质就是并购企业和目标企业价值链的组合优化或再造,通过并购企业和目标企业的基本资源或活动在新的企业和新的区域里(不同国家与地区)进行重新配置,从而在更高层次上构筑新的更强的价值链或价值网。

跨国并购整合是并购成败的关键。波士顿咨询公司的一份调查报告指出:"在收购兼并之前,只有不到20%的公司考虑到并购后如何将公司整合到一起;而并购后所能够产生的成本节约、销售增长则被大大地夸大了。"并购专家 Bruce Wasserstein(1998)则明确指出:"并购成功与否不是仅依靠被收购企业创造价值的能力,而在更大程度上,依靠并购后的整合(post-merger integration,PMI)。"由于缺乏有效的整合能力,许多被并购公司在若干年后被再次卖出。调查发现:1992 年美国发生的并购活动中,有 44% 的公司在以后的若干年内被再次卖出,而且大部分是卖价低于买价。Chrysler 公司在收购了 Lamborstini 公司和 Maserati 公司之后,由于缺乏整合能力,不得不将之亏本卖出;AT&T 公司在并购 NCR 公司后,5 年内损失了 20 亿美元,到 1995 年只得宣布将购进的 NCR 公司再转手卖出。由此可见,并购整合是否成功直接影响到并购的成败,对跨国并购具有十分重要的意义。

2. 跨国并购整合的内容与管理

跨国并购整合一般可以划分为有形资源整合与无形资产整合两种基本类型。从广义上讲,跨国并购整合包括公司战略整合、制度整合、资本整合、市场整合、营销整合、技术整合、信息系统整合、人力资源整合和公司文化整合等诸多方面。任何一方面整合的欠缺,都会导致整合战略的失败和并购后公司价值的下降。公司在实施整合战略中,不仅要进行有形资源整合,更应注意并购活动的特异性和无形资产整合在整合战略中的核心地位。

跨国并购主要是基于企业优势或核心能力展开的战略并购。在基于核心能力的并购整合过程中,主要围绕核心能力构筑和培育企业的战略性资产,所有的整合活动都要围绕这个核心展开。而企业的战略性资产是以独特的资源、技能和知识为根本要素的,所以,在整合管理过程中,应识别出并购双方在资源、技能和知识方面的互补性。对于具有战略性资产特征的要素,整合过程中要进行重组整合;对于不具有战略性资产特征的要素可以剥离,但剥离过程要以不影响战略性资产发挥作用为原则。由于这些要素是嵌入在企业人力资源、企业文化、组织管理、研究开发、生产制造和市场营销等各项职能活动之中的,因此,企业基于核心能力的整合管理还是要从这些职能活动入手。这些职能活动具有两重性。首先,它们是企业战略性资产的载体,战略性资产是存在于这些职能活动之中的。其次,它们也是企业核心能力转化为竞争优势的辅助性资产,离开了这些辅助性资产,核心能力就失去了生存和发展的土壤。总之,基于核心能力的企业并购整合模式分为三个层次(见图 3-5):战略层次整合围绕企业战略性资产的构筑和培育展开;要素层次整合是战略层次整合的内在基础;而职能活动层次整合是并购后整合管理的切入点。并购后的整合具体反映在这些职能活动的整合过程中。

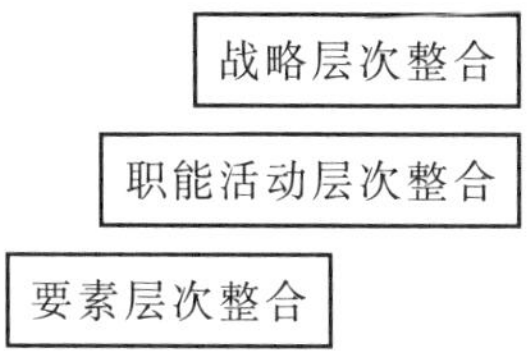

战略层次整合

职能活动层次整合

要素层次整合

图 3-5　跨国并购整合的层次结构

（1）战略性资产要素层次整合。从实际并购活动看，对于市场、技术等具体资源的识别是比较容易的，因为这些资源外显性比较强，而困难的是对组织资本的识别。通过并购构筑和培育核心能力，与简单的购买资产和招聘新员工完全不同，其根本特征之一就是并购涉及"组织资本"的收购和保存。具体来说，企业中存在三种具有不同转移性的组织资本：一般管理能力、行业专属管理能力和企业专属人力资源，并购整合中核心能力的转移主要体现在后两种组织资本中。针对组织资本特殊性的考虑，在战略性资产要素层次的整合管理过程中，根据并购双方的战略依赖性和组织独立性程度的高低，可以采取不同的整合方式：吸收式、保全式和共生式，其中共生式整合具有重要意义，因为该方式下两公司建立的相互依存关系可以最大限度地促使双方的能力在彼此间进行有效传播，这也是组织资本的特殊性所决定的。

（2）职能活动层次整合。战略性资产要素的有效整合，其落脚点最终还是在企业的各项具体职能活动中，主要包括四个方面：

第一，企业文化整合。组织文化整合涉及双方价值理念、经营哲学、行为规范、工作风格等方面个性特征，因此，在实现优质文化向劣质文化灌输和移植，提高组织间亲和力和默契的过程中，要根据不同组织的文化特点，因地制宜采取针对性整合模式。一般来说，双方企业文化整合可以从文化亲和力识别、文化融合重建和行为贯彻落实三阶段实施管理。

第二，管理系统整合。管理系统整合首先体现在管理制度的整合，即双方在各职能管理制度上实现统一规范、优势互补，由此带来管理协同效应。制度是用来指导实践的，对它的整合可以通过共同的组织活动来逐步进行。企业从事的组织活动可分为三类：构建和运营各种生产经营设施的基础活动、寻找和建立客户联系的客户关系活动、发明新产品或服务并将其市场化的创新活动。在并购初期有意识地共同从事第一类活动是制度整合的有效途径；经过逐步摸索和学习，当面临外部环境压力时共同有效地实现第二类活动，可以说是制度融合的巩固过程；只有当双方的制度达成高度融合后，从事创新类活动才可能取得显著成果。

管理系统整合的另一个主要方面涉及管理能力，因为管理能力和才能是创造价值最重要的工具，管理者才能是一种很稀缺的资源，它包括决策能力和实施能力，决策能力表现为捕捉市场机会、应对市场变化而迅速作出相应对策的战略响应能力，而实施能力则是如何将企业决策贯彻下去以取得预期效果的能力。管理能力的核心载体是那些具有创新精神和冒险精神的企业家，对并购来说，管理者选择至关重要，因为他们是最有动力进行合并，并学会如何与新的母公司成功合作的人。获取管理人员的途径可以是对现行经理人员的重新评估，也可以是内部晋升，或聘请外部专家，但绝大多数并购企业倾向于继续聘用原目标公司的经理，这既有利于稳定被收购公司的人心，更重要的是他们熟悉业务，可以降低人员更换的转换成本和风险。

第三，组织机制整合。组织机制整合过程是一个与组织资源重组紧密相关的组织再造过程，而组织机制重组则是组织再造中各种组织要素联结方式的再造。企业并购后的整合过程本身也是一种如熊彼特所说的"创造性破坏"的过程，因而可以把组织机制整合看作是对公司能力进行更新的一种手段。核心能力的刚性特征阻碍了企业的创新,而组织在长期发展中积累的惰性、不合时宜的惯例和规范以及其他消极因素也降低了企业的效率,因而可以把并购整合过程看成是流程重组的时机,而组织流程重组就是构筑和培育核心能力的一种重要途径。当双方经营业务领域在生产、技术和市场等方面存在相关性时,通过对双方不同资源的重新配置组合,往往能弥补双方内部能力的不足,加速公司核心能力的成长,这就是组织机制整合的重要功能。组织机制整合要做好三方面工作:一是重构组织机制。由于组织机制重组牵涉到组织内外部各利益相关者的利益,因此,制定企业的组织机制整合的重要内容,是要为内外部股东、管理者及员工理解和接受,以激励每一个部分最大限度地发挥能力。二是有效组织安排。有效组织安排包括组织运作方式、过程和目标的重构,是整合成功的重要保证。三是实现组织资源的快速转移。否则,随时间推移,负面影响会增加,而正面影响会减退。

第四,人力资源整合。人力资源整合具体表现为制定稳定人才的政策,强化对人力资本的激励机制。"人群关系论"认为,员工的效率受"情绪"影响。情绪是员工自身需要所得到满足程度的函数,满足程度越高,情绪就越高。企业并购后,员工最突出的需要就是对岗位、对收入的安全需要;对新组织的认同、归属需要;对新人际关系的接纳、尊重需要。因此,承认员工的这些需要,尽快制定出稳定人才的政策,解除被并购企业内部人员的后顾之忧,从而激发员工产生对未来前途的安全感,对并购后企业的认同感和归属感,对自身岗位要求的责任感和使命感,以使其在新的公司里勤奋工作,为进一步的整合战略奠定扎实的基础。并购交易完成后,被并购方员工会产生明显的压力感和焦虑,这种压力感和焦虑如果不能得到解决,就会出现人力资源流失,最直接的后果是企业短期经营业绩滑坡,具有战略性资产特征的人力资源遭到破坏。所以,在人力资源整合时,公司高层、人力资源部和参谋人员、直线管理人员都要共同关注人员的心理反应,采取有效的沟通策略来缓解心理压力。

本 章 小 结

1. 跨国并购是世界范围内资本活动的重要表现形式,指两个或两个以上国家的企业、市场,或者两个或两个以上政府控制下的法律制度的并购,按照行业关系可分为横向、纵向、混合跨国并购,目前横向并购是跨国并购的主流形式。

2. 跨国并购作为外国直接投资的进入方式,与新建外国直接投资相比,更受市场偏好。与国内并购相比,两者本质基本相同,但在法律形式、市场影响等方面各有特点。在动态的全球化市场下,跨国并购受到政治经济文化、基础设施、自然地理等因素影响。

3. 跨国并购的运作过程一般包括目标企业价值评估、支付及融资方式选择、并购整合等。跨国并购动因的理论包括"垄断优势理论""产品生命周期理论""内部化理论""国际生产折衷理论"等。

复习思考题

一、名词解释

并购;跨国并购;外国直接投资;间接投资

二、单项选择题

1. 跨国并购按双方所处的行业关系,可分为( )。

    A. 纵向并购、横向并购、混合并购　　　B. 现金并购、股票并购

    C. 同行业并购、跨行业并购　　　　　　D. 股权并购、非股权并购

2. 通过并购海外企业从事外国直接投资的缺点是( )。

    A. 建设周期较长　　　　　　　　　　　B. 不能利用原有企业的技术

    C. 不能利用原有企业的销售渠道　　　　D. 容易受到东道国法律的限制

3. 按照资产法评估目标企业价值,其评估结果等于( )。

    A. 净资产公允价值　　　　　　　　　　B. 资产账面价值＋商誉价值

    C. 净资产公允价值＋商誉价值　　　　　D. 净资产账面价值＋商誉价值

4. 在并购中,当目标公司处在征收资本利得税的国家或地区,必须承担资本利得税的价格支付方式是( )。

    A. 现金支付方式　　　　　　　　　　　B. 换股支付方式

    C. 杠杆收购　　　　　　　　　　　　　D. 混合证券支付

5. 当企业仅具有"所有权优势"和"内部化特定优势"时,通常该企业进入国际市场的方式是( )。

    A. 出口　　　　　　　　　　　　　　　B. 对外直接投资

    C. 合同式资源转移　　　　　　　　　　D. 补偿贸易

三、多项选择题

1. 跨国并购的运作过程包括( )。

    A. 跨国并购策划　　　　　　　　　　　B. 目标企业价值评估

    C. 支付及融资方式选择　　　　　　　　D. 整合目标企业资产

2. 并购前的价值评估方法包括( )。

    A. 资产法　　　B. 市场法　　　C. 比较法　　　D. 净现值法

3. 并购风险的特征包括( )。

    A. 动态性　　　　　　　　　　　　　　B. 主观性

    C. 可控性　　　　　　　　　　　　　　D. 社会震荡性

4. 跨国并购整合内容包括( )。

    A. 要素层次整合　　　　　　　　　　　B. 职能活动层次整合

    C. 战略层次整合　　　　　　　　　　　D. 差异战略整合

5.英国经济学家邓宁提出的国际生产折衷论中影响对外直接投资的基本因素包括（　　　）。

    A. 产品优势　　　　　　　　　　B. 所有权优势

    C. 内部化优势　　　　　　　　　　D. 区位优势

四、简答题

1. 影响跨国并购投资环境的因素有哪些？

2. 跨国并购作为外国直接投资进入方式有哪些优劣势？

五、案例分析题

2017年6月，中国化工收购瑞士农化和种子巨头先正达股份，该笔交易耗时两年，耗资约430亿美元，创下中企海外单笔收购金额最高纪录。五年之后，先正达集团带着一份令人赞叹的成绩单，以全新面貌再次出现在公众视野。在整合了中化集团、中国化工旗下的农业业务后，先正达已经成为植保全球第一、种子全球第三、作物营养国内第一、数字化农业服务全球领先……不管是从企业规模、业务版图、行业地位还是创新实力来看，先正达集团已经成为一家在全球农业技术和创新领域极具竞争力的巨头。据先正达招股书披露，2020年，先正达集团全年取得销售收入1 520亿元，按2020年平均汇率折合220亿美元，超越拜耳215亿美元和科迪华142亿美元的年度销售额，已当仁不让成为全球行业执牛耳者。

要求：根据资料，回答下列问题。

（1）基于收购方和被收购方背景，分析此项跨国并购的动机。

（2）结合并购类型、并购支付及融资方式等，梳理并购过程。

（3）在并购整合阶段，中国化工采取了哪些措施？

（4）此项跨国并购行为产生了哪些影响？

参考答案

第四章　企业重组

学习要点

1. 熟悉企业重组的相关概念与类型；
2. 熟悉扩张型、紧缩型和整合型企业重组的基本形式；
3. 理解和掌握剥离与分立的基本类型、动因及其对企业价值的影响；
4. 熟悉股份回购的概念和相关法律规定，理解股份回购的动因及其对企业价值的影响。

第一节　企业重组概述

一、企业重组的基本概念

企业重组是指对企业原有、既存或控制的经济资源，按照市场规律进行扩张、分拆、整合以及内部优化组合的过程。企业的经济资源一方面表现为不同形态的资产，另一方面又表现为价值形态的产权。企业的经济资源在现代经济社会中主要有自然资源、人力资源和市场工具，具体包括资本、劳动、技术、土地等，也包括企业本身。

企业重组的内涵有广义和狭义之分，广义的企业重组的主要内容包括业务重组、资产重组、债务重组、产权重组、人员重组和管理制度重组；狭义的企业重组主要指企业的资产重组。

二、企业重组的分类

根据企业重组的内容和具体形式，可以对企业重组做如下分类：

（一）根据企业重组的内容分类

根据企业重组的内容，企业重组可以划分为业务重组、资产重组、债务重组、产权重组、人员重组和管理体制重组。

1. 业务重组

业务重组是指对被重组企业的业务进行划分从而决定进入上市公司的业务的行为，它是企业重组的基础，是资产重组和其他重组的前提。国有企业的业务一般分为营利性业务和非营利性业务,前者是指以盈利为目的的业务,包括主营业务和非主营业务;后者是指不以盈利为目的的业务,主要包括"企业办社会"的内容。

2. 资产重组

资产是指企业拥有或控制的能以货币计量的经济资源,包括各种财产、债权和其他权利。资产分为流动资产、长期投资、固定资产、无形资产、递延资产和其他资产。资产重组是企业为了实现资源优化配置、减少交易费用,通过对资产存量、存在方式及产权结构进行重新组合而调整企业边界的一种交易行为。资产重组是企业重组的核心。

企业资产重组就是以产权为纽带,对企业的各种市场要素和资产进行新的培植和组合,以提高资源要素的利用效率,实现资产最大限度的增值。资产重组是对企业现有存量资产的重新组合、重新配置。因此,盘活存量资产,提高存量资产的使用效率,是资产重组的基本特征和主要追求目标。现实中,企业重组的直接表现形式就是资产重组。

3. 债务重组

债务重组包括两方面的内容:一是对现有债权债务关系进行调整;二是对调整后的债权债务进行管理。对现有债权债务关系进行调整,就是对现有的债务进行清理、评估、重新组合、转换形式,并在必要的情况下变更债权债务关系;重组后的债权债务关系的管理是债务重组的一项长期工作,其中债券的流通、定价、还本付息、债权管理业绩考核等应当尽可能地按照债券市场的通行规则来进行,形成规范的借贷关系和债券市场。

4. 产权重组

产权重组是通过吸纳、转让、新增、分割等形式,对企业产权结构进行调整,对产权主体进行重新组合和整合,形成新的产权主体,以建立符合市场经济要求的国有产权体系。产权重组是企业重组中的决定性环节,产权重组的内容和形式从本质上决定着企业重组的性质和内容。

资产重组和产权重组既有联系,又有区别;既互为条件,又互为载体。产权重组是资产重组的纽带,资产重组是产权重组的载体和表现形态。现实中,两者的关系主要表现在以下几个方面:

(1)企业产权是所有者对投入经营所有物所产生的各种财产权利,它是企业资产的核心;资产是企业经营的所有物。企业资产的来源分为两部分:一是所有者直接投资形成的企业资产;二是企业负债形成的资产。所以,从终极所有权的角度说,资产大于产权。

(2)产权是以价值形态表现的股权和所有者权益的形式存在;资产则以机器设备、建筑物等有形资产和商标、专利等无形资产的形式存在。资产作为市场要素常常处于商品和劳务的生产过程中,产权在市场上却常常处于流动状态。

(3)企业通过负债形成的资产,其终极所有权虽不属于企业的投资人,但负债的形成是以出资人的产权承担责任为前提的,债权人将债务借给了出资人,所以,在出资人承担债务责任的前提下,企业有权支配用负债所形成的资产。由于负债所形成的资产从属于以所有者为代表的资产,所有者在承担债务责任的前提下,重组产权就可以随之带动全部资产的重组,包括用债务形成的资产。

（4）资产重组是以产权重组为前提的，但这并不意味着产权重组就等同于资产重组，或产权重组与资产重组同比例进行。从重组的角度说，资产重组从属于产权重组，如果只实施产权重组，则意味着只对所有者权益所代表的资产进行重组；如果只实施债务重组，则意味着只对负债所形成的资产进行重组，不涉及产权重组。但现实中，两者往往是交织在一起的，不会或很少有可能发生单纯的债务重组或产权重组。

（5）资产重组的形式多种多样，它同产权重组的关系也表现为多种形式，通过产权重组也会发生产权性资产和债务性资产的转化。如企业负债形成资产，然后自身承担债务，以这部分资产与其他人合资经营等。

（6）产权重组的主体应为资产所有者及其代理人。

5. 人员重组

人员重组的基本目的在于优化劳动组合，提高劳动生产率。人员重组的目的比较简单，其全部要求是减少企业冗员，实现劳动力的优化配置。企业人员重组应遵循保持稳定原则、多种方式并举原则、就业观念转变领先原则、效率领先兼顾公平的原则以及企业安置与社会保障相结合的原则。

6. 管理体制重组

管理体制重组是指将企业的工厂式的管理体制或有限责任公司的管理体制转变为符合公司运行特点的现代股份有限公司体制。

（二）根据企业重组的形式分类

企业重组的过程是通过对单个或多个企业的诸多生产力要素进行扩张、分拆、整合以及内部优化重组，以实现在符合有关法律条例的前提下提高企业的上市融资能力和整体竞争能力。据此，可以将企业重组划分为扩张型重组、紧缩型重组以及整合型重组三类。必须指出的是，作为某一种具体的形式，它既可以单独存在于一种重组行为中，又可以与其他形式同时行使，在实践中，后者往往多于前者。

1. 扩张型企业重组

扩张型重组意味着企业边界的扩大，通常表现为资产或产权的兼并与收购（简称并购）。无论采取哪一种形式，并购都是用管理上的协调代替市场机制的协调，其目的是节省交易费用。而内化市场交易的同时必然产生额外的管理费用，只要增加的管理协调费用小于节约的交易费用，企业就还有继续扩张边界的动力。当管理费用的增加与市场交易费用节省的数量相当时，边界趋于平衡。

按照重组手段，扩张型企业重组可以分为以下几种：

（1）兼并与收购。

（2）联合经营。联营企业所涉及的只是相关公司的小部分业务的交叉合并，时间一般在 10～15 年或更短的期限内。联合经营企业是由若干个企业在自愿、平等、互利的基础上组成的经济组织，它不同于高度集权的公司。联合经营各方共同协商签订章程或契约合同，履行相应的手续、程序，承担相应的经济、社会责任。联营企业可以是一个单独的实体,在这个实体中,联营各方以现金或其他方式进行投资。

(3)托管。托管是企业实现间接扩张的重组方式,它是指作为委托方的企业财产权法人主体,通过契约的规定,在一定条件下和一定时期内,将本企业法人财产的部分或全部让渡给受托方,从而实现财产处置权的有条件转移。受托方必须通过契约的形式,才能有条件地接受委托管理和经营委托方的资产,有效地实现受托企业的保值增值。托管和并购都是企业资产重组的方式之一,但两者有很大区别,托管不必改变企业的原有产权主体,即可进行企业资产的重组和流动。另外,托管涉及委托方和受托方,受托方必须按照约定条件,在规定期限内,通过受托资产的经营、管理和运作,使其实现保值增值。

2. 紧缩型企业重组

企业紧缩是与企业扩张相对应的重组形式,它是指对企业的股本或资产进行重组从而缩减主营业务范围或缩小企业的规模。紧缩型企业重组的对象按资产来分,可以包括流动资产、固定资产、长期资产或无形资产;按照组织形态来分,可以包括企业的一个部门、子公司、分公司或单项资产;按业务类型来分,可以包括企业经营的多种业务。

按照重组手段,紧缩型企业重组方式主要分为以下几种:

(1)资产剥离。资产剥离是指企业将其现有的某些子公司、部门、生产线、固定资产等出售给其他企业,以缩小企业规模,提高资产质量和经营效率,并取得现金或有价证券的回报。

(2)公司分立。公司分立是指一个公司通过将母公司在子公司中所拥有的股份按比例分配给现有母公司的股东,从而在法律和组织上将子公司的经营从母公司的经营中分离出去的一种形式,这会形成一个与母公司有着相同股东的新公司。

(3)股份回购。股份回购是指股份有限公司按法定程序办理减资手续后购买本公司发行在外的股票。通过股份回购,股份公司可以达到缩小股本规模或改变公司资本结构的目的。股份回购的基本途径有两种:① 公司运用现金按协议价或市场价购买本公司的股票;② 公司在认为资本结构中股本太高的情况下,通过发行债券的方式筹集资金,并用该笔资金购买本公司的股票。由于我国实行注册资本制,公司重新取得或购回本公司已经发行的股票受到严格限制。公司非因减少资本等特殊情况不得收购本公司股票,亦不得库藏本公司已发行股票。因情况特殊需要收购库存本公司已发行股票者,必须报请有关部门批准后方可进行。

3. 整合型企业重组

整合型企业重组是指企业通过资产、产权的置换,或两者兼而有之的方式配置资源的交易行为。由于置换是按照等价交换的原则进行的,置换前后的资产、产权的数量不会发生变化。但是,在整合过程中,许多上市公司利用"壳"资源优势,用劣质资产置换优质资产,置换前后的资源结构、经营方式和规模等发生了很大的变化。置换之后的企业经营能力增强,盈利能力好转,尽管置换前后企业的账面价值相等,但是实际价值,即企业未来收益的现值有所提高。因此,从广义上讲,置换也导致了企业边界的实质性扩张。

按照重组方式的不同,整合型企业重组可以分为以下几类:

（1）资产置换。资产置换是企业通过相互交换资产来实现企业资产结构优化的一种资源配置方式。按照置换的操作方式，资产置换分为两种：一是单纯的资产置换。上市公司以其部分劣质资产与大股东、集团或关联公司的部分优质资产进行交换，表现为以一批流动资产和固定资产为代价取得另一批流动资产和固定资产。这种交换不涉及股权的变动，只是出资者在其拥有控制股权的企业间进行法人财产权的调整。二是伴随股权变动的资产置换。上市公司以自己的附属公司或子公司同集团的附属公司或子公司进行置换，表现为上市公司以一项长期股权投资换取另一项长期股权投资；或者是上市公司以自己的固定资产与集团的附属公司或子公司进行置换，表现为上市公司以固定资产换取长期股权投资。这种资产置换的客体不限于资产，而且涉及与资产相联系的负债和股权。我国近几年发生的资产置换案例，大多数是伴随着股权变动的资产置换。

（2）股权置换。股权置换的目的通常在于引入战略投资者或合作伙伴，通常不涉及控股权的变更。股权置换的结果是实现公司控股股东与战略伙伴的交叉持股，建立利益关联。股权置换也可以认为是公司并购中的一种对价支付手段，它与公司并购中的现金支付、实物支付等支付手段相列。但股权置换将导致并购公司间股权关系和公司性质的变化，因此，股权置换较其他支付手段更为复杂。

（3）买壳借壳上市。买壳上市就是非上市公司通过收购上市公司，获得上市公司的控股权后，再由上市公司收购非上市的控股公司的实体资产，从而将非上市公司的资产注入上市公司中去。借壳上市是指非上市公司通过将资产注入一家市值较低的已上市公司，得到该公司一定程度的控股权，利用其上市公司地位，使母公司的资产得以上市。从实际情况来看，买壳借壳的非上市公司，由于自身主营业务、买壳借壳中采取的方式以及对壳公司进行的整合内容有较大差异，因而买壳借壳这一特殊的资产重组方式表现出多样性。一般情况下，买壳借壳的实行，往往是资产置换、股权置换、债务重组等各种重组手段的综合运用和延伸发展。

（三）根据企业重组的目的分类

1. 生产经营性重组

生产经营性重组目的在于更好地经营自己的产品。具体分三步：首先，要达到自己生产规模的扩张；其次，要提高产品市场的占有率；最后，要提高产品质量，降低生产成本。它的最终目的就是要使自己的产品成为一流的产品、知名的品牌。

2. 资本经营性重组

资本经营性重组是投资者在对资本市场的状况进行分析、对资本市场进行选择后决定企业的购并与卖出，决定企业规模的发展与萎缩，决定资产在不同企业之间的重组。投资人追求投资回报是进行社会资产重组的主要动力。资本的流动和增值是资本的本质属性，并且资本只有在流动中才能增值。资产重组既可以在全社会范围内进行，也可以在一个企业内进行，但如果投资人只在一个企业即原企业之间转移投资，就不会导致资本重组，而只会带来投资主体的变化。

投资人在对资本市场进行分析和选择后，一般采取以下的手段进行资产重组：第一种是投资人看好某个企业，直接向该企业投资。或购入该企业的股票，成为该企业的股东；或买断这个企业，成为该企业的唯一所有者；或投资人已经是该企业的股东或唯一的所有者后，增加向该企业的投入。第二种是投资人看好某个企业特有的功能，通过协议的方式或参股的方式与该企业结成集团，利用专业化分工的方式改变原有的资产配置。第三种是投资人看好某一新的投资领域，采取缩减原有独资企业的投资方式，转移投资开发新产业。第四种是投资人转让所持股份，转移投资开发新产业。

3. 生产经营与资本经营的混合性重组

混合性重组的最终目的还是经营资本。由于生产经营者和资本经营者所处的位置不同，两者观念和经营行为也存在很大的不同。首先，生产经营者最大的特点是营运自身的产品，而资本经营者最大的特点是运营资金，使之不断增值；其次，从企业安全性看，生产经营者靠单一的"产品保护"，而资本经营者靠多元化的"产业保护"；再次，生产经营者最怕的是贷不到款，而资本经营者最着急的是资金增加，资产闲置；最后，从技术改造角度看，生产经营者关心的是技术水平的先进性，而资本经营者则关心的是投入回报率。综上所述，可以看出，生产经营者和资本经营者的区别是很大的，实践中，许多成功的企业几乎走的都是搞好生产经营的同时，依托资本经营，实现企业急剧扩张的路子。

4. 体制变革性重组

通过对产权制度、领导体制、管理体制的根本性改革，企业真正成为自主经营、自负盈亏、自我约束、自我发展的经济实体，形成产权清晰、权责明确、政企分开、管理科学的新机制。体制变革性重组往往既可使企业的生产经营得到大发展，同时又能达到资产增值的良好运行效果。

第二节　扩张型企业重组

一、企业托管式重组

（一）企业托管的概念

企业托管在我国的出现在一定程度上是直接受到了德国托管局的影响。1990 年 3 月 1 日，两"德"合并后，当时的民主德国人民议会决定成立德国托管局，其最初目的是使国有企业在向私有企业转型的过程中，由托管局接受国有股份并且负责管理会员的利益。1990 年 6 月，原民主德国人民议会通过重组国有资产和私有化法律，即信托法。这样，德国托管局的中心任务就明确为接受德国政府委托，负责原民主德国国有企业私有化的工作。

企业托管是改革的产物，但站在不同的角度对此会有不同的理解。1995 年 4 月，我国海南省第一届人民代表大会常务委员会第十六次会议通过的《海南经济特区企业国有资产条例》中规定："企业国有资产委托运营是指国有资产管理部门将公司制企业的国有资产通过合同方式委托给其他企业进行运营,并由受托企业承担保值增值责任。"为了保证该《条例》的贯彻实施,海南省还制定了《海南经济特区企业国有资产条例实施细则》及其配套的五个规范性文件。其主导思想是,委托运营是建立新型国有资产管理体制的基础和实施新型国有资产产权管理方式的重要形式。1995 年 7 月,黑龙江省体改委发布的《关于国有企业委托经营试点工作的意见》中指出:委托经营是指企业产权所有者通过法律形式将企业经营管理权交由职业性的具有较高经营管理能力并能承担相应经营风险的法人或自然人有偿经营,以明晰企业所有者、经营者和生产者的责、权、利关系,实现经营的价值和企业效益最大化的一种经营方式。这一表述,体现了"先搞活企业经营者,再搞活企业"的改革思路,在探索公有制实现形式的过程中,引入了能人治理机制和利益激励机制。早在 1990 年,江西省南昌市经济委员会在全省国有小型企业深化改革工作会议上表述得更为具体:所谓托管经营,就是政府委托经营实力强的大中型企业,用以大带小、以强带弱的方式对产品结构或技术装备结构相近的小型企业,特别是亏损、困难的小型企业,实行委托经营管理。其突出的特点是:以大带小,以强带弱,有偿经营。以上三种理解尽管说法不一,但基本思想是一致的,即托管经营,就是企业的所有者通过契约的形式,将企业的经营管理权委托给具有较高管理水平、较强经济实力并能承担相应风险的法人或自然人有偿经营。

企业托管经营具有以下特点:

(1) 企业托管的主体是委托方和受托方。委托方,也称委托主体,是指能够行使被委托企业资产所有者权利的部门或机构,如经国家授权为国有资产投资主体的国有投资公司、国有控股公司、国有资产经营公司、具备条件的大型企业或企业集团;受托方,也称受托主体,是指具有较高经营管理水平并能承担一定经营风险的法人或自然人,通常,受托主体主要是独立法人。

(2) 企业托管的客体是被托管的企业。被托管的企业一般是指微利、亏损或严重亏损濒临破产的国有中小型企业。从改革的实践上看,企业托管一是整体托管,即将整个企业交给受托方进行经营;二是分层托管,即大型国有企业可以对其下属的分厂或车间实行一定层次的托管;三是部分托管,即从国有企业划出几条生产线、几个生产车间,对其实行委托经营;四是专项托管,即对国有企业中的某项业务,如产品生产组织、原材料供应、产品销售、科研开发等环节进行委托。

(3) 托管双方要明确双方的权利、义务关系。从法律上看,托管双方是委托代理关系,并通过法律程序,以契约形式明确双方的权利和义务。

委托方在委托经营中享有的权利是:依法享有被委托企业出资者的所有权和收益权;有权监督检查国有资产的保值增值情况;有权对企业重大经营决策实行宏观控制;有权决定对受托方的聘任、续聘和依照合同行使解聘;有权提出企业经营管理的目标,监督、考核、审计目标的实现情况;有权审查受托方提出的年度生产经营计划,审批重大投资计划。

委托方应尽的义务是:为受托方的正常生产经营活动提供必要的设施、设备及其他经营条件;支付受托方的报酬;对被委托企业的债务承担有限责任;严格履行委托经营合同条款。

受托方在委托经营中享有的权利是：依法享有对被委托企业的财产权、占有权和占用权，享有企业的生产经营管理、人事劳动分配权；有权制定并组织实施企业年度生产计划，提出投资计划；有权决定是否接受委托方的续聘和依照合同解除与委托方签订的委托经营契约；在委托方出售该企业产权时有优先购买权，并遵循竞价求高的原则。

受托方应尽的义务是：实现企业国有资产的保值增值；对企业经营风险分担有限经济责任；保证实现委托经营合同规定的企业经营管理目标；执行国家有关法律和政策；严格履行委托经营合同条款。

（4）企业托管的性质和目的。企业托管的性质不是企业财产所有权的转让，而只是企业经营管理权的暂时让渡。当然，企业托管到期后不排除企业被兼并或被收购的可能，但是前者只是后者的前提条件或基础。企业托管的最终目的是搞活国有中小型企业，保证国有资本的保值与增值，并通过托管经营，承认托管方的"经营力"价值，使其得到合理的回报。

（二）企业托管与承包、租赁经营的区别

企业托管经营不是承包经营、租赁经营的简单翻版，三者虽然都以所有权与经营权分离为前提条件，却有着严格的界限。

托管经营与承包经营的不同，体现在以下四个方面：

（1）托管经营与承包经营是在两种截然不同的经济体制下产生的经营方式。承包经营是计划经济条件下企业经营权的转移，不能从根本上落实企业经营自主权。托管经营与市场经济相适应，以法人财产权的确立为基础，它不仅赋予受托企业一定经营权，同时还赋予它部分资产处置权和收益分成权，在企业自主经营上比承包经营彻底得多。

（2）托管经营中企业经理的身份、行为均发生变化。他们不再是组织部门任命的干部，而是受托方派出的经营者，体现着受托方的利益，从而形成与所有者、生产者不同的、独立的利益主体。

（3）托管经营克服了承包经营的局限性。承包经营的经营者在企业内部或行业内部选择，多限于经营者个人，经营风险承担能力弱，且"一对一"的谈判具有明显的局限性。而托管经营面向广阔的企业市场，由市场匹配委托经营双方，具有广阔的选择空间。受托方以自身资信能力作抵押，或提供第二者担保为条件，加大了成交的可能性、合理性、有效性。

（4）托管经营能产生与承包经营完全不同的机制，避免了承包经营的短期行为和事实上的包赢不包亏、由国家承担无限责任的弊端。承包经营以一定经营利润为指标，不能从利益机制上促成经营者收入与企业资产增值的联动效应，承包者多采取牺牲资产获取利润的短期行为。托管经营主要以委托资产保值增值为目标，其内部利益激励和约束机制可以强化经营者的责任感和经营意识，起到避免对经营过程中企业资产侵蚀的作用。

托管经营与租赁经营的不同，体现在以下三个方面：

（1）目的不同。托管经营主要是通过经营方与企业生产要素的优化配置，转换企业

经营机制,达到搞活企业的目的。租赁经营则是承租者以支付租金取得企业财产使用权和一定范围处置权为自己创收的行为。

(2)承担的经济责任不同。托管经营中受托方的利益受被委托企业利益的制衡,与企业所有者、生产者共同分担企业经营风险、分享经营成果。采用租赁经营方式,则不论企业经营状况如何,承租方都必须定期向出租方交纳足额、固定的企业财产使用租金。

(3)适用的范围不同。托管经营具有整体、部分、分层、专项等多种经营形式,可适用于各种行业、任何类型和规模的企业。而租赁经营适用范围较小,只适合于小型企业和局部资产。

(三)企业托管的基本动因

1. 盘活亏损企业

一些亏损企业和微利企业由于经营不善而濒临破产,采取托管方式后,将企业交给善于经营和管理的能人去经营,可以盘活亏损企业。受托方接手经营后,在盘活存量资产和经营管理上采取一系列积极有效的措施,如采取增加投入、技术改造、狠抓质量、拓展市场等办法,使低效资产和闲置资产得以激活,使原先濒临破产的企业恢复生产,并产生活力。江西省南昌市从 1990 年开始,尝试把托管作为企业改造、扭亏增盈的一种过渡形式,陆续将 39 家规模较小、容易操作的企业委托大企业经营,实行"一帮一"或"一带一"的方式,结果 60% 的企业在短期内实现了扭亏为盈。可以说,企业托管给亏损企业和微利企业带来了新的生机和希望。

2. 提高运营效率

承包制是以一定的经营利润为指标的经营权让渡行为。经营者承包一般都限于原企业,不仅选择范围小,其管理思想、经营方法和经营手段以及对资源的调动、配置能力也都有相当大的局限。企业托管则可以在全社会范围内选择受托方,受托方一般是具有雄厚的资金实力和专门管理人才的经济实体,有能力承担责任和义务,双方在平等地位上进行协商、谈判和交易,完全按照市场的基本要求进行规划和运作,依契约承担各自的责任和义务,使企业的经营管理更加科学化、社会化;可以在企业资产保值增值基础上,提高对企业资产的经营管理水平,提高企业资产的运营效率,提高企业的整体素质,有利于企业的长期发展。

3. 可操作性强

目前企业并购、破产中遇到许多政策上和操作上的障碍,如社会保障体系不健全、国有资产代表权责不清、产权转让所需的配套法规滞后等,这些都给改革带来一定影响。而托管并不立即进行企业产权交割,因而不涉及国有资产的出售,不存在政策上的障碍。托管企业只是将企业全部或部分资产的经营权、收益权、处置权交给受托方。国有资产所有权仍留在委托方,因此在托管经营期间,不产生资产的更换和职工安置问题,就不易产生大的社会震荡,容易为各方所接受,可以在一定的期限内较舒缓地处理这些问题。另外,托管可有效地促进企业的兼并、收购,通过企业整顿,实现企业资产的保值增值,在此基础上可以发生不同形式的购并交易,因而它是一种积极、主动地促进企业购并与重组的形式。

4.减少体制障碍

在公司制改革中,对于企业的社会包袱、企业债务负担沉重等众多历史遗留问题还没有一个较好的解决方法,因此,在实行公司制改革的企业中有很多企业实际上并未达到公司制改造的目的。而托管以不改变国有资产所有权为前提,对暂不具备条件改造为公司制的企业进行经营权利暂时让渡,既避免了承包、兼并、破产的不足,又回避了公司制改制中的许多敏感问题。因此,托管作为企业改革的一种过渡形式,对政府、企业或个人而言,无疑是一种理想选择。

(四)企业托管重组的一般程序

托管经营是一项涉及面广、程序复杂的改革工作,应结合企业实际,重点把握以下基本操作程序。

1.摸清企业家底

托管经营双方在托管经营前应按照国家有关规定全面进行清产核资、界定产权、评估资产,并由国家资产管理部门审核出具资信证明。以经核定的净资产总额作为被托管企业资产保值增值的基数。

2.组织招投标评审

由各级政府的体改部门会同有关部门组成招投标评审委员会,按照公开、公平、公正的竞争原则,通过新闻传媒或召开新闻发布会等形式公布托管经营双方的招标、投标信息,组织托管经营双方见面,进行双向选择。对达成托管经营意向的双方标的及受托方的资信情况和经营管理能力进行评审,并提出评审意见,为双方签订合同提供依据。

3.签订托管经营合同

托管经营双方经过互相论证、磋商,在对双方权利、义务和托管经营目标、经营方略、风险责任、利益分配、合同终止等合同条款认可的情况下,签订托管经营合同。托管经营合同期限一般为3至5年。

托管经营合同应载明以下条款:委托人、受托方代表名称;被托管企业名称和资产、负债、人员等现状;托管经营形式;托管经营期限;托管经营目标;委托方、受托方的权利和义务;被托管企业法定代表人的产生及在托管经营期间的职责、权限;企业职工(含离退休职工)的安置及待遇;被托管企业原有债务的承担、偿还方式;资金的注入、管理、回报形式;收益分配与风险承担办法,受托方风险抵押金交纳的方式、额度、时间;托管经营监督、审计、自律形式和考核办法;违约责任;中止、变更;托管经营期满,双方办理效果核准、确认,移交、验收财务、财产等有关事宜;双方约定的其他内容。

4.履行法律手续

托管经营合同签订并进行公证后,由委托方向受托人颁发委托经营书。然后,到工商行政管理部门办理企业法定代表人变更的确认手续。

二、公司联营①

(一) 公司联营的概念

所谓公司联营就是指两个或两个以上的经济实体针对某一产品的开发、生产以及销售达成一致意见,以不同的出资方式进行合作的一种扩张性的产权资本运营方式。

(二) 公司联营的特征

与其他资本运营方式相比,公司联营具有以下特征:

(1) 所建立的联营公司所有权属于联营的多个公司,从资产实体上独立于原有公司,从产权结构上与原有公司不可分离。

(2) 联营公司为某种产品的开发、生产和销售而建立,大多数是为该项产品的开发而建立,因此具有很强的针对性,合作时间也会随着产品开发的结束而终结,一般具有短暂性。

(3) 联营公司的组织结构具有松散性。合作任务的针对性以及合作时间的短暂性决定了联营公司的组织结构松散以及联营公司的不稳定。这一点与控股公司或全面收购公司明显不同。

(三) 建立联营公司的动因

1. 获得融资渠道

这种情况主要针对高风险、高收益的产业来说。比如,一个较小的公司有着产品或技术的开发设想,但缺乏资金支持。同时由于投资者对该产品或技术了解较少,不愿投资于该项目,因此,企业在正常的资本市场上很难融资。然而,或许有的企业对该产品了解较多或者它们本身与该行业生产有关,它们愿意提供资金、技术或生产设备与之合作,通过建立联营公司共同开发新产品。因此,建立联营公司,对融资方来说,解决了资金问题,实现了产品设计开发的初衷;对另一方来说,为资金保值、增值提供了一个途径。当然,由于风险和收益同在,投资者也许难以收回资本金。

2. 获得学习机会

由于建立联营公司的目的多数是对新产品、新技术的开发,在生产过程中涉及的知识或技术相当复杂,为此,最合适、最有效的方法就是"干中学"和"干中教"。这比公司专门花费大量的人力、物力举办专业培训班效果要好得多,成本也低得多,因为很多科研或技术的实践性很强,必须深入实践当中方能领会其深层次的精髓。国外针对联营企业的一份调查表明,50%的联营企业声明其建立动机是获取知识。

3. 增加自我保护能力

国际上有一种"蛛网战略"(spider's web strategy),它是描述在产品市场或稀缺资源

① 曹洪军.资本运营新论[M].北京:经济管理出版社,2004.

的竞争者之间建立均衡的一种企业战略。比如,处于高度集中的产业中的小企业,可以与该产业中的几个主要企业建立联营企业,从而形成力量均衡的自我保护网。美国电报电话公司以及施乐公司也都参与了数十家的联营企业。通过建立联营企业,它们的财务资源、技术资源和管理资源都可以共享,从另一个角度实现了战略互补。

4. 可以合理绕过法律障碍

这种动机主要是针对一些国外企业而言。在国外,反垄断当局为了限制垄断企业的发展,制定了多项关于企业规模扩张的限制政策,从而使得一些兼并活动不能实现,而联营战略本质上是扩张,形式上却是收缩,表面上看是通过分立或资产剥离的方式建立新的公司,使企业的绝对数目增加,尤其是处于研发领域的联营企业,因此,所在国政府当局不但不会限制,反而会鼓励和支持联营企业的建立。

第三节 紧缩型企业重组

一、剥离

(一)剥离的含义

剥离(divestiture)是指公司为了实现财富最大化或整体战略目标,将其现有的某些子公司、部门、固定资产或无形资产等出售给其他公司,并取得现金或有价证券回报的重组活动。被剥离的资产可能是不良资产,也可能是优质资产。

剥离与本书前面章节介绍的并购业务存在一定的联系。例如:在并购业务完成之后,并购公司可能采用剥离的方式出售部分被并购公司的资产或业务,以实现现金回报;也可能会通过剥离公司原有部分资产或业务的方式,来避免受到反垄断法的起诉;有时还采用剥离的方式来纠正一项草率的甚至是错误的并购业务;在目标公司受到来自其他公司的并购威胁时,甚至可能会剥离掉所谓"皇冠上的明珠",来抵制并购公司的并购意图。尽管剥离和并购业务存在着上述种种联系,也存在一些共同的特征,但是剥离绝不仅仅是并购的反过程。剥离通常有着与并购不同的动因和目的,需要采用不同的分析手段和实施方法。

(二)剥离的类型与形式

按照剥离是否符合公司意愿,剥离可以划分为自愿剥离和非自愿剥离或被迫剥离。自愿剥离(voluntary divestiture)是指当公司管理人员发现通过剥离能够对提高公司的竞争力和资产的市场价值产生有利影响时进行的剥离。非自愿剥离或被迫剥离(involuntary or forced divestiture)则是指政府主管部门或司法机构以违反反垄断法为由,迫使公司剥离其一部分资产或业务。

按照剥离业务中出售资产的形式,剥离又可划分为出售固定资产、出售无形资产、出售子公司等形式。出售固定资产是指出售公司的部分厂房场地、设备等固定资产,以及将生产某种产品相关的全套机器设备等出售给其他公司;出售无形资产是指将某一个品牌、专利权、土地使用权等无形资产出售给其他公司;出售子公司是指将独立、持续经营的子公司整体出售给其他公司,剥离的对象不仅包括产品生产线,还包括相关的职能部门及其职能人员。

按照剥离业务中出售资产的性质,剥离可分为经营性资产的剥离和非经营性资产的剥离。经营性资产是指用于企业生产经营的机器、设备、厂房等,这些资产可能由于生产规模的变化、科技的进步等因素在企业中不再适用或原来就配置不当,将这部分资产出售可以增强资本的流动性,提高资产使用效率;非经营性资产主要指企业自设的医院、职工宿舍、浴室、幼儿园、食堂等,将这些资产进行出售,可以使企业集中精力加强生产经营管理,也可集中更多的资金用于改进生产。

(三) 剥离的动因

1. 剥离非相关业务,追求主业清晰

几乎所有的公司在表述剥离的原因时,都会提到追求主业清晰的因素。对一些集团公司来说,由于实行多元化经营,其业务范围往往涉及广泛的领域,但即使是最有天才的管理人员在进入一个新的业务领域时,他在以前的成功经验中所积累起来的种种管理技术和知识往往也不一定适用于新的业务领域,并且市场投资者以及证券分析人员对其涉及的复杂业务可能无法做到正确的理解和接受,因此可能会低估其股票的市场价值。各种投资机构都相信主业清晰的公司更有投资价值。越来越多的公司开始注意到"主业清晰"的重要性,并把与主业关联不大的资产在适当的时候剥离出去。

2. 满足公司对现金的需要

公司有时需要大量现金来扩张主营业务或还债,而通过借贷和发行股票来筹集资金可能会面临一系列的障碍,此时通过出售公司部分非核心或非相关业务的方式来筹集所需要的资金,则不失为一种有效的选择。在杠杆收购时,为了偿还收购过程中借入的巨额债务,通常需要出售部分被收购公司的资产或业务来满足企业对现金的需要。

3. 满足经营环境和公司战略目标改变的需要

任何一个公司都是在一个动态的环境中经营的,经济发展和技术进步是经营环境变化的主要原因,一个公司为了适应经营环境的变化,其经营方向和战略目标也要随之作出调整和改变,而剥离则是实现这一改变的有效手段。

一个公司也可以采用剥离的方式从一个竞争激烈的市场中退出来。例如,国际收割机公司在一些产品的市场上遇到了强大的竞争,就当时的生产率水平、研究开发能力而言,公司很难在竞争中取胜,因此,该公司的管理人员决定从这些市场退出,并将这些业务部门出售给出价较高的、有较强融资能力的公司,从而避免了公司在竞争中可能造成的损失。

4. 甩掉经营亏损业务,改善公司业绩

实现利润增长是公司发展的最终目标,因此,利润水平低或正在产生亏损,以及达不

到利润增长预期的子公司或部门,往往成为剥离方案的首选目标,以避免可能造成的对整个公司利润增长的影响。

对我国上市公司来说,如果业绩不佳,其股价表现可能会受到影响,更严重的是丧失配股资格;如果出现连续亏损就会面临"ST"或"ST*"的处置。因此,尽可能地改善和提高上市公司的业绩就成为许多公司的首要经营目标,而剥离那些处于"低谷"或亏损的业务就成为一些上市公司能采取的最快的盈利方法。

5. 消除"负协同效应"

当一个公司的某些业务或部门对公司整体战略目标无足轻重,或者影响了公司其他主营业务的发展时,就会产生所谓的"负协同效应",即 $1+1<2$。公司可以通过剥离掉这些不适宜的业务,消除"负协同效应",提高公司的盈利能力。

追求协同效应是企业并购的动因之一,但实际上要真正实现协同效应,使 $1+1>2$ 往往是很难的。国外的有关研究表明,在全部的并购业务中,有 50% 以上最后没有实现预期的并购目标,其中许多在并购后的若干年内又不得不剥离掉。究其原因,可能是源于不明智的并购决策,也可能是并购企业由于管理或实力上的问题。

6. 政策法规的限制

在西方国家,政府有时会根据反垄断法强制公司剥离一部分资产或业务。政府强制性干预经常出现在大规模的并购项目完成以后。例如,1921 年通用汽车公司陷入严重财务危机的时候,杜邦公司提供资本换取其 23% 的股份。到了 20 世纪 50 年代,美国司法部门根据反垄断法对杜邦公司起诉,要求它剥离其拥有的通用汽车公司的股权。

以上分别介绍了公司剥离决策的六个动因,其中既有经济方面的,也有法律、组织、经营方面的。实际上,公司的剥离决策很少是由单个原因引起的,通常都会涉及相互关联的多个因素。因此,公司管理人员在作出剥离决策时,应该综合考虑这些因素。

(四)剥离方案的实施

在公司制定出一项剥离方案以后,接下来的任务就是如何实施这一决策。公司实施一项剥离方案通常包括以下一些过程:

1. 选择公司内部的专业人员或聘请外部专业顾问

一个公司在实施一项剥离方案时,既可以在公司内部选择专业管理人员参与,也可以从公司外部聘请专业顾问人员,这取决于公司的规模及部门设置、该项剥离业务的工作量大小、实施的难易程度以及公司与外部专业顾问机构间的关系。一般来说,大的公司都设有计划、财务部和研究发展部,甚至设有专门从事并购和剥离的部门。如果这些部门的大量专业人员熟悉兼并与收购市场以及剥离的具体程序,就可以由他们去完成一项剥离方案。而中小规模的公司由于缺少内部专业人员,通常需要聘请外部顾问机构,外部顾问机构通常包括投资银行、专业的并购与剥离顾问公司、经纪公司、会计师事务所、管理顾问公司等。这些机构一般都有并购和剥离方面的专家和专业人员,能够帮助一家公司有效地完成一项剥离方案。聘请的外部专业顾问机构最好是那些熟悉剥离业务或所在行业的机构。

2. 准备一份剥离业务的备忘录

备忘录可以由公司内部人员来准备,也可以由外部顾问人员来准备。备忘录的内容一般应包括:公司剥离的原因、公司的历史及背景、公司目前的状况、公司的未来发展潜力、产品生产线状况(如果是一家制造业公司)、公司的服务能力(如果是一家服务公司)、公司的人员状况、固定资产状况、房地产、公司的综合财务状况等。公司的财务状况应包括:3~5年的利润表、目前的资产负债表、现金流预测、短期财务状况预测等。

3. 确定可能的购买者

首先由公司内部人员或在外部顾问人员的帮助下准备一份可能的购买者的清单,在此基础上再决定是采用个别谈判的方式还是采用拍卖的形式来选择最终的购买者。两种方式的选择取决于准备出售的业务的特点、市场效率、管理人员的期望和偏好等因素,这可以根据具体情况来选择。如果选择个别谈判的方式,一般可以在能够控制的基础上同时与3~5个公司接触。前期谈判的主要目的是确定符合条件的购买者,以便在初步达成一致意向的基础上进入实质性的谈判。如果在前期接触中发现不能达成一致意见,那么应尽快转向其他的购买者。

拍卖也是确定最终购买者的一种有效的手段。与个别谈判方式相比,拍卖一般具有以下几个优点:一是具有较高的效率。拍卖能够在最短的时间内把最大数量的、可能的购买者吸引过来,因此出售成本较低,且不易受到外界的干扰。二是简便易行。采用拍卖方式可以避免个别谈判中寻找购买者和多次谈判等过程中可能遇到的各种麻烦。三是易于控制。由于在拍卖中最后的期限是事前确定的,因此出售方能够控制出售的进程和市场竞争中的反应,从而消除了个别谈判方式中可能造成的时间延误。在这里,购买者如果不能及时作出反应,不但会失去一次投资机会,而且要为此付出时间和经济上的代价,使自己付出的努力落空。四是透明度高。拍卖作为一种典型的市场化定价方式,相较于个别谈判,其交易信息公开透明,拍卖过程接受外界监督。

当然拍卖与个别谈判方式相比,也有一些不利因素:一是保密性差。由于在拍卖过程中需要充分地揭示公司的内部信息,因此,对于一个拥有技术或其他知识产权的公司来说,要保护这些技术和其他知识产权不被泄露出去几乎是不可能的。二是容易引起公司雇员的不安。由于剥离而造成的公司未来发展的不确定性会引起公司雇员的不安心理。在很多情况下,一些关键人员由于恐慌而离开公司或为了自身的利益而抵制新的所有者,都可能会影响到剥离方案的顺利实施。三是容易引起竞争性反应。采用拍卖方式常常会给公司的竞争对手带来一个了解公司内幕的机会,这些竞争对手的动机显然不同于其他可能的购买者。然而,在很多情况下,公司的某一竞争对手可能会在拍卖报价中取得成功,此时要改变出售计划显然是不可能的。在这一过程中可能会引起更大的骚动和不安。四是容易引起市场反应。如果剥离决策对母公司而言是正确的,那么市场反应是积极的。在大多数情况下,特别是在过去的一段时间内,剥离被看作是公司发展的一项战略选择,因此会受到投资者的欢迎。但是,在某些特定的产业中,却会出现不同的结果,剥离可能会引起市场的不安,一些消费者可能会担心在剥离实施的过程中公司不能保证产品和服务的正常供给以及难以确定谁是新的所有者,剥离以后公司会采取什么样的政策等问题,因此,可能会转向消费其他厂商的产品。

从以上个别谈判和拍卖两种方式的比较可以看出,如果公司的管理人员希望在剥离过程中不泄露公司秘密,最大限度地保持雇员的稳定,并避免可能产生的竞争性反应和可能引起的市场不利反应,就应该选择个别谈判的方式。此外,在实施一项剥离方案时一定要牢记以下两点:第一,在整个剥离的实施过程中,公司要保持关键管理人员的稳定。在整个剥离的实施过程中,最好能把将要被剥离的公司或部门的主要管理人员和财务人员继续留在公司。稳定的管理班子对安定普通雇员和稳定购买者,常常是极其重要的。如果在完成剥离之前,这些人员离开了公司或被解雇,可能会对剥离方案的实施带来一些意想不到的困难。第二,在剥离方案的实施过程中,公司的管理班子应该像没有做出剥离决策一样,继续正常地经营将要被剥离的业务,这对剥离方案的顺利实施也是非常重要的。

二、分立

(一) 分立的含义

分立(separation)是指将母公司在子公司中所拥有的股份,按比例分配给现有母公司的股东,形成一个与母公司有着相同股东的新公司,从而在法律上和组织上将子公司的经营从母公司的经营中分离出去的一种重组形式。在分立过程中,不存在股权和控制权向第三者转移的问题,因为现有股东对母公司和分立出来的子公司保持着同样的权利。这里的子公司可以是原来就存在的子公司,也可以是为了分立临时组建的子公司。母公司可以根据业务重组的需要,对欲分立出去的子公司进行最有效的利用。特别是在解散式分立中,母公司将自己的所有资产全部事先分解成一个个子公司,才能最终实现母公司的自发消失。

分立可以看作一种特殊形式的剥离,但是纯粹的分立与剥离又存在区别。分立后的新公司拥有独立的法人资格,而股东直接持有新公司(过去的子公司)的股票,可以直接参与公司的经营管理,从而取得了更大的控制权。最重要的是,在分立中不存在各利益主体之间的现金或证券支付,而这种支付在剥离中通常会发生。

(二) 分立的类型和形式

按照分立后原公司是否存续,分立可分为派生分立和新设分立。派生分立,即公司以其部分财产和其他生产要素另设立一个新公司的行为。分立后,原公司存续,保留法人资格,新公司依法进行工商登记后也取得法人资格。原公司的债权债务可由原公司与新公司达成的协议分担,也可由原公司独立承担。新设分立,即公司将其全部财产和其他生产要素分解成若干份,重新设立两个或两个以上的新公司,原公司解散。新公司依法登记后成为独立法人,仍然属于原所有者,原公司的债权债务由新设立公司按照所达成的协议分担。

按照股东对公司的所有权结构变化形式,分立可分为上文提到的纯粹的分立、并股和拆股。所谓并股是指母公司以其在子公司中占有的股份,向部分(而不是全部)股东交换其在母公司中的股份。并股会导致两个公司的所有权结构发生变化,它需要一部分母公司的股东愿意放弃其在母公司中的利益,转向投资于子公司,所以不像纯粹的分立那样经常发生。拆股与纯粹的分立比较相似,是指母公司将子公司的控制权移交给它的股东。拆股后,母公司所有的子公司都分立出来,母公司从此不复存在。拆股后,管理队伍会发生变化,所有权比例也可能发生变化,这取决于母公司选择何种方式向其股东提供子公司的股票。

(三) 分立的动因与效应

分立的动因是多种多样的,有些分立的动因直接来源于分立将会出现的结果,可以将两者结合在一起综合分析。

1. 满足公司适应经营环境变化的需要

公司的环境包括技术进步、产业发展趋势、国家有关法规和税收条例的变化、经济周期的改变等。这些因素的变化,可能使公司目前的母子公司的战略安排失去效率,因此,采取分立的策略,将子公司从母公司中分立出去,创造出一个简洁而有效率的和分权化的公司组织,使公司能够更快地适应经营环境的变化。

2. 消除"负协同效应"

与剥离一样,分立可以通过消除"负协同效应"来提升公司价值。对一个大型公司来说,由于其经营的各种业务各有特点,不适合按照同样的模式来经营,因此,如果按照业务特点将公司划分成两个或多个不同的独立实体,相应配备不同类型的管理人员进行经营,则可能减少甚至消除因管理问题而造成的低效率运作。同时,分立可以使母子公司更加集中于各自的优势业务,形成核心竞争力,更好地实现股东财富最大化。

3. 减轻债务负担

1994 年,Hanson 公司决定把在美国的业务分立出去,其目的显然就是减轻债务负担,因为,在公司分立前,Hanson 公司把 14 亿美元的债务先转移到了即将分立的美国子公司;1995 年,AT&T 和格莱士公司分立的主要动因也是为了减少债务负担。

4. 激发公司管理层的经营积极性

从激励机制来看,公司分立能更好地使管理人员利益与股东的利益保持一致,同时也会影响到管理人员的报酬,因此可以降低代理成本。就直接报酬而言,分立出来的公司管理人员可以通过签订协议,使其报酬的高低直接与该业务单位的公平价格相联系,而不是与母公司的股票价格相联系,从而对他们可以起到激励作用。母公司和子公司的管理人员也都相信,他们现在可以更直接地影响到公司的绩效,因此,如股票期权等报酬协议能够对他们产生更大的激励作用。就间接利益而言,他们比在一个较大公司的一个部门工作时有了更大的自主权和责任,也因此可以得到更高的经济收入。

5. 获取税收或管制方面的收益

公司分立后,子公司的股东仍是母公司的股东。在美国,如果能把子公司以自然资源特权信托或房地产投资信托的形式分立出去,则公司可以免缴所得税。这样,母公司的股东可以从子公司的免税中获得很大好处。

如果子公司从事受管制行业的经营,而母公司从事不受管制行业的经营,则一方面公司常常会受到管制性检查的"连累";另一方面,如果管制当局在评级时以母公司的利润为依据,受管制的子公司可能会因为与盈利的母公司联系而处于不利地位。而通过子公司分立可以解决这方面的问题。

美国学者 Schipper 和 Smith 在 1983 年证明了公司分立中的逃避税收及政府管制的因素。他们认为,一个美国公司国内受政府管制的公司可以通过把其在海外的分支机构分立出去的办法,来逃避缴纳该分支机构原本应缴纳的所得税。

6. 弥补并购决策失误或成为并购决策的一部分

与剥离业务一样,分立可以帮助公司纠正一项错误的并购。另外,目标公司总有部分资产是不适应公司总体发展战略的,甚至可能会带来不必要的亏损,所以,许多分立或剥离计划,早在并购前就已经是并购公司一揽子计划中的组成部分。

7. 作为公司的反并购对策

并购公司实施并购的动因有时仅是为了获得目标公司的某项特定资产。如果目标公司能够清楚地意识到这一点,那么就可以通过子公司分立的形式将这一特定资产分立出去,从而打消并购公司的意图,这一反并购对策称为"皇冠上的明珠"。

(四) 分立的程序

企业分立应该遵循一定的程序,主要包括下面几个步骤:

1. 董事会提出分立方案

当企业董事会初步达成企业分立的意向后,即应着手提出、起草分立草案,以便提交企业股东大会讨论。

2. 股东会作出分立决定

不同类型的企业在这一方面有所不同,国家独自创办的公司不设股东会,应由国家授权投资的机构或者国家授权的部门作出分立决定。我国《公司法》规定:有限责任公司作出分立决定,须经代表 2/3 以上表决权的股东通过;股份有限公司的分立,须经出席股东会的股东所持表决权 2/3 以上通过,并经国务院授权的部门或者省级人民政府批准。

3. 签订分立合同

企业分立时,应当根据股东会作出的决议签订分立合同,以便对原企业的债权、债务、权利、义务、职工等作出安排。分立合同应采用书面形式,一般应包括下列内容:

(1) 分立后原公司存续与否。

(2) 存续公司或新设公司的名称与住所。

(3) 企业的财产如何分割。

（4）原企业债权、债务的处理方法。

（5）分立后各方的公司章程内容。

（6）分立时需要载明的其他事项，如企业职工的安置。

4. 编制资产负债表及财产清单

资产负债表是反映企业在某一特定日期财务状况的报表，它根据资产、负债和所有者权益的相互关系，按照一定的分类标准和一定的顺序排列编制而成。企业分立时，应将分立后各方拥有的资产、负债及所有者权益记载于资产负债表中，并将各方分得的全部动产、不动产、债权、债务以及其他财产一一列入财产目录，编制财产清单。财产清单要准确、翔实、清楚，并要保存好。

5. 进行公告

企业应当自作出分立决议之日起 10 日内通知债权人，并于 30 日内在报纸上公告。债权人自接到通知之日起 30 日内，未接到通知书的自公告之日起 45 日内，有权要求企业清偿债务或提供相应的担保。不清偿债务或者不提供相应担保的，企业不得分立。这样做的目的，主要是保护债权人的合法权益，预防某些行为不良的企业借企业分立之机逃避债务。在法定期限内，如果债权人未提出异议，则视为同意企业分立。

6. 办理工商登记

派生分立的，新企业要履行注册登记手续，老企业如果因分立而导致有关工商登记事项的变动，也应该到工商管理机关进行变更登记；新设分立的，原企业不再存续，应注销登记，新企业要按照有关规定进行工商注册登记。登记时，应提交分立协议和决议，以及企业在报纸上登载分立公告的证明和债务清偿或者债务担保情况的说明。股份有限公司分立的，还应当提交国务院或者省级人民政府的批准文件。

三、剥离与分立对企业价值的影响及其原因

（一）剥离与分立对企业价值的影响

西方学者近 20 年对剥离与分立的实证研究成果表明，剥离与分立对提高公司股东的财富具有积极意义。

对剥离与分立方公司的股东而言，如果以公告宣布日前后两天的超额收益率计算，其超额收益率一般在 1%～2%，但购买方公司股东的超额收益率并不表现出明显的正负；进一步的研究揭示，如果卖方在剥离公告中未标明出售价格，则其股票的价格几乎不会受到影响。但如果标明了出售价格，其股票的两天超额收益率的大小与出售资产所占公司总资产的比例有关。当该比例在 10%～50%时，超额收益率大约为 2.53%，当该比例大于 50%时，超额收益率大约为 8.09%。公司分立的宣布影响与分离出去的子公司相对于母公司的规模大小正相关；平均而言，公司分立产生的超额收益为 2%～3%，剥离产生的超额收益为 1%～2%。

另外，J.P.摩根在 1995 年对 77 家公司的分立案进行了研究。其研究结果显示，被分

立出去的子公司在独立后 18 个月的平均市场表现要比同期股指涨幅高 20%；并且公司分立对股东财富的影响与公司规模大小很有关系，那些独立出来的资本在 2 亿美元以下的公司股价表现要好于资本大于 2 亿美元的公司。

（二）剥离与分立产生价值增值的原因

西方财务理论研究提出了许多观点，以解释剥离与分立引起公司价值增加的原因。概括起来，主要有以下几种观点：

1. 投资者"主业清晰"偏好学说

20 世纪 60 年代到 90 年代初，全球企业界盛行多元化发展思路，认为多元化经营可以壮大规模，分散风险，进入新的产业。实践表明，虽然多元化经营在达到一定程度时可能是有效率的，但多元化经营的利益来源是不清楚的；在多元化经营中实现效率也是困难的；广泛的多元化通常与更糟糕的业绩水平相关联。因此，许多企业开始有计划地放弃一些经营亏损或与主业关联不大的资产和业务，集中资金和实力培育主导产业。而投资者也开始将被剥离和分立公司的业务放在其母公司的整体业务结构中进行考察，并偏好投资于"主业清晰"的公司。故剥离与分立往往会得到市场的认同，使投资者能更清楚地认识到公司的真实价值，从而带来公司股票价格的上涨。

2. 管理效率学说

这种理论认为，市场对企业价值的低估，是由于公司管理层能力有限，不可能在所有业务方面都经营得十分出色。最优秀的企业家在其企业经营范围扩展到一定程度时，也会遇到企业效益开始下滑的尴尬局面。因此，企业在进行剥离或分立时，通常宣称是将不适宜企业主营业务发展的部分加以剥离或分立，以使公司的经营重点集中于主营业务。对于多元化经营的公司，由于财务核算上的统一性，在编制合并财务报表时，个别部门的业绩往往无法体现，因此难以实现利益与责任的统一，尤其是当部门目标与公司总体目标发生冲突时，问题将更为严重。而将个别业务分立为独立的上市公司，使公司的股价与经营管理层直接相关，则有利于公司激励机制的建立。

3. 财富转移学说

这种理论认为，在一个公司分立行为中，企业的资产和负债都被重新组合分配，财富将从债权人向股东发生一定程度的转移，即股东获利，债权人受损。这是因为企业分立减少了债权的担保，使债权的风险上升，相应减少了债权的价值，而股东却因此得到潜在好处。

美国学者 Parrino 在 1997 年对莫瑞特公司的分立案进行研究后发现，分立不但减少了莫瑞特公司现有债务的可供抵押的资产，而且使债权人对现金流的控制明显减弱。因此，这一分立行为使该公司股价大幅上升却使其债券迅速贬值。

4. 选择权理论

该理论认为，股票可以看作是投资者的一种选择权。企业分立后，股东拥有两种股票，相应就有了两个选择权，只对两个企业各自的债权承担责任。而在两个企业不存在连带责任关系时，投资风险降低，投资价值就随之提高。另外，公司分立增加了市场投资品种,而且分立后的公司拥有不同的投资机会和财务政策,可以吸引不同偏好的投资者。

四、股份回购

股份回购(share repurchase)是指出于某种特定目的,公司通过一定途径将已发行在外的股份重新购回的行为。股份回购在公司资产重组中属于公司收缩的范围,涉及上市公司的资本结构与股利分配政策。

(一)股份回购的特点

股份回购是上市公司用以提高股票内在价值的重要手段之一。股份回购可以减少发行在外的股份数量,提高每股盈利水平,提升股票市价。对上市公司而言,通过股份回购,不仅可以减少权益资本,有利于增加每股收益,调整和优化股本结构,从而提高股票的内在价值,而且可以降低未来权益资本的融资成本,有利于上市公司通过配股等持续融资行为进行股本扩张。

同样数量的现金用于发放现金股利与股份回购,股东取得的收益基本相同。所以,可以将股份回购看作是一种现金股利的替代方式。股份回购和现金股利对股东的效用,可以通过下例说明。

例如,某公司普通股的每股盈余、每股市价等资料如表 4 - 1 所示。

表 4 - 1　　　　　　　　　某公司普通股每股盈余、每股市价等资料

项　　目	数　　额
税后利润/元	3 000 000
流通在外股份数/股	1 000 000
每股盈余/元	3
每股市价/元	60
市 盈 率	20

假定公司准备从盈余中拨出 1 000 000 元发放现金股利,每股可得股利 1 元,那么每股市价为 61 元(原市价 60 元＋预期股利 1 元)。

若公司改将 1 000 000 元以每股 61 元的价格购回股份,可购得 16 393 股,那么:

$$每股盈余＝3 000 000÷(1 000 000－16 393)＝3.05(元)$$

如果市盈率仍为 20,股份回购后的每股市价将为 61 元(3.05 元×20)。这与支付现金股利后的每股市价相同。或者说,公司不论采取支付现金股利方式还是股份回购的方式,分配给股东的股利都是 1 元。

然而,股份回购却有着与发放现金股利不同的意义。对股东来讲,股份回购后股东得到的是资本利得,需要缴纳资本利得税,发放现金股利后股东则需缴纳一般所得税;在前

者低于后者的情况下,股东将得到纳税上的好处。但另一方面,我们进行的上述分析是建立在各种假设之上的,如假设可用 61 元(计算出的市价)购回股份,假设股份购回后市盈率不变等,实际上这些因素是很可能因股份回购而发生变化的,其结果对股东的利弊难以预料。也就是说,股份回购对股东利益具有不确定的影响。

(二)股份回购的意义

在成熟的资本市场上,股份回购作为常见的资本运作方式,无论对股东还是对公司均具有极其重要的意义。

1. 股份回购是实施反收购、维持公司控制权的重要工具

为了维护目标公司股东的利益,公司通常以股份回购的方式抵御恶意收购。其具体表现形式有四种:

(1)向外界股东进行股份回购后,公司原大股东或管理层持股比重相应提高,控制权进一步加强。

(2)资产负债率低的公司在进行股份回购后可以适当提高公司负债率,通过有效利用"财务杠杆"效应增强公司未来盈利,从而提高公司股价,提高收购难度。

(3)储备大额现金的公司易受收购者的青睐和袭击,在此情况下,公司将大量现金用于股份回购,可减弱收购者的兴趣,这是反收购策略中的"焦土战术"。

(4)当公司以高于收购者出价的溢价进行股份回购时,一方面提醒公司股东注意公司价值增长的潜力,另一方面也提高了收购方的收购成本。

2. 股份回购对公司的经营决策具有重要影响

(1)调整公司资本结构。股份回购作为上市公司现金股利的一种替代形式,通过减少发行在外的股票数量,增加每股收益,能够提高股票市值;同时,上市公司可以用负债方式回购股份,通过增加负债,减少权益资本,并增强公司的财务杠杆效应,从而提高每股收益,提升股票内在价值。

不管是用现金回购还是资产回购股份,都会改变公司的资本结构,提高财务杠杆系数。现金回购方式下,假定公司负债规模不变,则伴随股份回购的是权益资本在公司资本结构中的比重下降,公司财务杠杆系数提高;在用负债回购股份的情况下,一方面是公司中长期负债增加,另一方面是股权资本比重下降,公司财务杠杆系数提高。而公司资本结构中权益资本比重的下降和公司财务杠杆系数的提高,一般会导致两个相互联系的结果:一是公司综合资本成本的变化;二是公司财务风险可能随负债比重的增大而增大。

一般来说,负债的资本成本要低于普通股的资本成本。因此,普通股权益资本比重的下降或负债比重的升高通常可以降低公司的综合资本成本。但是,过度举债也会导致公司财务状况恶化,增加公司财务风险,最终会导致公司整体资本成本上升。因此,优化资本结构,保持各种资金来源的最佳比例关系,应是公司是否回购其已发行在外股份的重要决策依据。

对于财务杠杆系数,只要公司负债成本率不大于资产收益率,则财务杠杆效应就是正

向的,最终会增加净资产收益率,公司的综合资本成本将会下降。但随着负债比率的增加,公司财务风险逐渐增大。当负债比率增加到一定程度时,公司财务风险的加大势必使负债成本率增加,当其增加到超过资产收益率时,公司的综合资本成本上升。因此,公司的负债比率及财务杠杆系数存在一个最佳点。同样表明,公司是否回购股份必须考虑从其资产收益率和负债成本率的对比关系、最优负债比率和最优财务杠杆系数等方面作出决策。

（2）调整公司净资产收益率。资本市场上考察公司盈利水平的主要指标是净资产收益率。而公司的盈利能力在一定程度上受到其所处产业发展前景的影响。新经济时代的到来使各产业的成长周期明显缩短。各国资本市场对上市公司的平均盈利预期水平也会受到经济周期和各产业发展前景的影响。因此,当公司所处产业进入衰退期,产业平均利润率较低的时候,公司若需要维持原有盈利水平来满足资本市场的期望,就可以通过股份回购来减少公司股份和股东权益,减轻公司盈利压力,达到调整净资产收益率的效果。

但必须清醒地看到,这种减轻公司盈利压力的方法只是暂时的,并且是一次性的。上市公司只有在迫不得已的情况下才可能运用这种手段。

3.股份回购的市场效应

股票价格决定于股票内在价值和资本市场供求因素,通常在宏观经济不景气时,股市进入低迷状态,持续低迷引发股票抛售,导致股价下跌、流动性减弱的恶性循环。公司在本公司股票被严重低估时,可以积极进行回购:一方面,收购价格传递了公司价值的信号,具有一定示范意义;另一方面,减少每股净收益的计算基数,在盈利增长或不变情况下维持或提升每股收益水平和股票价值,可以减轻经营压力。

在市场过度投机的情况下,释放先前回购形成的库藏股进行干预,可以增加流通股的供应量,减少投机泡沫,使股价回至正常价格。

上市公司回购价格的确定如果比较接近公司实际价值,就可使虚拟资本价格变动更接近于实物生产过程,使虚拟经济与实物经济紧密相联,避免股票价格的大起大落,维护公司形象,并有利于配股或增发新股。

另外,股份回购还可以视为公司管理层传递内部信息的一种手段。由于法律规定内部人员不能参与交易,因此,当某公司宣布将以超出市场价格的溢价购回其股份时,则表明公司管理层认为该公司普通股价值被市场低估了。

4.股份回购与职工持股计划和股票期权制度

信息不对称和契约的不完全性,使公司所有者与经营者之间存在目标函数的差异,即代理成本,包括经营者偏离股东财富最大化目标产生的成本以及股东对经营者的监督成本,矫正偏差仅依靠如公司治理结构,资本市场、产品市场和劳动力市场的竞争等外部约束远远不够,尚需要设计出一套成果分享方案,使职员和管理者的努力与公司财富的增加相联系,职工持股计划和股票期权制度就是比较有效的内部激励机制之一。

由于新股发行手续烦琐,程序复杂,成本较高,因此,满足职工持股计划与股票期权制度所需股票的较好途径就是股份回购,公司选择适当的时机从股东手里回购本公司股票作为库藏股,依程序交给职工持股会管理或直接作为股票期权奖励给公司管理人员,从而实现公司的职工持股计划和股票期权制度。

5. 股份回购与中小投资者权益

基于少数异议股东的回购请求权,回购公司股份,还可以起到保护中小投资者权益的效果。现代公司实行"资本民主"原则,即一股一票,重大事项的表决适用单纯多数或绝对多数决定,因此绝对或相对控股的股东,不惜损害中小股东的权益,操纵公司,谋求自我利益最大化,少数股东的"以手投票"权利因此受限。为了平衡双方力量,有关法律规定往往赋予股东诉讼权等权利,但这些权利的实施成本较高,而股份回购请求权则使股东"以脚投票"的权力得以强化,重大事项表决时,多数股东与少数股东利益发生严重冲突,少数股东可以要求公司以公平合理的价格回购股份,这样一方面减少公司经营中的摩擦与冲突,降低协调成本;另一方面,充分保障少数股东权益,使之免受不公平待遇。

6. 股份回购与公司股利分配

股东收益包括股票股利与股票转让的资本利得收入两部分。一般来说,国家对前者课以较高的个人所得税,而对后者课以较低的资本利得税。若公司分派现金股利,则股东不得不缴纳个人所得税;公司实行股份回购,股东拥有选择权,具有流动性偏好的股东,转让股票可取得现金形态的资本利得;而继续持股的股东由于所持股票的每股盈余提升,使个人财富增加,并且相关的资本利得税可以递延到股票出售时缴纳,因此,基于税收的考虑,公司常以股份回购替代现金红利的分配。

(三) 股份回购的方式

在成熟的股票市场上,常用的股份回购方式有 5 种:公开市场收购、现金要约回购、可转让出售权、私下协议批量购买和交换要约。

1. 公开市场收购

公开市场收购是指公司在股票市场上以一个潜在投资者的身份,按照公司股票当前市场价格回购本公司发行在外的股份。美国上市公司 90% 以上的股票回购采用的是公开市场收购方式。据不完全统计,20 世纪 80 年代,美国公司采用公开市场收购方式回购的股票总金额达 1 870 亿美元。公司通常使用该方式在股票市场表现欠佳时小规模回购特殊用途(如股票期权、雇员福利计划和可转换证券执行转换权)所需的股票。美国证券交易委员会在实施公开市场收购的时间、价格、数量等方面有严格的监管规则。制定这些规则的目的是防止价格操纵和内幕交易,尽可能减少股票回购对股票市场价格的影响。平均而言,在美国市场上公开市场收购对股票价格的影响仅为 2% 到 3%。

2. 现金要约回购

现金要约回购可分为固定价格要约回购和荷兰式拍卖回购。

固定价格回购要约是指公司在特定时间发出的以某一高出股票当前市场价格的价格水平,回购既定数量股票的要约。为了在短时间内回购较多的股票,公司可以宣布固定价格回购要约。这种方式的优点是赋予所有股东向公司出售其所持股票的均等机会,而且这种方式下公司通常享有在回购数量不足时取消回购计划或延长要约有效期的权力。与公开市场收购相比,固定价格要约回购通常被市场认为是更积极的信号,其原因可能是要约价格存在高出市场当前价格的溢价。但是,溢价的存在也使得固定价格回购要约的执行成本较高。

荷兰式拍卖首次出现于 1981 年 Todd 造船公司的股票回购。此种方式的股票回购在回购价格确定方面给予公司更大的灵活性。在荷兰式拍卖回购中,首先由公司指定回购价格的范围(通常较宽)和计划回购的股票数量(可以用上下限的形式表示);而后股东进行投标,说明愿意以某一特定价格水平(股东在公司指定的回购价格范围内任选)出售股票的数量;公司汇总所有股东提交的价格和数量,确定此次股票回购的"价格-数量曲线",并根据实际回购数量确定最终的回购价格。例如,假日旅店公司(Holiday Inns, Inc.)曾采用荷兰式拍卖方式回购公司股票。最初的回购计划为:股票回购数量的上限是 800 万股,下限是 250 万股,回购价格的范围是 46～49 美元。如果股东在此范围内愿意出售的股票数量低于 250 万股,则公司将以每股 49 美元的价格回购股票;否则,公司可以根据实际的回购数量在范围内选定回购价格。回购宣布前日公司股票的收盘价格为 44 美元。最终假日旅店公司以每股 49 美元回购了股东愿意出售的全部股票,共 630 万股。

在要约回购中,确定回购溢价水平或溢价范围最为关键。一般而言,回购溢价应恰好能够吸引到公司计划回购数量的股票。在多数情况下,回购溢价处于 $10\% \sim 25\%$,平均为 20%。如果大股东有出售股票的意愿,则溢价可定于较低水平(5%或更低);与之对应,如果股票日常交易清淡,且被投资者广为分散持有,则溢价水平较高,通常会超过 20%。

3. 可转让出售权

在股票回购中,公司不能强迫投资者出售其手中的股票。通常的做法是公司设定股票回购数量的最高限额,每个股东可根据自己的意愿选择接受或拒绝回购要约。在固定价格回购要约中,公司赋予股东一项卖出期权,固定的回购价格即为期权执行价格。当回购价格高于当前市场价格时,期权处于实值状态,具有价值。但是股东只有接受回购要约才能执行其拥有的卖出期权,取得期权价格。如果有些股东出于税收等因素不愿出售自己的股票,则回购要约到期后这些股东不能得到任何收益,实值期权的作废意味着财富由未接受回购要约的股东转移到接受回购要约的股东。为了解决这一问题,人们设计出了可转让出售权方式的股票回购。

可转让出售权是实施股票回购的公司赋予股东在一定期限内以特定价格向公司出售其持有股票的权利。之所以称为"可转让",是因为此权利一旦形成就可以同依附的股票分离,而且分离后可在市场上自由买卖。执行股票回购的公司向其股东发行可转让出售权,那些不愿出售股票的股东可以单独出售该权利,从而满足了各类股东的需求。此外,因为出售权的发行数量限制了股东向公司出售股票的数量,所以这种方式还可以避免股东过度接受回购要约的情况。例如,吉列公司曾宣布每 7 股股票送一张可转让出售权,每张出售权赋予持有者在未来 35 天内以每股 45 美元的价格向公司出售 1 股股票的权利,当时公司股票的市场价格为 34.875 美元/股。执行回购计划前吉列公司发行在外的股票共 112 100 227 股,计划回购 16 014 318 股(总数的 1/7),预计支出7.21亿美元。

4. 私下协议批量购买

私下协议批量购买通常作为公开市场收购方式的补充而非替代措施。批量购买的价格通常会低于当前市场价格,尤其是在卖方首先提出的情况下。但有时公司会以超常溢价向某些存在潜在威胁的非控股股东批量购买股票。因为这种股票回购不以全体股东财富最大化为出发点,所以该行为存在委托代理问题。

5. 交换要约

作为使用现金回购股票的替代方案,公司可以向股东发出债券或优先股的交换要约。交换要约中存在的主要问题是两种证券流动性的差异,为了补偿交换证券缺乏流动性的弱点,公司往往需要支付较高的溢价。或许因为此问题,现实中绝大多数股票回购都采用现金形式进行。

(四) 股份回购的国内外法律规定

关于股份回购的法律制度,国际上有两种立法模式:一种是采取"原则禁止,例外许可"的模式,如德国、日本以及我国香港地区和我国台湾地区;另一种是基于"合法正当的商业目的的股份回购原则上许可"的模式,如美国。

1. 国外对股份回购的法律规定

德国法律原则上禁止企业买卖本公司股票,但根据德国《股票法》第71条规定,准许企业在特定情况下收购资本金10%以内的本公司股票。所谓特定情况是指:避免重大损失时、向从业人员提供时、基于减资决议注销股票时以及股票继承时等。

日本法律原则上禁止企业买卖本公司股票,其目的是确保资本充实、股东平等,以及企业控制权的公平分配,但在以下几种情况下企业收购本公司股票也是允许的:为注销股票而收购时、企业合并时、在接受以物抵债时等。

美国原则上允许企业回购股票,因此在美国,企业回购股票的现象非常普遍。美国公司股票回购的目的有:稳定和提高本公司股价,防止因股价暴跌出现的经营危机;为了回收股票以奖励有成就的经营者和从业人员。但只有在公司为了维护现有的基本方针、维持本公司利益而争取控股权时,回购本公司股票才是合法的。

2. 中国对股份回购的法律规定

关于上市公司股份回购的立法方面,我国的法律规定沿袭大陆法系的立法体系。在资本市场发展的初期,上市公司进行股份回购时所依据的法律规定有《公司法》《上市公司章程指引》《到境外上市公司章程必备条款》等。随着我国资本市场环境的变化,为引导和鼓励上市公司进行股份回购,证监会、国务院、国资委、银监会、财政部等一些政府部门相继于2005年、2008年、2013年、2015年、2018年及2019年陆续出台了一系列有关我国股份回购的政策和规范性指导文件,股份回购制度的发展趋势呈现逐渐的市场化。

(1) 2005年以前股份回购的法律规定。在早期的《公司法》中,对公司股份回购方面进行了一系列的规定,其主要体现在第149条的规定中:公司不得收购本公司的股份,但为减少公司注册资本而注销股份或者与持有本公司股份的其他公司合并时除外。同时规定,回购的股份必须在 10 日内进行注销,依照法律或行政法规办理变更登记并公告。

《上市公司章程指引》第 23 条规定:根据公司章程的规定,公司可以减少注册资本,按照《公司法》以及其他有关规定和公司章程规定的程序办理;第 24 条规定:公司在下列情况下,经公司章程规定的程序通过,并报国家有关主管机关批准后,可以回购股份公司的股票:① 为减少公司资本而注销股份;② 与持有股份公司股票的其他公司合并。除上述情形外,公司不得进行买卖股份公司股票的活动;第 25 条规定:公司回购股份,可以下列方式之一进行:① 向全体股东按照相同比例发出回购要约;② 通过公开交易方式回购;③ 法律、行政法规规定和国务院证券主管部门批准的其他情形;第 26 条规定:公司购回股份公司股票后,自完成回购之日起 10 日内注销该部分股份,并向工商行政管理部门申请办理注册资本的变更登记。

(2) 2005 年以后股份回购的法律规定。2005 年 6 月 16 日的中国证监会关于《上市公司回购社会公众股份管理办法(试行)》的出台,标志着我国关于股份回购有了突破性的进展。此部法规规定了上市公司可以回购社会公众股份(流通股),并且对回购的条件、回购的方式、回购的价格、信息披露与回购的程序等进行了详细的规定。

2005 年 10 月 27 日,全国人民代表大会对《公司法》进行了第三次修订,对于公司股份回购方面的规定进行了一系列修订。根据《公司法》第一百四十三条规定,公司不得收购本公司股份。但是,有下列情形之一的除外:① 减少公司注册资本;② 与持有本公司股份的其他公司合并;③ 将股份奖励给本公司职工;④ 股东因对股东大会作出的公司合并、分立决议持异议,要求公司收购其股份的。同时又规定:公司因前款第①项至第③项的原因收购本公司股份的,应当经股东大会决议。公司依照前款规定收购本公司股份后,属于第①项情形的,应当自收购之日起 10 日内注销;属于第②项、第④项情形的,应当在6 个月内转让或者注销。公司依照第一款第③项规定收购的本公司股份,不得超过本公司已发行股份总额的 5%,用于收购的资金应当从公司的税后利润中支出,所收购的股份应当在 1 年内转让给职工。

2006 年 1 月 4 日,中国证监会为了贯彻落实《国务院关于推进资本市场改革开放和稳定发展的若干意见》和《国务院转批证监会(关于提高上市公司质量意见)的通知》,进一步完善上市公司治理结构,促进上市公司规范运作与持续发展,发布了《上市公司股权激励管理办法》(试行)。其中规定已完成股权分置改革的上市公司,可以实行股权激励,拟实行股权激励计划的上市公司,可以根据公司的实际情况,通过以下方式解决标的股票的来源:① 向激励对象发行股份;② 回购本公司股份;③ 法律、行政法规允许的其他方式。

2008 年 9 月,中国证监会的回购新规《关于上市公司以集中竞价交易方式回购股份的补充规定》发布实施。该补充规定进一步放宽了对上市公司回购公司股份的行政许可,上市公司回购公司股票不需要再经证监会审核许可,只需通过股东大会批准并依法通知债权人后,将相关材料报送中国证监会和证券交易所备案即可。该补充规定增加了操作透明度,使信息披露义务贯穿于回购的各个阶段,而且对回购价格和回购时间都作出限制性规定,防范大股东操纵市场和内幕交易。

2013年12月，为了研究建立"以股代息"制度，丰富股利分配方式，国务院办公厅在《关于进一步加强资本市场中小投资者合法权益保护工作的意见》中提出，引导上市公司承诺在出现股价低于每股净资产等情形时回购股份，完善股份回购制度。为规范上海证券交易所（简称上交所）上市公司以集中竞价交易方式进行股份回购的相关措施及流程，上交所修订了《上市公司以集中竞价交易方式回购股份业务指引（2013年修订）》。

2015年8月，国资委、财政部、银监会以及证监会联合发布的《关于鼓励上市公司兼并重组、现金分红及回购股份的通知》中对上市公司进行股份回购做了相应的规定，若公司的每股股价比每股净资产低，公司可以主动进行股份回购。此外，公司还可以通过发行债券或优先股等方式筹集回购股份所需的资金。

2018年10月，新修订的《公司法》对第142条有关公司股份回购的规定进行了专项修改。该项修订主要作出了三大调整：第一，对已有允许进行股份回购的情形进行了补充和完善。将原《公司法》第142条中的第（三）条"将股份奖励给本公司的职工"修改为"用于员工持股计划或股权激励"；增加了为"维护公司价值及股东权益需求"以及"配合公司认股权证、可转换公司债券发行的股权转换需求"两种情形。第二，完善了股份回购实施的决策程序。对合计回购持有本公司发行在外的股份占比由原来最高上限5%提高到10%，在允许持有的时间上，也由原来的1年延长至了3年。第三，建立了库存股制度。《公司法》有关股份回购的最新修订已经勾勒出库存股的雏形，主要体现在回购股份用途的增加、回购股份持有时间的延长等方面。同年11月，财政部、证监会以及国资委联合发布了《关于支持上市公司回购股份的意见》，该意见从股份回购公司限制、回购实施程序以及回购资金来源等多方面做了松绑。

2019年1月，上海证券交易所和深圳证券交易所分别发布了配套的《上海证券交易所上市公司回购股份实施细则》和《深圳证券交易所上市公司回购股份实施细则》，该细则一方面对股份回购资金来源、回购实施期限、回购价格、回购规模以及已回购股份的处置等方面作出了进一步的明确和放松；另一方面也规定了市场各方主体应尽的义务，防范操纵市场、证券欺诈、内幕交易以及利益输送等违规行为的发生。

（3）我国香港地区对股份回购的法律规定。在我国香港地区，关于股份回购的相关制度偏向宽松，介于德国股份回购制度模式和美国股份回购制度模式之间。我国香港地区对公司进行股份回购之前是否已经确定了具体的回购计划与方式以及是否获取章程批准都提出了明确的信息披露要求，这一要求在《香港公司购回本身股份守则》中得到充分体现。因此，介于德国模式和美国模式之间的我国香港地区股份回购制度，体现了在适度宽松的环境下建立明确、具体制度的监管倾向。

（五）我国上市公司股份回购的动因

在股份回购制度建设的不断规范与完善过程中，我国上市公司股份回购不断地走向成熟。股份回购已成为中国证券市场上一种"策略性"的资本运营工具。纵观我国资本市场上市公司股份回购的发展历程，其动因体现在以下几个方面：

1. 完善股权结构,减持国有股,提高国有资本运营效率

这类回购主要发生在 2000 年之前。由于历史遗留问题和股票发行额度管理的问题,我国上市公司的股本结构几乎没有一个是按照股权结构最优化原则来设计的,普遍存在着国家股、国有法人股占绝对控股地位的现象。因此国家股、国有法人股在上市公司总股本中的比重过大、股权结构不合理等问题一直困扰着上市公司和国有股东。

中国最早的股份回购案例当属 1992 年"小豫园"并入"大豫园"的合并回购,可以看作是中国股市第一例为了合并而实施股份回购的成功个案;1994 年 6 月,"陆家嘴公司"以公司土地尚未完全投入开发、国家股部分资本仍然虚置、公司股权结构不合理为由进行减资,拟将国家股中尚未投入实际运作的部分资本额从注册资本中退出。随后在 1994 年 11 月,陆家嘴成功发行了 2 亿股 B 股,使社会公众股所占比例达到了"15%"的要求。此回购案的最终目的是通过国家股减资回购,再增发一定数量的流通股(B 股),进一步增资扩股以增强发展后劲。

1999 年,"云天化"协议回购公司股票,开创协议回购的先河。上市公司利用对外投资的资金转而用于股票回购的对价,回馈公司股东,充分发挥资金杠杆功能,提升公司财富价值。同年的"申能股份"实施的股份回购一方面变现部分国有股,改善股本结构,另一方面大股东利用出让股份所得部分现金购买不良资产,优化资产结构,提高公司资产质量,具有资产重组的功能。

在"云天化"和"申能股份"之后,"海立股份""长春高新"等公司也实施类似的股票回购,主要采用定向协议回购国有股的方式。由于我国上市公司主要是由国有企业改制而来,一股独大的现象非常普遍,因此监管层对优化股权结构、提高资本的运营效率和降低大股东持股比例具有强烈的政治诉求。在当时国有股减持的改革背景下,股票回购也被充分改造成上市公司的改革工具,监管层也极力配合,这一时期的股票回购带有浓厚的行政色彩,不符合市场经济的要求。

2. 配合股权分置改革,实施"以股抵债"

"以股抵债"这种方式的回购是我国特有的产物,其发生时间主要集中在 2005 年年底至 2006 年,"以股抵债"具体指上市公司以其控股股东侵占的资金作为对价,冲减控股股东持有股份,将被冲减的股份依法注销的行为,回购的方式为定向回购,不涉及社会公众股。之所以称这种回购的产生是我国特有的,是因为它是在"股权分置改革"背景下,证监会和国资委开出的医治大股东巨额"资金侵占"顽疾的药方,其认为"以股抵债"可以为缺乏现金清偿能力的控股股东解决侵占上市公司资金问题,能有助于这些上市公司成功完成股权分置改革。

3. 维护股价,提升公司价值

这类股票的回购公告主要发生在 2005 年、2008 年、2014 年、2015 年以及 2018 年至今,采用的方式为公开市场回购。在这些时期之内,中国 A 股市场正好处于最低谷的时期。2005 年,中国 A 股市场经历了长达 4 年的下跌,相当多股票价格破净,整个市场情绪异常低迷。在这个时候,证监会以及《公司法》同时为股票回购松绑,于是就有上市公司借

势发布公告,表达回购意愿,希望通过公开市场回购振奋市场信心,维护股票价格,提升公司价值。比如"邯郸钢铁"在其公告中明确提出:"公司股票市场表现与经营状况不相符,公司的投资价值被严重低估,有损全体股东的共同利益,有损公司的良好形象。通过股份回购使得公司价值得到提升,有利于保护投资者特别是社会公众股东的利益,维护公司资本市场良好形象。"2008 年、2015 年中国 A 股市场遭受惨重打击时,一些上市公司发布公告拟进行社会公众回购,希望借此稳定股价,提升公司价值。2018 年新《公司法》大幅放宽了上市公司回购股份的要求,新增了用于发行可转债和市值管理的条款,回购股份的企业开始剧增。如 2018 年 12 月 21 日,万丰奥威公告其控股股东万丰奥特控股集团有限公司为"推动公司股票价值合理回归",提议上市公司回购部分社会公众股;2018 年 12 月 25 日,亚夏股份公告其控股股东亚夏控股为推动公司股票价值合理回归,提议上市公司回购部分社会公众股。

4. 作为分红的替代回馈股东

2006 年"宇通客车"明确提出股份回购的目的为提升公司价值,作为分红的替代形式回馈股东,保护投资者特别是社会公众股东的利益。然而由于回购价格击穿设定的回购上限,此举并未成行。但此案例说明了上市公司已具有将回购作为分红的替代方式回馈股东的意识,与成熟资本市场的差距在逐渐缩小。2018 年 11 月 30 日,海澜之家披露未来五年(2018—2022 年)回购规划,计划每年以预案发布前一年度净利润的 20% 至 30% 的资金回购公司股份。2019 年 6 月 16 日,公司第一期回购完成,使用资金总额 6.67 亿元(不含交易费用);2019 年 7 月 23 日晚间,海澜之家发布了关于回购公司股份预案(第二期)的公告。预案显示,该公司本次回购股份资金总额不低于 6.91 亿元,不超过 10.36 亿元。受此消息的刺激,该公司的股价在 7 月 24 日涨幅为 7.66%,收盘价 8.99 元,总市值为 397.36 亿元。

5. 为实施股权激励计划

为进一步完善上市公司回购制度,中国证监会 2008 年 9 月发布关于上市公司以集中竞价交易方式回购股份的补充规定,明确对于采用证券交易所集中竞价交易方式的回购将取消行政许可,实行备案制,提高市场操作的透明度,强化上市公司的分阶段公告义务,严防操纵股票交易价格和内幕交易。相反,证券市场的反应相对平淡,只有"天音控股"和"海马股份"发布 A 股的回购预案,B 股市场也同样如此。这一阶段上市公司股票回购的动因是配合股权激励计划的实施。法律法规明确规定,拟实行股权激励计划的上市公司可以通过实施回购股票获取股权激励的标的股票,如 2010 年 3 月 19 日,"永新股份"以818.11万元回购股票用于股票期权激励计划。其次,由于股权激励对象自身问题导致股权激励计划终止或公司董事会作出特别决议,上市公司可以对股权激励已行权但尚未解锁的限制性股票进行定向回购,以保证公司利益最大化。"用友软件""上海家化""南玻A"等公司也实施类似的股票回购。2018 年,中国证监会、财政部、国资委联合发文,明确建议并鼓励上市公司积极实施以股权激励或员工持股计划为目的的股份回购。越来越多的上市公司通过股份回购实现股权激励与员工持股计划,如:科伦药业于 2018 年 6 月 16

日,宣布将 2017 年回购的股份用于股权激励;苏泊尔公司在 2017 年进行了股份回购并用于限制性股票激励计划,并且于 2018 年年底完成了第一批限制性股票的解除限售工作;合兴包装于 2021 年 6 月 11 日召开第五届董事会第二十一次会议,审议通过了《关于回购公司股份方案的议案》,决定使用自有资金以集中竞价方式回购公司股份,回购的公司股份拟用于员工持股计划或者股权激励计划。

五、企业破产重组

(一) 破产与破产界限

1. 破产的概念与意义

破产是商品经济发展到一定阶段必然出现的法律现象。破产是在债务人不能清偿其到期债务时,由法院强制执行其全部财产,公平清偿全体债权人,或者在法院监督下,由债务人与债权人会议达成和解协议,整顿复苏企业,清偿债务,避免倒闭清算的法律制度。

首先,企业破产是市场经济发展的客观要求。市场经济的竞争法则就是优胜劣汰,在竞争中获胜的企业得到发展,在竞争中没有获胜的企业则被淘汰、破产,市场机制这只"看不见的手"调整和引导着企业的行为,形成优质产品取代劣质产品、高效企业取代低效企业的良性循环,实现资源要素的优化配置。其次,企业破产是经济结构调整的一个有效途径。破产可以使社会有限的资源在企业间重新组合,从而带来产业结构、产品结构、企业组织结构的有效调整,促进经济的有效发展。再次,企业破产是维护债权人和债务人利益、维护经济秩序的重要手段。从本意上讲,破产是债务人破产还债,以其有限的存量资产偿还债务,实际上是对债权人的一种保护。对于债务人来说,只要没有违法舞弊行为,没有欺诈和侵害债权人的利益,当他依法宣告破产,以其资产抵偿债务之后,就可以得到解脱,而对于未能清偿的债务就不再承担偿还责任,这就是破产法对于债务人合法权益的保护。最后,企业破产在保障法人财产权、促进企业自主经营、加强经济责任制和民主管理、维持社会公平方面,也发挥着重要的调整作用。

2. 破产界限

破产界限是指法院宣告债务人破产的法律标准,在国外统称为破产原因。在破产立法上,对破产界限主要有两种立法方式:一种是列举主义,即在法律中列举若干表明债务人丧失清偿能力的具体破产行为,凡存在这些行为者,便认定达到破产界限;另一种是概括主义,即对破产界限作抽象的概括规定,它着眼于破产发生的一般原因,而不是具体行为。通常有三种概括:① 不能清偿或无力支付;② 债务超过资产,即资不抵债;③ 停止支付。也有的国家将两种立法方式结合使用。我国破产法采用的是概括主义立法方式。

《中华人民共和国企业破产法》(简称《企业破产法》)规定:"企业因经营管理不善造成严重亏损,不能清偿到期债务的,依照本法规定宣告破产。"从上述规定可以看出,破产界限的实质标准是不能清偿到期债务,通常简称为不能清偿或不能支付。不能清偿是指债务人对请求偿还的到期债务,因丧失清偿能力而无法偿还的客观经济状况。

在理解法定企业破产界限时,应注意以下几点:① 对于造成亏损原因的理解各国有所不同。许多国家不管企业亏损原因,只要不能清偿到期债务便依法宣告破产。我国则只对因经营管理不善造成严重亏损的企业,在不能清偿到期债务时才予以宣告破产;因其他问题导致不能清偿债务时,则不能采用破产方式解决。② 债务到期不能偿还,是指债务人明显丧失清偿能力,即不能以财产、信用或能力等任何方式清偿债务。如果债务人能及时筹措到一笔新债来偿还到期债务,即使债务人的债务已超过了资产,也不能认定为已经破产。③ 债务人不能清偿的是清偿期限已经届满、债权人提出清偿要求的、无争议或已有确定名义的债务。④ 不能清偿通常是指债务人对债务在可预见的相当长的时期内持续不能偿还,而不是因资金周转困难等暂时延期支付。

（二）破产重组的一般程序

根据《企业破产法》的规定,破产清算的基本程序大致可分为四个阶段:破产申请与受理阶段、债权人会议阶段、和解整顿阶段以及破产宣告与破产清算阶段。

1. 破产申请与受理阶段

《企业破产法》规定,当债务人不能清偿到期债务时,债权人可以申请宣告债务人破产,以使自己的债权得以最大限度地实现。相反,债务人在面对不能清偿到期债务的情况下,为摆脱资不抵债的困境,在取得上级主管部门同意后,也可以向法院申请宣告自己破产。目前,多数企业的破产申请是由破产企业提出的。

提出破产申请,应当采取书面形式提交有关材料,包括破产申请书及其他相关材料。提交的破产申请材料,因申请人不同而有所不同。

债务人提出破产申请时,应向法院提交的材料有:企业亏损情况说明;会计报表、企业财务状况明细表和有形财产的处所;债权清册和债务清册;破产企业上级主管部门或者政府授权部门同意其申请破产的意见等。

债权人申请破产时,应向法院提交的材料有:债权发生事实及有关证据;债权的性质、数额;债权有无财产担保(有财产担保的应当提供证据);债务人不能清偿到期债务的有关证据。

法院在接到破产申请后,应当依照破产法的有关规定进行审查,并在 7 日内决定是否立案受理。经审查认为符合受理条件的,用裁定的方式了以立案;认为不符合受理条件的,则作出驳回破产申请的裁定。法院作出受理破产申请的裁定,即标志着破产程序的开始。

法院受理债权人破产申请案件,应在 10 日内通知债务人,并发布破产案件受理公告;受理债务人破产申请案件后,应在案件受理后 10 日内通知债权人申报债权,直接发布债权申报公告。债权人应在接到通知后 1 个月内,向法院申报债权,并说明债权的数额和有无财产担保及有关证明材料。未接到通知的债权人,应当自公告之日起 3 个月内,向法院申报债权,逾期未申报的,视为自动放弃债权。

破产受理后产生的法律效力:必须中止对债务人财产的其他民事执行程序;债务人对部分债权人超出正常范围的清偿无效。

2. 债权人会议阶段

债权人会议阶段是全体债权人表达各自意愿并对破产事项进行决议的组织机构。所有债权人都是债权人会议成员,债权人会议成员享有表决权,但是有财产担保的债权未放弃优先受偿权的除外。债务人的法定代表人必须列席债权人会议,回答债权人的询问。

债权人会议有三项职权:① 审查有关债权的证明材料,确认债权有无财产担保及其数额;② 讨论通过和解协议草案;③ 讨论通过破产财产的处理和分配方案。债权人会议的决定,由出席会议的有表决权的债权人过半数通过,并且所代表的债权额必须占无财产担保债权总额的半数以上。但是通过和解协议草案决议的债权额,必须占无财产担保债权总额的 2/3 以上。债权人会议对于全体债权人均有约束力。

3. 和解整顿阶段

和解与整顿又叫作预防破产程序。和解,是指破产程序开始后,债务人与债权人在互谅互让的基础上,就到期的债务延期偿还或减少债务数额、进行整顿等事项达成协议,经法院认可后,由法院公告中止破产程序。整顿,是指债权人与债务人达成和解协议,经法院认可生效后,企业进行全面整顿,使其扭亏为盈,以恢复清偿债务的能力。但和解与整顿不是破产的必经程序。我国破产法规定,企业由其债权人申请破产的,在人民法院受理案件 3 个月内,被申请破产的企业上级主管部门可以申请对该企业进行整顿,整顿期限不超过两年。和解与整顿给企业带来两种不同的法律后果:一是终结破产程序;二是被宣告破产。

4. 破产宣告与破产清算阶段

(1)破产宣告。破产宣告标志着破产程序进入实质性阶段。它是指法院在受理破产案件后,依法裁定宣告债务人破产的行为。一旦企业被宣告破产,便失去了民事主体资格,裁定自公告之日起发生法律效力,破产企业即日起停止审查经营活动。

(2)破产清算。法院应当自宣告企业破产之日起 15 日内成立清算组接管破产企业。清算组是由财政部、企业主管部门、政府、工商、税务、计划、审计、物价、劳动部门和注册会计师、律师等专业人员组织起来的,依法负责对破产企业的财产保管、清理、估价、处理和分配的专门组织。清算组可以依法进行必要的民事活动。

清算组成立后,一般都会按照法院的规定,再设立若干个小组,履行以下职权:① 全面接管破产企业,负责保管破产企业的全部财产、账册、文书、资料和印章等;② 对破产财产的清理、估价、变卖和分配;③ 在破产程序的范围内,依法进行必要的民事活动;④ 对破产企业未履行的合同,清算组可以决定解除或继续履行;⑤ 接受破产企业的债务人和财产持有人清偿债务或交付财产;⑥ 破产程序完成后,负责向破产企业的原登记机关办理注销手续。

破产企业财产应以金钱分配为原则,也可采用实物分配,或者金钱与实物分配相结合的方式。无论采用哪种分配方式,都应当按照破产法的规定,按法定程序进行。破产财产分配完后,由清算组提请法院裁定破产终结,未得到清偿的债权不再清偿。破产程序终结后,清算组应向公司登记机关办理破产企业注销登记,并公告企业终止。

（三）破产和解与整顿

任何企业一旦破产，对于其投资者而言，意味着所创办事业全部毁于一旦；对于其债权人而言，意味着债权不可能得到全部清偿；对于国家和社会而言，则意味着职工失业和社会救济等一系列棘手问题。因此，破产制度不仅为公平清偿而设置，还要充分考虑到企业破产带来的消极影响。和解与整顿正是为此而设立的破产预防制度，其目的是使那些即将破产的企业能够通过和解，进行整顿，以争取恢复企业的正常营运能力而避免破产。

1. 和解

和解是指法院受理破产案件后，债务人和债权人会议期间在互谅互让的基础上，就债务人延期还债、减免债务数额、进行整顿等事项达成协议，从而中止（暂停）破产程序进行整顿，最终避免破产。

和解应按下列步骤进行：

（1）和解申请。和解申请是和解程序开始的第一步。和解申请由债务人在法院受理破产案件后、破产财产分配前向法院和债权人会议提出。和解申请应提交和解文件，包括：和解申请书；和解协议草案；财产状况说明书；债权清册和债务清册；本年年底的有关会计报表。

（2）和解协议的成立。和解协议是债务人和债权人双方意思表示一致而成立的契约。因此，债务人提出的和解协议草案只有经债权人会议讨论通过，和解协议才成立。和解协议必须通过债权人会议决议通过。和解协议成立的过程包括：先由法院或债权人会议主席召集债权人召开债权人会议，债务人向债权人会议提出和解协议草案并做说明；各债权人就和解协议草案进行酝酿和讨论，并与债务人进行充分、反复的磋商，包括提出修改、增减和解协议草案内容的要求，债务人则根据债权人的要求对协议草案进行调整和完善；最后，债权人会议对和解协议草案进行表决，经出席会议的有表决权的债权人过半数通过，并且其代表的债权额要占到无担保债权额的 2/3 以上，就可作出债权人会议决议，和解协议成立。

（3）和解协议的生效。和解协议须经法院裁定认可后方才生效。法院经审查认为和解协议合法的，则裁定认可并予以公告，和解协议自法院公告之日起具有法律效力，中止破产程序。

2. 整顿

破产整顿是指债务人与债权人会议和解后，根据和解协议，在法院和债权人会议的监督下，采取措施改善经营管理，争取恢复偿债能力的活动。破产整顿是以避免破产为目的采取的一项破产预防措施，是拯救濒临破产企业的有效法律手段，因此，必须按法定程序进行。我国的企业破产整顿制度，是由《企业破产法》规定的，《企业破产法》只适用于国有企业，非国有企业的整顿只能参照适用《企业破产法》的有关规定。

（1）整顿的开始。整顿是和解的直接后果，和解正式生效后，整顿也因此开始。整顿由企业上级主管部门主持，对于非国有企业而言，整顿的主持人由法院或债权人会议选任较为适宜和公正。

（2）整顿方案的制订。整顿方案是破产整顿中的关键性文件，也是和解协议中应明确的基本内容之一。整顿方案一般应当包括下列内容：① 对企业达到破产界限进行原因分析；② 调整企业管理机构的计划；③ 改善经营管理的具体措施；④ 扭亏增盈的办法；⑤ 整顿的期限与目标。

（3）整顿的实施。整顿的实施必须按照整顿方案的规划和要求，贯彻落实各项具体的整顿措施，完成各项整顿任务。企业整顿的情况，应由整顿主持人定期向债权人会议和法院报告。债权人会议发现企业在整顿期间违反和解协议或财务状况继续恶化或出现损害债权人利益的违法行为的，可请求法院终结整顿，宣告企业破产。

（4）整顿的终结。整顿的终结，包括正常终结和提前终结。① 正常终结。整顿的正常终结是指整顿期限届满而结束整顿。可能会出现两种结果：一是经过整顿，达到了预期目标，避免了破产；二是整顿期满，未达到整顿目标，依法进行破产清算。② 提前终结。整顿的提前终结也称非正常终结，指企业在整顿期间违反了法律规定的情形，而由法院裁定终结整顿，恢复破产程序，宣告企业破产。

3. 公司重整

公司重整亦称公司整顿，是指对陷入财务危机，但仍有转机和重建价值的企业根据一定程序进行重新整顿，使公司得以维持和复兴的做法。

在现代市场经济生活中，一个大公司一旦破产，往往会带来一系列的连锁反应，如失业、股市动荡，甚至牵连与之有经济往来的其他企业倒闭，进而影响整个社会经济秩序的稳定。公司重整是有关公司摆脱困境的有效途径之一。

（1）公司重整的原因与条件。公司重整的原因主要有：一是公司财务困难，暂停营业；二是公司财务困难，有停业的危险或可能。公司发生财务困难的情形如财务周转不灵、利息不胜负担、需变卖重要资产以维持公司开销等，或者，公司虽然尚未停止营业，但如仍按原来的方式经营，公司的困难将会日益加剧，最终将导致停业，这种情形，也属于公司重整的原因。

因此，公司如果达到了破产界限，并且公司已停业或可能停业的，都属于公司重整的原因。

除了必须出现上述两种原因之外，公司还必须有续营价值。如果公司已没有经营价值，根本没有挽救希望，重整就没有必要了。因此，只有存在经营价值的濒临倒闭的公司，才可以重整。而判断陷于困境的公司是否仍有经营价值，主要应从公司的业务、财务与管理三方面考察，如果该公司采用有效的经营方法、合理的财务结构和健全的人事管理，可以摆脱困境的，就属于尚有继续经营价值，可以申请重整。

（2）公司财务重整。当公司陷入财务困境时，公司的财务人员应尽可能地采取种种挽救措施，从而使其摆脱困境，继续经营。公司财务重整是使公司避免走向法律性破产的有效方法之一，它的主要做法是通过某种途径对公司的负债结构进行调整。

公司财务重整按是否通过法律程序分为非正式财务重整和正式财务重整两种。

① 非正式财务重整。当企业只是面临暂时性的财务危机时，债权人通常更愿意直接

同企业接触,帮助企业恢复和重新建立起坚实的财务基础,以避免因进入正式法律程序而发生庞大费用和冗长诉讼。

非正式财务重整主要指债务展期与债务和解。债务展期即推迟到期债务要求付款的日期,债务和解则是债权人自愿同意减少债务人的债务,包括同意减少债务人偿还的本金数额,或同意降低利息率,或同意将一部分债权转化为股权,或将上述几种选择混合使用。债务展期与债务和解都能使企业继续经营并避免发生法律费用。虽然由于债务展期或债务和解,会使债权人暂时无法收取账款而发生一些损失,但是,一旦债务人从困境中恢复过来,债权人不仅能如数收取账款,还能给企业带来长远效益。因此,债务展期与债务和解的方法在实际工作中普遍被采用。

企业采用债务展期与债务和解措施的基本程序为:首先,由企业,即债务人向有关部门提出申请,召开由企业和其债权人参加的会议;其次,由债务人任命一个由1~5人组成的委员会,负责调查企业的资产、负债情况并制定出一项债权调整计划,就债权的展期或债务的和解作出具体安排;最后,召开债权人、债务人会议,对委员会提出的财务安排进行商讨并取得一致意见,达成最终协议,以便债权人、债务人共同遵循。

② 正式财务重整。正式财务重整是将上述非正式财务重整的做法按照规范化的方式进行,也就是前文提到过的,在企业破产程序中,在和解协议基础上进行的整顿工作。在正式的财务重整中,法院起着重要的作用,特别要对和解协议中的公司整顿方案的公正性和可行性作出判断。

正式财务重整中重要的一点是制定重整计划(整顿方案)。重整计划是对公司现有债权、股权的清理和变更做出安排,重整公司资本结构,提出未来的经营方案与实施办法。重整计划一般包括下述四项内容:a. 估算重整企业价值。这是非常困难的一步,常采用的方法是收益现值法。b. 调整公司的资本结构,削减公司的债务负担和利息支出,为公司营造一个合理的财务状况。为达到这一目的,需要对某些债务展期,将某些债务转换为优先股、普通股等其他证券。c. 公司新的资本结构确定之后,用新的证券替换旧的证券,实现公司资本结构的转换。d. 其他相关措施。包括公司管理人员、资产价值、管理方法的调整,必要时还需制定新产品开发和设备更新计划,以提高生产能力。

(四)有关国有企业破产的财务政策

1. 破产财产

破产财产是指破产企业在破产程序终结前拥有的全部财产以及应当由破产企业行使的其他财产权利。根据《企业破产法》的规定,破产财产由下列财产构成:宣告破产时破产企业经营管理的全部财产,即国家授予全民所有制企业经营管理的全部财产;如破产企业为非全民所有制企业,则应为破产企业所有的全部财产;破产企业在破产宣告后至破产终结前所取得的财产;应当由破产企业行使的其他财产权利,如专利权、著作权等;法律另有规定的除外。

破产企业的财产并不等于就是破产财产,下列财产应区别对待:① 担保财产。依法生效的担保或抵押标的不属于破产财产,担保物的价款超过其所担保的债务数额的,超过部分属于破产财产。② 公益福利性设施。企业的职工住房、学校、托儿所(园)、医院等社会福利性设施,原则上不计入破产财产;但无须续办并能整体出让的,可以计入破产财产。③ 职工集资款。它属于借款性质的视为破产企业所欠职工工资处理,利息按中国人民银行同期存款利率计算;属于投资性质的视为破产财产,依法处理。④ 党、团、工会等组织占用的破产企业的财产,属于破产财产。

法院受理破产案件前 6 个月至破产宣告之日的期间内,破产企业的下列行为无效,清算组有权向法院申请追回财产,并入破产财产:隐匿、私分或者无偿转让财产;非正常压价出售财产;对原来没有财产担保的债务提供担保;对未到期的债务提前清偿;放弃自己的债权。

2. 破产债权

破产债权是在破产宣告前成立的,对破产人发生的,依法申报确认,并在破产财产中获得公平清偿的可强制执行的财产请求权。包括下列各项:宣告破产前设立的无财产担保债权;宣告破产时未到期的债权,视为已到期的债权减去未到期利息后的债权;债权人放弃优先受偿权利的有财产担保债权,有财产担保债权其数额超过担保物价款未受偿部分的债权;债务人的保证人代替债务人偿还债务后,其代替偿还款为破产债权;清算组解除破产企业未履行的合同,致使其他当事人受到损害的,其损害赔偿额为赔偿债权等。

另外,下列费用不得作为赔偿债权:宣告破产后的债权,债权人参加破产程序按规定分担的费用;逾期未申报的债权;超过诉讼时效的债权。

3. 破产费用

破产费用是指在破产程序中为破产债权人共同利益而从破产财产中支付的费用。根据《企业破产法》的规定,下列破产费用应当从破产财产中优先拨付:① 破产财产的管理、变卖和分配所需要的费用,包括清算组聘任工作人员的费用、破产企业留守人员的工资和劳动保险费用,以及清算组的必需费用等;② 破产案件的诉讼费用;③ 为债权人的共同利益而在破产程序中支付的其他费用。破产财产不足以支付破产费用的,法院应当宣告破产程序终结。

4. 资产评估

破产财产处置前,破产清算组应聘请具有法定资格的资产评估机构依法进行评估,并以评估确认价值作为底价,通过拍卖、招标、协议等方式转让。

5. 国有破产企业职工安置费

我国目前的有关政策法律都对职工安置作出了特殊规定,即破产财产经清算拍卖后,其收入首先用于安置职工,剩余部分才用来偿还债权人,同时,各级主管财政机关应协助政府其他部门做好国有破产企业职工的生活救济和就业安置工作。破产企业被整体接收的,安置期间的职工生活费用由接受方企业发放,从企业管理费用中开支,其标准应不低于试点城市规定的最低生活救济标准。破产企业职工的社会保险费由接收方企业从接收破产企业之日起缴纳。接收方企业收到的安置费在资本公积金中单独反映。对自谋职业的职工安置费,清算组可从破产企业土地使用权等破产财产出售所得中,按规定拨付。一次性安置破产企业离退休职工的离退休费和医疗费,从企业土地使用权出售所得中支付;处置土地使用权所得不足以支付的,不足部分从处理其他破产财产所得中优先支付。破产企业职工的安置费用来源不足的,按照企业隶属关系,由破产企业所在地人民政府负担。

第四节　整合型企业重组

一、资产置换

资产置换是指企业通过相互交换资产来实现企业资产结构优化的一种资源配置方式。按照置换的操作方式,资产置换分为两种:

(一) 单纯的资产置换

上市公司以其部分劣质资产与大股东(或集团、关联公司)的部分优质资产进行交换,表现为以一部分流动资产和固定资产为代价取得另一部分流动资产和固定资产。这种交换不涉及股权的变动,只是出资者在其拥有控制股权的企业间进行法人财产权的调整。

(二) 伴随股权变动的资产置换

上市公司以自己的附属公司或子公司同集团的附属公司或子公司进行置换,表现为上市公司以一项长期股权投资换取另一项长期股权投资;或者是上市公司以自己的固定资产与集团的附属公司或子公司进行置换,表现为上市公司以固定资产换取长期股权投资。这种资产置换的客体不仅限于资产,而且涉及与资产相联系的负债和股权。在我国近几年的资产置换案例中,大多数是伴随着股权变动的资产置换。

资产置换的具体方式,如图 4-1 所示。

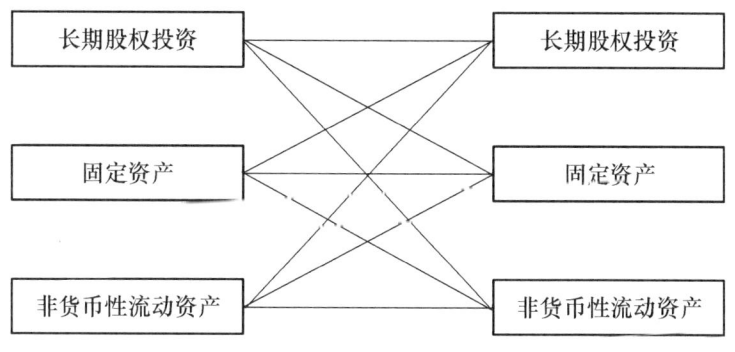

图 4-1　资产置换的具体方式

在上市公司资产重组中,除了直接用现金进行收购外,还可用资产置换的方式进行重组,即收购方用资产和持有的其他公司的股权来换取上市公司的股权。通过剥离上市公司原有的不良资产,将新股东的优质资产注入上市公司,实现资产置换并使重组后的上市公司业绩得到提升。这种资产重组方式可以使收购方不支付现金就能获得对上市公司的控制,同时,还可对自己的资产结构进行适当的调整。这种资产置换方式通常被称为"买壳上市"。比较典型的例子是山东兰陵集团通过收购"环宇股份"的 51% 股权获得了一家上市公司,在剥离了"环宇"原有 100% 资产的同时,注入大量优质资产,使"环宇股份"从一家商业类上市公司变为一家经营酒类业务的上市公司,业绩从重组前的亏损到重组后1997 年全年实现每股 0.30 元的收益,发生了很大变化。

集团内部的资产置换主要是通过将上市公司的不良资产与集团内部的其他优良资产进行置换来提高上市公司的业绩。这种模式主要发生在一些业绩较差的上市公司中。由于上市公司的业绩差、实力弱,因此无力出资购买集团内的优质资产,而用资产置换的方式可以将优质资产顺利注入上市公司,也可以将上市公司经营不善的产业彻底消除。这种不等价的资产置换能为上市公司带来较好的收益,能够使业绩较差的上市公司的经营状况在短时间内发生较大的改观,也往往使上市公司的主营业务发生较大的变化。当然此类资产重组的效果最终取决于重组是否彻底。

集团内部通过资产置换实现资产重组取得较好效果的是"交运股份"。该公司的控股股东是上海交运集团公司,由于该公司长期经营不善,历年来一直业绩不佳,此次资产重组几乎将原有资产全部剥离,同时通过置换,注入了大量优质资产,公司主营业务也从钢铁类货物运输业转入汽车零配件及效能客运行业,经营业绩从重组前的 1997 年中期亏损,转变为重组后的 1997 年全年实现每股收益 0.39 元。可以说公司的资产重组较为彻底,使其发生了质的变化,公司的中长期经营状况实现持续好转。

二、股权置换

自 1998 年"清华同方"以股换股的方式合并"鲁颖电子"开始,已经有越来越多的公司采用股权置换的方式进行资本重组。上市公司进行股权置换的出发点是以公司利益为前提,以引入战略投资者为途径,以战略伙伴双方协商一致为基础,在不涉及控股权变更的条件下实现公司控股股东与合作伙伴的交叉持股,建立双方的关联利益。

上市公司对股权进行置换交叉持股的常见方式有两种,一是母子公司的股权置换。母公司在需要增加资产投资时,在公司内部或者公开对外发行股票进行集资,子公司收购母公司新增加的股份,成为母公司的股东。因此,交叉持股的双方母公司与子公司互相持有控股权,达到两者相互牵制运作。二是同行业之间的股权置换。这种置换情况一般发生在需要优势互补的企业之间,上市公司将几近亏损或微利的资产与其他公司进行置换,达到公司资产重组,改善企业的经营状况。

股权置换的方式有三种:一是不需要支付任何现金的股权置换,即单纯的股权置换;二是股权加公司资产式的置换;三是公司股权加上现金的置换方式。

单纯的股权置换又可以分为以下几种方式:① 甲公司股东与乙公司股东间互换所持股权;② 甲公司以其增发的新股置换乙公司股东所持股份;③ 甲公司股东以其所持股权置换乙公司增发的新股。具体采取何种方式进行置换常取决于两公司的股权结构。单纯的股权置换不需要支付任何现金就能完成置换,从而有效降低了财务上的风险。通常在有优势互补需要的企业之间进行。2004 年 7 月 28 日,一项酝酿了半年之久的股权置换案终于尘埃落定,"联想"(0992,HK)将旗下 IT 业务主体部分作价 3 亿元人民币,置换"亚信科技"(即亚信控股有限公司 NASDAQ:ASIA)15% 的股权,完成了两家公司在 IT 服务领域内的业务合作。据"联想"2003 年度财报,其 IT 服务部门营业额为 3 亿元,以此价格出手基本属于平价。如果按照"联想"历年对 IT 服务部门的累计投入 1 亿元计算,此次股权转换,"联想"的投资收益相当于 200%。当时,"亚信科技"的股票正处于历史最低点,仅 3 亿元资产就换来单一最大股东地位,也较 2000 年"亚信科技"股票百元价位时划算了十几倍。由于股权置换没有涉及现金交易,也减轻了"亚信科技"的资金压力。

股权加资产式置换通常用于一方存在优质资产的情况下,而这部分优质资产可以迅速提高一方的生产能力和规模,而且不需要支付现金,从而降低了财务风险。例如,"齐鲁软件"重组"泰山旅游"采取的就是典型的股权加公司资产的置换方式。"齐鲁软件"是浪潮的软件旗舰,也是我国首批四大国家级软件产业园——齐鲁软件园骨干企业之一。与浪潮其他的 IT 产业发展形成互动。"泰山旅游"是国家旅游局推荐的第一家上市公司,也是山东省上市的第一家旅游企业。"齐鲁软件"对"泰山旅游"的股权置换包括两个方面:一是"齐鲁软件"与泰安国资局签订了部分国有股的转让协议,进行了股权转让,从而使"齐鲁软件"成为"泰山旅游"的第一大股东;二是将"齐鲁软件"的优质软件资产(通信事业部、系统集成部)转换装入"泰山旅游","齐鲁软件"转而拥有"泰山旅游"三条索道的所有权,而"泰山旅游"的主要资产及业务则为软件的开发和生产。强劲的技术支持和市场拉动,使"齐鲁软件"进入了迅速发展的快车道。全部收购活动完全结束后,在沪市挂牌的"泰山旅游"(600756)更名为"齐鲁软件",为股东带来持续的投资价值。

由此可见,"齐鲁软件"与"泰山旅游"间的重组采取的是股权加公司资产的方式,由公司原有股东以出让部分股权的代价或者是采取增发新股的方式使公司获得其他公司或股东的优质资产,优点在于不用支付现金即获得优质资产。

股权加现金置换是指除相互置换股权外,还要支付一定数额的现金才能完成置换。这通常发生在并购转让价格非常高的情况下,在置换后通常取得控股地位。如 2006 年 7 月,国美电器宣布以 53 亿余元的总代价收购在我国香港上市的中国永乐(0503,HK),以换股加现金的方式进行支付,国美电器拥有永乐(中国)电器销售有限公司 90% 股权,成为绝对控股股东。

股权置换的方式灵活多样,置换的结果是相互持有股权,需要根据实际情况采取具体的方式。

三、"买壳""借壳"上市

(一)"买壳上市"

所谓"买壳上市",是指非上市公司通过证券市场收购并控股上市公司,然后利用反向收购的方式注入自己的有关业务和资产,从而达到间接上市的目的。

虽然企业上市有很多好处,但资本市场是有限的,无论从政策上还是从法规上,企业上市都有太多的环节,在我国上市额度已成为一种稀缺资源的情形下,"买壳上市"因其运作极为精巧而备受企业家们关注。尤其是我国国有企业股权结构中国有股比重较大,股权单一,占用国有资本较多,既不利于形成有效的公司治理结构,也不利于国有资本的有效利用,投资于更需要国有资本的行业和产业,"买壳上市"不失为一种改善国有资本结构的良方。

一个典型的"买壳上市"是由以下两个交易组成的:一是"买壳交易",即非上市公司通过股票二级市场或内部协议转让的方式取得上市公司的控股权;二是资产转让交易,上市公司反向收购非上市公司的资产,一般为有发展潜力和很强获利能力的优质资产,即非上市公司将自己的有关业务和资产注入上市公司中去。这种并购方式的操作关键在于:一是能否购买一个上市公司的控股权;二是能否在非上市公司与"壳"公司之间建立某种资产关系,进行资产重组。

"买壳"上市运作的程序主要包括:"选壳""买壳""用壳"。

"选壳"是企业"买壳上市"的第一步,也是比较关键的一步,是"买壳"和"用壳"的基础。对"壳"公司的选择标准有两种看法:一种认为可供选择的"壳"公司应是具有发展潜力的上市公司;另一种认为最好是实力不大,股票交易不理想,甚至可以没有净资产,可以没有业务,但是不能有债务和法律诉讼,即必须是所谓"干净"的公司,否则对公司不利;如果股票在市场流通量大,最好股东比较分散,购买者只需较少股份便可控股;这时买方大多是为了获得上市资格,"买壳"成功后,将"壳"公司资产处理干净,只留下现金和上市公司资格,再注入非上市公司实体资产。

"买壳"是"买壳上市"的关键一步,即企业注入一定的资金用适当的方式将所选的"壳"公司买下。"买壳"的方式有两种:一是在二级市场上公开收购,只要达到控股比例即视为"买壳"成功,这对于股权分散、市场流通量大的目标"壳"公司比较适用;二是协议转让,达到控股比例即为"买壳"成功,这对于股权比较集中,尤其是国有股、法人股控股的企业比较适用。如果选择的是没有上市的"壳"公司,只有通过产权市场来购买了。无论如何,"买壳"都是企业进行先期投资的过程,其目的是实现下一步的本企业的上市融资。

融资是"买壳"的目的。通过所购的"壳"公司融资才是买壳的真正目的。当购买到"壳"公司之后,要对该公司扩股,通过扩股将非上市的资产注入上市公司,从而为本企业筹措资金。

(二)"借壳上市"

"借壳上市"就是指上市公司的母公司(集团公司)通过将主要资产售予(注入)上市的子公司中,从而实现母公司间接上市的目的。

"借壳上市"与"买壳上市"的决策内容类似,主要区别在于,"买壳上市"一般发生在无关系的企业之间,而"借壳上市"一般发生在母子公司之间,即母公司通过将优质资产注入上市的子公司达到"搭船出海"的目的,涉及关联方交易,容易受到限制。同时,"借壳上市"也可以看作是"买壳上市"后的"用壳"环节,因为"买壳"之后,"壳"公司就成为主并公司的控股子公司,主并公司是"壳"公司的母公司,主并公司"用壳"就要向"壳"公司注入优质资产从而实现间接上市,这种行为就是"借壳上市"。

"买壳""借壳"上市与一般的并购的区别在于前者的并购更看重目标企业的"壳"资源,并购动机不包括规模经济等常规动机;成本效益分析要求的成本也比一般并购低,因为"买壳"的直接成本要比一般并购的直接成本低得多;其收益也多是从改善资本结构、扩大融资渠道、可以扩大自身经营的角度考虑,更加难以量化。

 # 本 章 小 结

1. 企业重组是指对企业原有、既存或控制的经济资源,按照市场规律进行扩张、分拆、整合以及内部优化组合的过程。

2. 按照企业重组的内容,企业重组可分为业务重组、资产重组、债务重组、产权重组、人员重组和管理制度重组。按照企业重组的形式,企业重组可分为扩张型重组、紧缩型重组和整合型重组。

3. 扩张型重组意味着企业边界的扩大,通常包括兼并与收购、企业托管、公司联营等。企业托管是指作为委托方的企业财产权法人主体,通过契约的规定,在一定条件下和一定时期内,将本企业法人财产的部分或全部让渡给受托方,从而实现财产处置权的有条件转移。公司联营指两个或两个以上的经济实体针对某一产品的开发、生产以及销售达成一致意见,以不同的出资方式进行合作的一种扩张性的产权资本运营方式。

4. 紧缩型企业重组是指对企业的股本或资产进行重组从而缩减主营业务范围或缩小企业的规模,包括资产剥离、公司分立、股份回购与企业破产重组。资产剥离是指企业将其现有的某些子公司、部门、生产线、固定资产等出售给其他企业,以缩小企业规模,提高资产质量和经营效率,并取得现金或有价证券。公司分立是指一个公司通过将母公司在子公司中拥有的股份按比例分配给现有母公司的股东,从而在法律和组织上将子公司的经营从母公司的经营中分离出去的一种形式,这会形成一个与母公司有着相同股东的新公司。股份回购是指股份有限公司按法定程序办理减资手续后购买本公司发行在外的股票。通过股份回购,股份公司可以缩小股本规模或改变公司资本结构。破产是在债务人不能清偿其到期债务时,由法院强制执行其全部财产,公平清偿全体债权人,或者在法院监督下,由债务人与债权人会议达成和解协议,整顿复苏企业,清偿债务,避免倒闭清算的法律制度。

5. 整合型企业重组是指企业通过资产、产权的置换,或两者兼而有之的方式配置资源的交易行为。按照重组方式的不同,整合型企业重组可以分为资产置换、股权置换和买壳、借壳上市。资产置换是指企业通过相互交换资产来实现企业资产结构优化的一种资源配置方式。股权置换的目的通常是引入战略投资者或合作伙伴,通常不涉及控股权的变更;买壳上市就是非上市公司通过收购上市公司,获得上市公司的控股权后,再由上市公司收购非上市的控股公司的实体资产,从而将非上市公司的资产注入上市公司中去。借壳上市是指非上市公司通过将资产注入一家市值较低的已上市公司,得到该公司一定程度的控股权,利用其上市公司地位,使母公司的资产得以上市。

 复习思考题

一、名词解释

企业重组;业务重组;资产重组;债务重组;产权重组;兼并;收购;联合经营;资产剥离;股份回购;分立;破产;资产置换;股权置换

二、单项选择题

1. 下列各项中,不属于企业进行资产剥离作用的是( )。

    A. 剥离非相关业务,实现主业清晰

    B. 通过资产剥离,获取账面投资收益

    C. 获得更好的估值

    D. 提升资产负债率

2. 将不符合公司战略的资产、无利可图的资产或已经达到预定目标的资产转卖给其他公司的形式属于( )。

    A. 股权分割   B. 持股分立

    C. 资产出售   D. 换股分立

3. 非上市公司通过并购上市公司,向上市公司注入优质资产以获取配股以及发行新股的资格,这种行为被称为( )。

    A. 敌意收购   B. 要约上市

    C. 新设合并   D. 借壳上市

4. 下列各项中,与现金股利十分相似的是( )。

    A. 发放股票股利   B. 股票回购

    C. 股票分割   D. 股票反分割

三、多项选择题

1. 下列各项中,属于企业重组形式的有( )。

    A. 资产剥离   B. 股份回购   C. 分拆上市   D. 退市

2. 下列选项中,属于回购股份原因的有( )。

   A. 实施收缩战略   B. 稳定甚至提升公司股价

   C. 用于实行股权激励计划   D. 提高资金的使用效率

3. 分立可以看着一种特殊形式的剥离,分立的形式有( )。

   A. 要约分立   B. 反向分立   C. 持股分立   D. 股权分割

4. 资产剥离的价值来源体现在( )。

   A. 核心竞争力效应   B. 信息效应

   C. 市场形象效应   D. 消除负协同效应

四、判断题

1. 紧缩型重组是在不改变企业规模的情况下通过企业内部的资产、产权的重新组合提升企业整体实力的重组形式。   ( )

2. 资产剥离会对公司当期的利润表、资产负债表以及现金流量表产生重大的影响,使公司产生盈利。   ( )

3. 资产剥离是最简洁的公司收缩手段,但涉及公司股本的增减变动。   ( )

4. 股份回购是现金股利的替代形式,股东无须缴纳股利所得税。   ( )

5. 持股分立中,母公司不保留其对子公司资产和经营的控制权。   ( )

五、简答题

1. 企业重组包括哪些内容?资产重组与产权重组有什么关系?

2. 企业重组的形式有哪几种?具体实现方式有哪些?

3. 什么是剥离?什么是分立?两者有何异同?

4. 剥离与分立的动因和效应如何?

5. 剥离与分立如何影响企业的价值?

6. 分析股份回购对公司和市场的影响。

7. 如何从法律上理解破产?破产界限如何界定?

8. 破产清算的程序怎样?在破产程序中,整顿是必要的吗?何谓整顿?

9. 分析中国上市公司股权置换的特点、形式及动因,并结合实例说明。

10. 什么是"买壳上市"和"借壳上市"?

参考答案

第五章 资本运营风险管理

学习要点

1. 资本运营风险及其分类；
2. 并购风险、资本运营风险的识别与计量；
3. 资本运营风险的管理。

第一节 资本运营风险及其分类

一、资本运营风险的概念

风险泛指遭受损失、伤害、不利或毁灭的可能性。1901 年美国学者威雷特将风险定义为"关于不愿发生的事件发生的不确定性之客观体现"。1921 年美国经济学家、芝加哥学派创始人奈特在其名著《风险、不确定性与利润》一书中指出风险是"可测定的不确定性"，风险可以通过历史的统计资料和分析数据等信息加以计量和测定。可见，风险是与不确定性紧密联系在一起的。反映在经济活动方面，风险是指一项投资未来收益的不确定性，以数理统计语言表述为：投资者投资于某投资对象的未来收益值与期望值的偏差或变动程度。风险既可能是未来收益值高于期望值，出现有利的结果；也可能是未来收益值低于期望值，出现不利的结果。但人们出于稳健的考虑，通常将风险界定为后者，即风险是指出现损失的可能性。

资本运营风险是指资本运营主体在资本运营过程中，外部环境的复杂性和变动性以及资本运营主体对环境的认知能力的有限性，而导致的资本运营未来收益值与期望值的偏差或变动程度。这一定义包含以下几个方面的含义：① 资本运营风险的直接承担者是资本运营主体，即资本运营企业；② 资本运营风险主要来源于环境的复杂性和变动性，即环境的不确定性；③ 资本运营主体对环境的认知能力相对有限，也是导致资本运营风险的一个重要因素；④ 资本运营风险存在资本运营失败和资本运营活动达不到预期目标两种后果。这里，资本运营失败是指资本运营活动中途终止，如兼并企业受到被兼并企业反兼并的抵制而不得不终止兼并活动；资本运营活动达不到预期目标是指资本运营活动虽然成功了，但并没有取得应有的效率，例如，2017 年富力地产以"6 折美价"190 亿元收购

73 家万达酒店,但因酒店业务的重资产性质、新冠疫情等多重影响,富力酒店业务持续亏损,至 2020 年亏损达 14.27 亿元。2022 年 9 月,富力开始甩卖万达酒店资产。

二、资本运营风险的特征

(一)资本运营风险的客观性

客观性是资本运营风险的本质特征。资本运营风险同其他一切风险一样,其存在是不以运营主体的意志为转移的,无论运营主体承认与否、是否意识到,它都客观地存在着。资本运营风险不仅存在于资本运营前的准备阶段、资本运营的运作阶段,而且存在于资本运营以后的商品经营阶段。

(二)资本运营风险的可变性

资本运营风险在一定条件下是可以变化的。资本运营风险在资本运营的各个时期、各个环节、各种条件下,发生的概率、影响的程度、影响的范围都是不相同的。这就要求资本运营主体在防范资本运营风险的过程中,充分运用多种方法和手段对风险加以识别和防范。

(三)资本运营风险的可观测性

资本运营风险尽管具有可变性,带有极大的偶然性和不确定性,但它也是可以识别和预测的。单个风险的出现可能是偶然的、不确定的,但大量风险的发生却具有必然性。事实上,资本运营在运营前、运营中和运营后,风险的发生都会具有某些特征,只要资本运营主体能够捕捉这些信息,可以及时发现风险,并通过预测分析,防范和规避风险。关键是如何准确地预知风险和采取有效的防范措施,这就要求资本运营主体必须具备风险意识,不断积累识别与防范风险的经验。

(四)资本运营风险的破坏性

资本运营风险不同于一般产品经营风险,其重要特征就是具有较强的破坏性。资本运营是一项系统工程,其运作涉及面较广,运作过程复杂,不仅涉及大量的人、财、物的操作,而且涉及国家一系列的宏观配套措施的完善,如体制改革、政策法规的配套和社会保障制度的完善。其运作成功可以为企业带来巨大收益,但一旦发生风险,也会使企业遭受巨大损失。这种损失比企业产品经营损失要大得多,它不仅危及企业运营资产的安全性,还可能制约企业未来的生存和发展。

(五)资本运营风险的传递性和波及效应

在资本运营活动过程中,风险影响在时间上具有从前向后单向传递的作用,即前一阶段的风险将影响后续阶段的风险。具体地说,就是准备阶段的风险会影响资本运营中和运营后的风险,资本运营过程中的风险会影响运营后的产品经营风险。如 A 企业在兼并 B 企业之前,没有注意到两个企业文化的差异,结果在兼并过程中受到 B 企业的文化抵制,使兼并成本加大,在兼并后由于文化的不融合导致兼并失败。资本运营风险的波及效应是指资本运营一旦失败,则这种失败的风险将会影响到企业的其他横向经济活动。这种影响与产品经营失败给企业带来的影响不同,产品经营失败主要影响企业的再生产能力,如企业重新投资开发和经营新产品将无能为力;而资本运营失败不仅影响企业的再生产能力,而且可能导致企业整个供应链破裂,如当企业纵向兼并其主要原材料供应商时,若在其成功兼并之前没有继续与其他原材料供应商保持良好的关系,则一旦兼并失败,其原材料供应将会发生严重危机。

三、资本运营风险因素与类型

(一) 风险因素

风险因素是指导致或增加某种损失的频率和损失的幅度的因素。对于企业资本运营来说,风险因素就是形成某种企业资本运营风险、对资本运营构成威胁的风险状态或风险情况,它是产生企业资本运营风险的条件和原因。引起资本运营风险的因素很多,有客观性风险因素,也有主观性风险因素;有系统性风险因素,也有非系统性风险因素。客观性风险因素是指外部环境的不确定性、资本运营活动的复杂性和企业自身客观条件的限制等方面的因素。主观性风险因素是指决策者、管理者、运作者的主观原因导致的风险因素。系统性风险因素是指就某一项资本运营活动,对所有从事该资本运营活动的企业均构成不利的风险因素,比如政策因素和宏观经济因素等。非系统性风险因素是指只对特定的运营主体和运营对象构成不利的风险因素,如决策者、管理者、运作者方面的因素。不同性质的风险因素会引起不同的资本运营风险。

(二) 风险类型

资本运营风险根据其内容可以分为政策风险、体制风险、经济风险、社会文化风险、经营风险、技术风险、财务风险、管理风险和行业风险。资本运营风险类型及其风险因素如表 5-1 所示。

表 5-1　　　　　　　　　　资本运营风险类型及其风险因素

风险类型	风险因素	
	外部环境	运营主体
政策风险	・财政货币政策变化 ・内外贸易政策变化 ・资本运营的政府行为 ・产业结构调整	・对国家当前的有关政策缺乏深入研究 ・对国家政策未来的变动趋势未作预测 ・对国家政策未来变动趋势预测不准确 ・对国家政策、法规理解有误

风险类型	风 险 因 素	
	外 部 环 境	运 营 主 体
体 制 风 险	· 政治体制改革未到位 · 经济体制改革未到位 · 社会保障体系还不健全 · 就业环境得不到改善	· 企业缺乏完全的经营决策权 · 资本运营的决策体制及方法不合理 · 下岗职工安置困难
经 济 风 险	· 通货膨胀 · 金融危机 · 宏观经济衰退 · 资本市场利率（汇率）的变动	· 对目标企业的资产评估不准 · 跨国资本运营 · 过高估计自己的经济实力 · 缺乏长远规划
社会文化风险	· 人们社会价值观念的改变 · 社会心态的不确定 · 社会信念改变	· 与目标企业文化有差异 · 新的规章制度与运营后的企业不配套 · 物质文化的整合效果差
经 营 风 险	· 宏观经济不景气 · 信息业不发达，难以获得重要信息	· 经营方向选择不当 · 市场预测错误 · 缺乏市场开发能力 · 战略规划脱离实际 · 管理模式选择失误
技 术 风 险	· 国家科技政策的变化 · 技术转移和技术商品化速度变快 · 国家对知识产权的保护情况	· 对新技术开发方向判断有误 · 对技术开发投入过大，前景难测 · 对投入目标企业的技术保护不力
财 务 风 险	· 资本市场不完善，资金筹措困难，成本高 · 国家银根紧缩，资金缺乏 · 税收政策改变	· 资本过小 · 投资过大 · 信用降低 · 周转资金不足 · 目标企业的资产负债率过高 · 资金筹措困难，成本过高
行 业 风 险	· 行业内竞争激烈	· 目标企业所处的行业竞争激烈 · 目标企业所处行业竞争对手实力强大
管 理 风 险	· 国家对企业资本运营的监控系统还未形成 · 政府主管部门过分干涉	· 资本运营主体的管理素质较低 · 对资本运营后目标企业的重整和再造不合理 · 与目标企业管理部门的协调与交流不合理 · 对目标企业人才资源的处理不恰当

1. 政策风险

政策风险即国家各级部门政策变化的不确定性对企业资本运营所产生的风险。显然，资本运营涉及的面越广，经历的环节越多，这种政策的不确定性就越复杂，风险也越高；政策调整越频繁，企业资本运营的风险也越大。另外，随着世界经济一体化趋势，国内的宏观经济政策也必将受到国际国内众多因素的综合影响,因此企业资本运营也要关注国际经济、政治的变化。

2. 体制风险

国家政治体制或经济体制的转变必然影响企业的资本运营质量。特别是在我国经济体制改革还未到位、科学的国有资产管理体制还不健全时,国有资产控股公司仍然代行不少行政职能,仍然存在着政府过度干预企业的现象。这无疑将会在某种程度上降低资本运营的质量,加大企业资本运营的风险。

3. 经济风险

从微观来看,企业进行跨国兼并与收购、对目标企业的资产评估不准确或是以改善当前的经营状况为目的的资本运营,都会给企业资本运营带来巨大的风险。

4. 社会文化风险

人们社会价值观念的改变、社会心态的不确定、社会信念的改变,特别是企业文化的差异都会给企业资本运营带来风险。社会文化风险是企业在资本运营中最容易忽视的风险。事实上,有许多企业资本运营的低效率就是在资本运营过程中不注意企业文化重构所导致的。研究表明,在那些失败的并购案例中,80%以上直接或间接起因于新企业文化整合的失败。从企业文化的构成来看,资本运营主体为了降低和防范企业文化风险,必须在运营后的新企业中进行价值观念、制度文化和物质文化的整合。

5. 经营风险

企业在资本运营过程中经营状况的不确定也会给资本运营带来巨大的风险。这种风险主要来自资本运营主体企业的经营状况不确定和运营后新企业经营状况的不确定。

6. 技术风险

技术风险是指由于技术进步速度的加快和技术开发的不确定性给企业资本运营带来的风险。

7. 财务风险

国家税收政策的改变、资本市场的发育程度、资本运营主体的资本实力、资本运营的投资额度和运营目标企业的资产负债率过高等,都会给企业资本运营带来财务风险。

8. 行业风险

行业风险是指资本运营过程中,资本流入行业的高度竞争给资本运营带来的风险。

9. 管理风险

从资本运营的宏观控制来看,管理风险主要来自国家对企业资本运营的监控系统还未形成和政府主管部门过分干涉。从资本运营的微观过程来看,管理风险主要来源于资本运营主体的管理素质及运营后对新企业的再造和与新企业的管理协调等。随着我国宏观调控体制的逐步完善,管理风险将更多地来自资本运营主体对资本运营的微观过程控制不力。

根据对资本运营风险分类的分析可以看出,不同的风险因素可能有交叉的现象;同时由于资本运营有不同的运作方式,各种方式运营中风险的表现也可能不尽相同,在进行企业资本运营风险评价时应尽可能将它们区分开。

第二节　并　购　风　险

资本运营具有不同的运作方式,其中兼并和收购是企业资本运营的最主要的表现形式。上一节从一般意义上介绍了资本运营的风险,本节从并购角度对企业资本运营风险作进一步分析。

一、并购风险的概念、特征与分类

(一) 并购风险的概念

所谓并购风险,是指由于并购未来收益的不确定性,造成的未来实际收益与预期收益之间的偏差或变动。从财务角度看,企业并购的动机在于实现净现值最大化。并购净现值的计算主要与预期现金流入量、预期现金流出量、折现率三个因素有关。首先,预期的现金流入量由于受未来政治的、经济的、法律的以及企业本身主观因素的影响,预测难度较大,使预期现金流入量预测的准确程度具有极大的不确定性;其次,企业并购成本由于受企业价值确定的复杂性和不确定性的影响,因此预期的现金流出量预测的准确程度也变得不确定;最后,借以确定折现率的利率、利润率等由于受信息传递时滞、市场缺乏效率以及会计技术、会计处理方法等因素的影响,因此利率有可能不能充分反映货币资金的供求状况,利润率有可能不能准确反映企业的实际经营成果,这就导致折现率预测的准确程度不易确定。并购风险自始至终都是存在的,而且预测期越长,不确定性因素越多,风险越大。

(二) 并购风险的特征

1. 客观性

客观性是指由于并购环境的不确定性,造成并购风险的客观存在,是不以人们的意志为转移的。只要有并购行为,就存在并购风险,并贯穿于企业并购的全过程。

2. 动态性

并购风险是通过并购预期收益与实际并购效果的偏差来表现的,而影响这种偏差的因素是多方面的,同时影响这种偏差的多方面因素也是不断变化的。因此,并购风险具有动态性。企业只有在并购过程中根据不断变化的实际情况及时调整并购计划,才能实现预期的并购目标。

3. 非系统风险的可控性

并购风险只是企业并购发生损失的可能性,是一个潜在的问题,它不一定转化为现实的风险,并购风险从潜在转化为现实是需要时间和条件的。对于非系统风险,通过人们的努力是可以防范和化解的。例如,并购价格的不合理,会直接影响到并购的最终效果。但并购价格风险是可以控制的：首先，对被并购目标企业的评估和审计可以减少并购价格确定环节的风险；其次，在并购合同中对可能影响并购价格的不确定因素增加保留条款也可以部分化解并购价格确定的潜在风险；最后，如果在并购价格确定环节已经埋下了风险隐患，但并购者并没有察觉时，并购者可以在并购后采取风险隔离等措施将风险造成的损失减少到最低程度。

4. 社会震荡性

企业并购属于资本外延式扩张，其直接后果是企业规模的扩大和人员的急剧膨胀，尤其是 20 世纪 90 年代以来席卷全球的第五次并购浪潮，创造了一批经济巨人和企业帝国。例如，旅行者集团和花旗银行合并金额达 817 亿美元，合并后资产规模为 7 000 亿美元；日本三菱银行和东京银行以一笔 388 亿美元的交易实现合并，合并后的资产规模达 5 720 亿美元；瑞士联合银行以 258 亿美元收购瑞士银行公司，收购后资产规模达 6 270 亿美元。企业规模的扩大增强了并购后企业的市场竞争优势，提高了抵抗风险的能力。但规模扩大的同时，也造成管理层次增多、管理幅度加大、决策机制不灵活，并有可能形成垄断，从而导致企业运行效率下降，尤其是缺乏互补性的投机性并购，往往导致股价轮番上涨，形成股价泡沫，造成社会虚假繁荣，而没有一定的实际效益作支撑的泡沫经济迟早要随着大规模的经济调整而破灭。例如泡沫经济、经济结构不合理是造成亚洲金融危机的主要原因。在危机过程中，韩国依靠政府支持扶持起来的大型企业集团纷纷陷入困境甚至破产，国家经济衰退，大量人员失业，造成巨大的社会震荡。因此，企业规模的扩大是以企业的运行效率乃至整个社会经济效率的提高作保证的，没有一定的运行效率和市场规模作保证的并购，不但造成规模不经济，而且造成巨大的经济资源浪费和社会震荡。

总之，并购风险是客观存在的，是不以人的意志为转移的。随着并购方式的不断多样化，并购规模的不断扩大，并购风险的影响因素愈来愈多，风险影响的范围越来越大。因此，在并购过程中，应不断提高识别风险和管理风险的能力，并通过努力把风险控制在可以承受的范围之内。

（三）并购风险的分类

并购风险是由多因素和多环节形成的，从范围划分，主要由外部风险和内部风险组成。外部风险主要来自企业外部，包括来源于政治、政策、法律、文化以及自然环境的不确定性；内部风险则主要源于并购的各个环节，包括决策风险、融资风险以及整合风险等。并购风险的分类如图 5-1 所示。

二、并购的外部风险

（一）政策风险

影响并购的政策风险主要包括税收政策风险、金融政策风险以及产业政策风险。

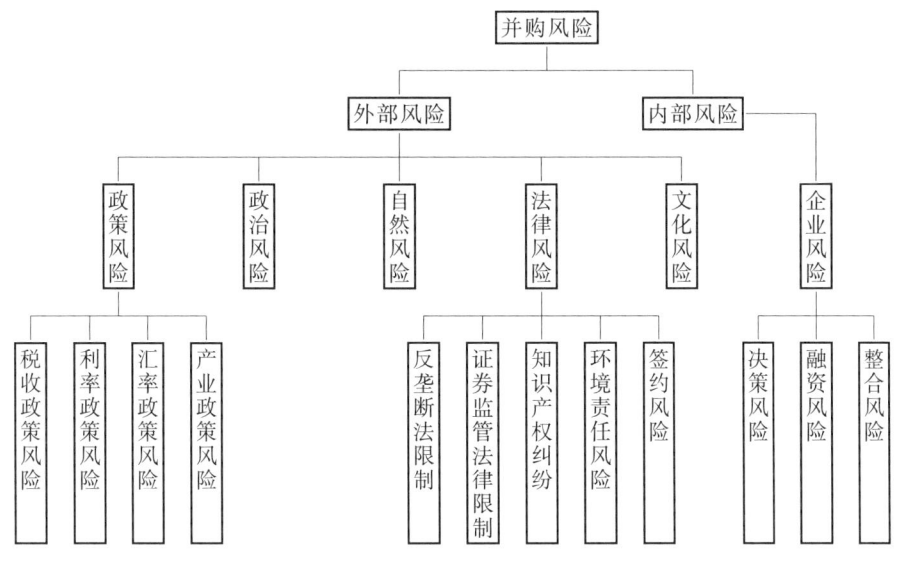

图 5-1 并购风险的分类

1. 税收政策风险

一个国家的税收政策包括税种、税率、征税环节、征税期限以及减免税优惠政策等内容,这些因素都有可能影响到企业并购的实际效果。税收作为国家调节经济的重要杠杆和财政收入的主要来源,是随着经济形势的变化而不断调整的。新税种的开征、税率的提高、税收优惠政策的提前终止都会增加并购成本,减少预期收益;反之,将减少并购成本,增加预期收益。税收政策对企业并购的影响还体现在企业并购交易方式的选择方面。如美国税法规定:对于以换股方式进行交易的企业并购可以延迟纳税,而对于以现金方式交易的企业并购则要立即征税。

2. 金融政策风险

影响企业并购实际效果的金融政策风险主要是利率与汇率风险。

(1)利率政策风险。利率是借贷资本的"价格",是影响企业并购成本的重要因素。利率风险是指预期利率和实际利率的差异而导致的企业实际并购效果的不确定性。如果预期利率高于实际利率,在借入资本的条件下,会增加并购收益;反之,如果预期利率低于实际利率,则会减少并购收益。造成利率波动的因素是多方面的,主要包括借贷资本的供求状况、经济周期的波动以及通货膨胀、通货紧缩等。利率的变动对企业并购的影响是巨大的。它不但直接影响到借以确定并购净现值的折现率和以借入资本支付并购价格的资本成本,而且直接影响到公开上市公司的股票价格。投资者可以通过投资股票取得投资收益,也可以通过存入银行取得利息收入。股票红利越高,股价越高;相反,利息越高,人们会选择存款而从股票市场撤出投资,从而导致股价下跌。因此,利率与股价成反比变化,利率的波动对企业并购尤其是上市公司并购的预期效果能否实现将产生重要影响。

(2)汇率政策风险。汇率风险是指在企业并购过程中尤其是国际并购活动中由于汇率变动而引起的未来收益的不确定性。汇率风险不但表现在以外币支付并购价格方面,而且表现在企业并购后以外币方式结算收入、清偿债权债务方面。汇率的变动对于以外币表示的企业并购价格的确定和未来预期收益的实现将产生重要影响。具体而言,在企业并购过程中,汇率风险主要表现在以下几个方面:第一是外币支付风险。无论是以自有外汇还是以借入外汇支付并购价格,由于并购预测日与实际支付日之间存在时滞,原有预测汇率与支付日实际汇率产生差异,构成外币支付风险。第二是外币结算风险。在企业以外币结算销售收入、清偿债权债务的过程中,汇率变动导致未来收益的不确定性。如果销售收入结算日较之企业并购预测日(或债权借出日)汇率下跌,企业所收到的外币收入(或外币债权)能够兑换的本币要少,从而蒙受本币损失。在清偿债务的过程中,则和上述情况正好相反。第三是估价风险,是指企业外币业务发生时的记账汇率与决算日的实际汇率产生差异引起的汇率风险。这种风险本身并没有造成实际损失,只是在决算日为了正确反映企业资产、负债的实际情况,依据决算日的实际汇率将企业的外币资产、负债进行账面调整,因此也称为会计风险。并购企业在合并海外子公司、分公司报表的过程中,还要将以东道国货币为记账本位币的分公司、子公司的资产和负债折算为母公司所在国的货币,在折算过程中,同样面临着估价风险。

由于我国目前人民币还不能在资本项目下实现与外币可自由兑换,所有以外币支付的项目将承受风险,因此,汇率的变动对企业并购的影响是多方面的。

3. 产业政策风险

企业通过并购所要进入的产业或行业,是并购后企业所面临的最直接的外部环境。政府为了保证经济结构优化和布局合理,定期提出指导性的产业政策建议,并通过适当的财政政策、税收政策和金融政策引导企业资本的投向。企业并购可以有力地促进企业产业结构的调整,使企业的生产结构适应不断变化的需求结构,达到结构优化的目的。因此,企业并购必须考虑国家产业政策的变化以及所进入行业的成长性和竞争的激烈程度,否则,将面临产业政策变动的风险。

(二)政治风险

政治风险是与一个国家的主权有关的不确定因素。政治风险对企业并购的影响在于与国家主权有关的政策变动导致经济环境的变化,进而影响到企业并购的实际效果。战争、政变、内乱将导致一个国家经济严重衰退;没有经济补偿的强制性国有化会给企业造成巨大的损失;外汇管制使得资本和利润不能有效流动和转移等。政治因素的变动导致资本的安全性受到削弱,资本的流动性受到限制,并直接影响到资本的增值能力。但政治风险并不是个人和企业所能控制的。企业需要在并购之前全面评估政治风险发生的可能性,并根据企业的风险承受能力作出合理的并购决策。

(三)自然风险

自然风险是指由于地震、火灾、水灾、海啸等自然力因素变动造成的企业并购未来收益的不确定性。2021 年 8 月 29 日,四级飓风"艾达"登陆美国路易斯安那州,部分地区出现洪水、大面积停电,墨西哥湾近 95％ 石油和天然气生产中止,造成多地人员伤亡和重大财产损失。全球最大气象预报公司 AccuWeather 预计,风暴造成的损失总计约为 950 亿美元,成为美国 2000 年以来破坏力第七大飓风。据保险信息协会数据显示,"艾达"造成的保险损失至少为 310 亿美元,虽然财产保险可以减轻自然风险所造成的财产损失程度,但自然风险对企业并购实际效果的影响则是无法通过保险所能减轻的。

(四) 法律风险

企业并购过程中的法律风险主要表现在:为维护公平竞争的市场秩序和消费者利益而制定的反垄断法,为保护中小股东利益而制定的证券监管法律,为保护知识产权的归属而引发的知识产权纠纷,为保护环境而带来的环境责任风险,以及由于并购协议签订的不严密而可能产生的签约风险。

1. 反垄断法限制

企业并购一般伴随着资本集中和市场份额的扩大,资本集中往往形成垄断。垄断者凭借其资本优势和在竞争中的有利地位,采取垄断加价的办法获得垄断超额利润,破坏了公平竞争的市场秩序,侵害了中小企业和消费者的利益。因此,各国政府出于保护公平竞争和提高市场活力的考虑,制定了一系列法律对并购行为进行限制。美国的反垄断法是从 1890 年颁布的《谢尔曼法》开始的,1914 年制定的《联邦贸易委员会法》和《克莱顿法》对《谢尔曼法》进行了修订,1950 年美国国会通过了《塞勒·凯弗维尔反对合并法》,对《克莱顿法》又进行了重新修订。修订后的《克莱顿法》强调"保护竞争,而不是竞争者"。如果一家小公司吸收合并了另外一家小公司,尽管减少了一个竞争者,但是这种合并对于行业的相对集中度不会产生重大影响,就能为法律所允许。英国的《城市守则》规定,若收购方已控制了某一行业 1/4 的市场份额,或收购完成后其市场份额超过 1/4,那么,英国贸工部和公平交易局就有权将该并购协议提交垄断与兼并委员会审查。因此,企业并购必须考虑反垄断法的限制。

2. 证券监管法律限制

对于与上市公司有关的企业并购,还要面临证券监管法律的限制。证券法律对上市公司并购的限制主要是为了保护中小股东的利益。如我国 2020 年的新《证券法》规定:收购上市公司 5％ 的可流通股份必须公告,采取协议收购方式的,收购人收购或者通过协议、其他安排与他人共同收购一个上市公司已发行的有表决权股份达到 30％ 时,继续进行收购的,应当依法向该上市公司所有股东发出收购上市公司全部或者部分股份的要约。但是,按照国务院证券监督管理机构的规定免除发出要约的除外。在上市公司收购中,收购人持有的被收购公司的股份,在收购完成后 18 个月内不得转让等,都是为了保护中小股东的利益,解决中小股东在并购过程中的信息不对称问题。如果企业在并购上市公司过程中忽视证券法律的限制,必然会对企业并购能否顺利实施产生重要影响。

3. 知识产权纠纷

企业拥有知识产权的数量与质量是衡量其核心竞争力的重要标志。许多企业因为缺乏知识产权的保护意识,或被他人侵犯或侵犯他人的知识产权,使企业遭受了损失或法律制裁。跨国并购所涉知识产权交易包括知识产权尽职审查、知识产权谈判、获得知识产权的交易手段、知识产权登记和并购后知识产权整合等多个环节,须对知识产权风险有清晰认识。在跨国并购中,股权交易或资产的交易涉及知识产权,而知识产权可能受限于某些条件,如知识产权的地域性、时效性,或继受人的认知程度,不一定能够随股权一并转移或同其他资产一样可以转移。所以,在跨国并购过程中,必须在并购时对目标企业的知识产权状况进行尽职调查,以确定知识产权资产是否存在、所有权归属、拥有人的实际控制权、知识产权的经济价值和战略价值、侵犯这些知识产权的潜在责任等。我国的知识产权法是由《著作权法》《商标法》和《专利法》三部法律来构成的。知识产权的风险潜藏在公司发展的各个细节中,保护和风险规避关键在于预防,只有重视预防,并积极保护,依法维护自身的合法权利,才能有力地促进企业知识产权的发展和升级。

4. 环境责任风险

在跨国并购中,自然环境是投资者考察东道国投资环境的重要环节。目标企业及其业务活动周围的自然条件,包括大气、土地、水、自然景观等天然环境,以及公园、绿地、交通道路、城市基础设施建设等经过人工改造的基础环境,都有潜在风险因素。近年来,国内外重大环境污染事故频发,如墨西哥湾漏油事件、紫金矿业污染事件、大连新港输油管线爆炸事故等,不仅对生态环境造成严重破坏,同时也给相关行业和企业带来了巨大的环境责任风险。在法律层面,环境污染侵权责任实行"无过错原则"是国际社会通行做法。尤其是在发达国家,环境责任已成为企业在经营过程中面临的愈益严重的责任,这就要求企业在实施跨国并购时,须有明确的环境责任风险意识和应对策略。

5. 签约风险

签约风险是指由于签约因素变动造成的企业并购未来收益的不确定性。一般商品的买卖合同只具有商品名称、规格、数量、价格、交货地点、结算方式、质量条款以及违约责任等要件,而并购合同则较为复杂。第一,企业作为生产要素的集合体,劳动力、生产资料以及企业所拥有的无形资产包括商标、品牌、专有技术、营销网络、生产许可、经营许可以及管理制度等,都是企业商品不可分割的组成部分,均是并购合同中的重要内容。第二,企业尤其是大型企业集团具有复杂的组织结构,集团下属的全资公司、控股公司、参股公司等都是集团公司的有机组成部分,并购合同应有明确的并购范围和界限。第三,企业的生产要素是不断流动的,并购合同签订日与实际交接日之间经营责任的处置也应体现在并购合同之中。第四,职工安置计划、债权债务处置办法、资产的移交和接收以及抵押、担保等或有负债的处理,也是并购合同的重要内容。严密的并购合同可以为日后的法律纠纷提供重要依据,而不严密的并购合同则有可能导致日后诉讼的失败。德国大众公司在收购劳斯莱斯的过程中,由于不注意产品品牌,错误地确定收购范围而付出了惨痛的代价。原生产劳斯莱斯名车的劳斯莱斯汽车公司属于英国维克斯集团,但该公司仅负责汽车的生产,而维克斯集团所属的另一家企业劳斯莱斯发动机公司则拥有劳斯莱斯这一品牌即商标权。大众公司仅收购了前者,而维克斯集团又将后者的品牌卖给了大众公司的竞争对手宝马汽车公司。后来经过三方协商,宝马公司同意大众公司免费使用劳斯莱斯商标至 2002 年 12 月 31 日,作为交换,宝马公司取得了优先为劳斯莱斯和大众公司提供成套发动机的权利。大众公司必须在 2003 年 1 月 1 日将生产劳斯莱斯的工厂改名,并不得使用劳斯莱斯这一商标。因此,大众公司由于签约疏忽付出了沉重的代价,失去了劳斯莱斯这一著名的世界品牌。

(五) 文化风险

并购尤其是跨国并购是在跨行业、跨国家、跨民族之间进行的,随着并购引起的利益关系的调整,有可能带来民族文化冲突和企业文化冲突等风险。

1. 民族文化风险

在人类历史的发展过程中,人们的生存环境不同,导致人们对自然界的认识以及征服自然、改造世界的方式都不相同,从而形成了不同的民族文化和价值观念。民族文化是在历史发展过程中逐步形成的,会影响到一个民族的现在和未来,并深深地扎根于这一民族的每个人心中。相同的语言、文字、宗教信仰、生活理念和价值观是维系民族发展、保持民族凝聚力的重要因素。随着民族交往的扩大,各民族不断借鉴其他民族文化中的优秀部分,逐渐出现了文化趋同现象。但与此同时,相互交往过程中利益的冲突又导致民族文化发生冲撞。经济交往引起的利益调整是民族文化冲突的原因之一。而战争则是民族文化冲突最剧烈的表现形式。战争对民族文化、民族感情的影响是极其深远的。如果企业并购尤其是跨国并购忽视或无视民族文化的差异,不尊重其他民族的生活习惯和价值观念,则很难收到预期的并购效果。例如,日本索尼公司在收购美国哥伦比亚电影公司之后,在美国掀起了抵制日货的风潮。又如,许多老一辈英国人认为把劳斯莱斯卖给德国大众公司无异于叛国,劳斯莱斯的创始人亨利·罗伊斯的后人更是宣称,将劳斯莱斯卖给德国公司会使亨利·罗伊斯在坟墓中一分钟翻身 30 次。民族文化风险不但增加了企业并购的难度,同时对并购后的管理和整合也将产生重要影响。

2. 企业文化风险

企业文化是企业在长期发展过程中通过不断的尝试和探索逐步形成的,是维系企业稳定和发展的基础。企业文化是基于共同的价值观,企业全体职工共同遵循的目标、行为规范和价值观的组合。企业标识、产品包装、广告宣传以及行为规范是有形的企业文化。而经营哲学、企业精神和共同的价值观则是无形的企业文化,属于精神层次的内容。创立和发展独特的企业文化历来是许多世界著名公司长期追求的目标。企业文化是企业走向成功的推动力。当企业遇到困难时,企业文化又可以增强企业的凝聚力。但企业内外部发展环境、企业经营理念以及经营方式的不同,使得不同的企业形成了不同的企业文化。在并购过程中,如果不考虑企业文化的差异,必然会引起企业文化的冲突,进而影响并购后企业的运行效率。如美国企业职员在星期五上班时可以不系领带,但这在德国是绝对不能容忍的。德国和美国企业文化的差异不但体现在着装上,还表现在与上司说话的方式、批评职员的措辞以及上下级能否越级沟通等方面。无视企业文化的差异会使并购后的企业难以产生合力和向心力,进而使并购效果大打折扣。

三、并购的内部风险

从并购的内部运行程序来看,并购主要有三步交易:第一步是并购决策交易;第二步是融资与支付交易;第三步是并购整合交易。与此对应,第一步交易的主要风险是目标企业与并购价格的评估确定,第二步交易的主要风险是融资所带来的融资安排、融资结构风险,第三步交易的主要风险是并购后的重组和整合风险。并购的三步交易风险构成了并购的一条"风险链"(见图5-2),并购的决策风险对融资风险和整合风险等其他运行风险具有一定的诱发作用,是并购风险发生的起始点。因为第一步交易的成功是并购能否最终成功的基础,但第一步交易的成功并不能保证企业并购取得最终成功,只有第三步交易的成功才是最终的成功。

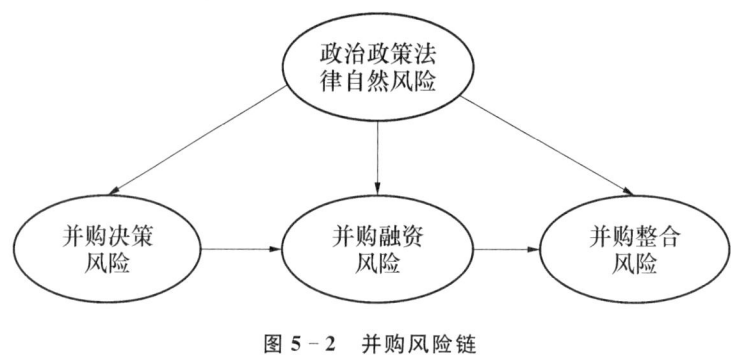

图5-2　并购风险链

(一)并购决策风险——"链首"

企业作为生产要素的集合体,各个生产要素均具有资本的属性,而资本的自然属性决定企业资本不断向获利能力较高的行业或领域转移。企业并购是进入新领域、迅速实现资本扩张的主要方式。为了保证并购决策的合理性,并购方必须首先确定目标企业的实际价值,并以此正确确定企业的并购价格。企业价格是企业未来现金流量的折现值。企业的未来现金流量受多种因素的影响,国家宏观政策的变动、地区经济环境的变化、经济周期的变动、所进入行业的成长性以及竞争的激烈程度、企业管理方式的变革等因素都会影响企业的未来现金流量。企业价值是并购价格确定的基础,但并购价格还要受企业商品的供求关系、并购双方的谈判地位、谈判力量和谈判艺术的影响。并购双方对同一个企业价值认识的差异也使得并购价格确定过程充满着讨价还价。因此,企业未来现金流量的不确定性导致了企业的价格也具有一定的不确定性,而供求关系和谈判力量又进一步加剧了这种不确定性。

在实际并购过程中,并购双方对目标企业的信息了解存在着不对称的现象。被并购方比并购方更了解有关本企业的实际经营情况、发展潜力和潜在风险等方面的信息。而并购方对目标企业信息的了解一般是从目标企业的年度报告、股价变动情况和财务报表等方面取得的。为了保证目标企业信息的真实性、全面性,并购方一般要求对目标企业进行评估、审计和法律鉴定,但即使如此,并购方所了解的信息仍是有限的。就股价而言,首先,企业股价的变动并不仅仅受目标企业效益的影响,还要受证券市场的供求关系等信息的影响,因此,上市公司的股价并不一定能反映企业的实际价值。其次,股价变动和上市公司效益变动保持一致是在有效市场情况下出现的,而有效市场只是一个假设。就企业的财务报表而言,首先,财务报表只能反映企业能以货币计量的有形资产,而对于企业的无形资产如管理、商誉等则难以在财务报表上反映出来(外购商誉除外)。其次,企业的财务报表是按历史成本原则编制的,但企业资产价格还受汇率和通货膨胀等因素的影响,从而导致企业账面价值也难以反映其实际价值。最后,为了正确了解目标企业的实际价值和真实信息,并购方一般要求对目标企业进行评估和审计,但由于评估目的不同、评估方法不同、评估所选用的参数和标准不同,因此评估结果也具有一定的不确定性。同时,并购方对目标企业的信息了解并不限于财务信息方面,还包括企业组织结构、产品结构、技术水平、发展潜力、市场前景等方面的信息。因此,企业并购双方在并购过程中的信息不对称使并购后的企业面临着潜在的风险。处置不当,可能直接影响到企业并购的实际效果。

(二)并购融资风险——"链身"

企业并购可以用自有资金完成,也可以通过股票、债券等融资。以自有资金进行并购虽然可以降低财务风险,但也可能造成机会损失,尤其是抽调本企业宝贵的流动资金用于并购,可能导致企业资金周转困难。并购所需资金数额一般较大,因此融资是一个不可避免的环节。融资安排是企业并购计划中非常重要的一环,在整个并购链条中处于非常重要的地位,融资安排、融资结构不当或前后不衔接都有可能产生财务风险,甚至可能导致并购失败。

1. 融资结构风险

企业并购所需的巨额资金很难以单一的融资方式加以解决。在多渠道筹集并购资金的情况下,企业还面临着融资结构风险。融资结构包括企业资本中债务资本与股权资本比例、债务资本中短期债务与长期债务比例等。要合理确定融资结构,一是遵循资本成本最小化原则,二是债务资本与股权资本要保持适当的比例,三是短期债务资本与长期债务资本合理搭配。20 世纪 80 年代,美国流行的杠杆并购在并购资金安排上,自有资本占10%,银行贷款占 50%~70%,发行垃圾债券占 20%~40%。这种并购方式虽然使小公司吞并大公司(所谓的"蛇吞象")成为现实,但是又使企业本身背上了沉重的债务包袱,一旦市场出现意外情况,企业并购的实际效果达不到应有的预期,将使企业自身陷入财务危机甚至破产。因此,在以债务资本为主的融资结构中,当并购后的实际效果达不到预期时,将可能产生利息支付风险和按期还本风险。在以股权资本为主的融资结构中,当并购后的实际效果达不到预期时,会使股东利益受损,从而为敌意收购者提供了机会。即使完全以自有资金支付收购价款,也存在一定的财务风险。在企业发展过程中,企业不但面临许多不确定性因素的影响,同时,也存在一些新的发展机会,当这些不确定因素和发展机会同时出现时,都需要一定的资金作支持,而企业重新融资是需要时间的,一旦企业的自有资金用于收购而重新融资又出现困难,不但造成机会成本增加,还会产生新的财务风险。

2.资金使用结构风险

企业并购所融资金一般用于三个方面:① 并购价格,指支付给目标企业股东的买价;② 并购费用,为完成并购交易所需支付的交易费用和中介费用;③ 增量投入成本,为启动目标企业的存量资源,发挥并购双方资源优势而支付的启动资金和输出管理、输出技术、输出品牌等无形资产支出以及其他配套投入成本。一般而言,买价和并购费用之和称为狭义的并购成本,它是为了完成并购交易所必须付出的代价;狭义的并购成本与增量投入成本之和称为广义的并购成本,它是为了取得并购后的生产经营收益所必须付出的代价。在企业并购资金的使用安排上,企业首先支付的是并购费用,这在并购成本中所占比例较小;其次是支付目标企业的买价,买价可一次性支付,也可分期支付。在分期支付的情况下,不但可以暂时缓解企业融资的压力,还可以在目标企业一旦出现不确定性因素造成损失使并购方难以承受的情况下,通过毁约以减轻损失的程度;最后是支付增量投入资金,尤其是生产经营急需的启动资金、下岗职工的安置费用等。企业并购所融资金的使用,不但在时间上要按照顺序保证三个方面的资金需要,而且要求在空间上作出合理的分配。因此,企业并购资金不但有量的要求,而且有使用结构的要求。任何方面的安排不当,都将影响到企业并购效果的实现。

财务风险在企业并购风险中处于非常重要的地位,小到支付困难,大到企业破产,都和财务安排不当有关。企业并购中较高的债务结构往往使收购方债务负担沉重,导致其在并购环节"成功"完成后,因没有相应的效益来支付本息而破产。

(三)并购整合风险——"链尾"

当并购交易完成后,并购企业将以并购双方的资源为基础展开庞大的重组和整合工程。并购后的重组和整合不但包括并购双方有形资源的重组,也包括并购双方无形资源的整合,如管理、人事、组织、市场、技术、财务、产品品牌甚至包括企业文化等。重组和整合工程其实是对并购双方资源的重新配置。并购双方人员素质的不同、组织管理方式不一以及企业文化的差异等,都会造成重组和整合的困难。首先,并购双方的资源具有互补性、关联性是重组的基本条件,只有对具有互补性、关联性的各种资源进行重组才能产生协同效应。其次,从技术层面来说,获得核心技术、开拓新的市场是并购的主要动因。如1987 年至 1989 年,日本并购美国高新技术企业达 120 家之多。高新技术在生产领域的运用可以降低产品成本,提高企业的竞争能力。通过并购取得目标企业的高新技术有两个内容:一是取得该技术的核心内容,二是取得掌握核心技术的人才。因此,企业并购尤其是在以取得核心技术为目的的混合并购方式下,必须明确该技术的领先程度以及市场前景,能否独家取得该技术的核心内容,能否留住掌握核心技术的人才,该技术和主并企业的生产资源重新配置后能否形成新的竞争优势。否则,所有的并购努力都将前功尽弃。

再次,并购之后首先面临的是企业规模的迅速扩大,但企业规模的扩大必然导致管理面扩大、管理链条加长。如果企业规模过于庞大而没有相应的组织系统作保证,管理水平跟不上,则会导致管理失控,不但不能抵御风险,还有可能带来新的风险。企业并购过程中的组织风险,正是由于企业组织系统设计不合理造成的。在并购之后,企业组织系统中的制约机制和激励机制如果设计不合理,可能使企业的实际并购效果大打折扣。对并购而言,如何设计一个既能灵活适应外部环境变化,又能符合本企业实际情况的组织系统,是保证并购决策正确实施的关键。最后,企业并购一般伴随着性质相同部门的合并、不合理部门的撤并以及并购双方决策、执行系统的统一等,因此,不可避免地面临着人事关系的调整和裁员。例如,"波音"和"麦道"合并后裁员 4.8 万人。企业并购是双方生产要素的重新组合,是并购双方有形资源和无形资源的再配置。企业内部的高级管理人员、高级技术人员作为企业最重要的生产要素,其价值是难以衡量的。恰当的人事安排、合理的职工安置计划、适当的激励措施,可以调动劳动者的积极性和创造性,稳定下岗员工的情绪,能够提高劳动生产率。一旦实际整合效果达不到员工对并购应有的预期,就会对并购后的企业产生抵触情绪,甚至会对并购双方的管理者产生敌意,可能直接导致并购的失败。因此,通过并购后的重组和整合,将并购双方的资源有机组合在一起则可以产生合力;而并购双方资源的随机组合则可能产生斥力,不但不能有效利用双方资源,反而造成资源的浪费。

并购内部风险构成了一条"风险链",并购风险沿着风险链无形传递,决策风险是并购风险发生的起始点,对融资风险和整合风险等其他运行风险具有一定的诱发作用,后续环节的风险受到前向环节的直接影响。但是目标企业评估、选择决策的成功只是整个并购目标实现的必要前提,并购能否最终成功的基础,必须依赖于并购每一个环节的成功,尤其是并购整合的成功。

第三节　资本运营风险的识别与计量

一、资本运营风险的识别方法和识别内容

资本运营风险是由多种不确定性因素引起的,同时,资本运营风险可能造成的后果也是不确定的。资本运营风险的识别是资本运营风险管理的前提。

(一) 资本运营风险的识别方法

资本运营风险的识别是指在资本运营风险管理过程中,确定可能导致资本运营风险的因素以及资本运营风险可能出现的环节。风险管理手段是针对某些特定风险因素和风险环节而采取的措施,如果识别不出风险产生的原因和可能发生的环节,就难以防范和化解资本运营风险。资本运营风险的识别是一项非常复杂的系统工程,这不仅因为资本运营风险具有潜在性、动态性、不确定性等特点,而且因为受资本运营人员的知识、经验以及预见能力的制约。

识别资本运营风险、判断风险对企业资本运营效果影响程度最有效的办法是利用统计或实证的方法。具有丰富资本运营经验的投资银行往往根据自身的实践和研究，自行设计出一套风险识别和评价体系。但是，资本运营者的知识不同、经验不同、实力不同以及所处的环境不同，对资本运营风险的看法也不相同，从而使资本运营风险的识别和评价带有较强的主观色彩。一般而言，并购风险的识别包括以下内容：

（1）可能产生并购风险的环节。包括并购战略确定环节、并购策略选择环节、并购计划制定环节、并购班子组建环节、评估审计环节、并购价格确定环节、并购谈判环节、合同签订环节、融资付款环节、移交接收环节以及并购后的重组整合环节等。

（2）可能引起并购风险的主观因素。包括并购人员的知识、经验、工作责任心以及对未来环境变化的预见和把握能力等。

（3）可能引起并购风险的客观因素。包括法律风险、地区风险、政策风险、行业风险、企业自身风险、目标企业风险、重组整合风险以及其他风险等。

（二）资本运营风险的识别内容——风险区间

在资本运营风险管理过程中，除了识别产生风险的因素与环节，还必须确定资本运营的风险区间。风险区间是指并购者风险承受能力的界限。风险区间设定一般包括以下主要内容：

1. 并购价格区间

并购价格是否合理对企业实际并购效果影响较大。并购价格的下限是无风险价格，这一价格是并购者通过调查，认为不会产生风险的价格，即使该价格仍可能存在一定的不合理因素，但价格的优势足以抵消可能存在的风险。并购价格的上限是风险价格，这一价格是并购者根据风险承受能力能够接受的最高价格，超过这一界限，并购者可能因为无利可图而放弃并购。

2. 投资回报率区间

投资回报率是并购效果的最终反映，从风险的角度评价投资回报率，必须在正常投资回报率的基础之上考虑风险的因素。投资回报率的下限是无风险回报率，这是并购者在并购过程中没有风险的回报率，或是风险影响较小而可以忽略不计的回报率。投资回报率的上限是风险回报率，这一界限是并购者能够承受的最低的回报率，超过这一界限，并购者要么无利可图，要么投资回报率低于并购的资本成本。

3. 并购时间区间

企业从并购开始到实现预期收益目标是需要时间的，时间越长，不确定性因素越多，风险越大。在战略性并购的情况下，企业还要承受暂时的收益下降甚至亏损的风险。因此，企业能够承受风险的时间是有限度的，需要设定最长能够承受的时间界限。

4. 并购投资额区间

企业并购的投资额是指并购成本，它不但包括并购价格，还包括并购费用和增量投入资金。企业可支配的资金是有限的，将有限资金用于企业并购必然会增加并购的机会成本以及难以应付不时之需。同时,并购风险的存在也促使并购者在有限资金的使用方面作出合理的安排,如通过一定的投资组合可以分散企业的总体风险,一旦并购行为失败,也不会影响企业全局的发展。并购投资额的上限是在没有并购风险或风险较小、可以承受情况下的最大投资额。并购投资额的下限是并购者能够承受的最高风险投资额。超过下限,企业可能放弃并购。

设定风险区间是将所有风险因素加以量化来识别风险的。风险区间设定因企业而异。风险区间设定是否合理取决于企业掌握的信息是否全面真实以及企业设定的并购目标是否切实可行;否则,也难以使企业并购风险控制在合理的范围之内。风险识别是并购风险管理的第一步。

二、资本运营风险的计量

资本运营风险计量是在对过去资本运营案例分析的基础上,应用概率和数理统计的方法对某一个或几个特定风险发生的概率以及风险发生后所造成的损失程度作出定量分析,然后预测出一个较为精确的定量结果。资本运营风险虽然是客观的,但仍有其存在的规律。一个事物的存在和发展并不是孤立的,它通常伴随着另一事物的存在和发展,两者的联系具有一定的规律性,因此,可以通过观察、建立模型进行分析,以一个事物的存在和发展去推断另一个事物的存在和发展。另外,风险的发生是随机的,其发生的时间、空间和损失程度具有不确定性,但就总体而言,风险的发生往往具有某种规律性。

影响资本运营风险的各个因素和资本运营收益呈现一定的函数关系。但由于资本运营行为的特殊性、风险因素的多样性、风险存在的潜在性,因此资本运营风险的计量具有一定的复杂性。同时,资本运营风险计量是对资本运营风险定量的判断,其定量标准也具有一定的主观性。因此,只有把握资本运营风险计量的特征,才不会使计量结果与实际资本运营效果发生大的偏差。并购风险计量一般有风险强度、风险分布和风险频率三种形式。

(一) 风险强度

风险强度是从风险可能给并购者带来最大损失的角度来衡量并购风险,用预期并购成本与预期并购收益的比例衡量。一般而言,比例越高,风险越大。当预期并购收益为零时,风险强度为1;当预期并购收益等于预期并购成本时,风险强度为0;当预期并购收益大于预期并购成本时,风险强度小于0。在最大风险出现的情况下,并购者将损失其全部投资。可以全部并购成本来计算总的风险强度,也可以某一环节、某一因素的成本计算某一环节、某一因素的风险强度。通过计算风险强度,确定可能导致的最大风险损失程度,进而针对风险强度较大的因素或环节采取风险防范措施。

(二) 风险分布

风险分布是从风险可能给并购者造成损失的最大可能性的角度来衡量并购风险。风险分布其实就是风险发生的概率。虽然并购者主观希望实现预期收益目标,但并购风险的存在又使预期收益变得不确定。所以并购者对某些具有一定规律性的风险,通过一定的分析和计算,确定其发生的概率,然后通过一定的方式加以化解。

(三) 风险频率

风险频率是从规定的时间内风险出现的次数的角度来衡量并购风险。出现的次数越多,风险越大。风险强度和风险分布是在没有时间限定的情况下衡量并购风险,即风险强度是在足够长的时间内,并购者可能遭受的最大损失;风险分布是在足够长的时间内出现损失的最大可能性。而风险频率则是在衡量风险过程中引入了时间因素,使并购风险计量更加全面、合理。并购者总是期望在尽可能短的时间内取得较大的并购收益,因此,在并购风险计量中引入时间因素便具有现实意义。

总之,正确计量风险有利于准确把握资本运营风险,从而有利于作出正确的资本运营决策。但资本运营风险的计量也有其自身的局限性。首先,风险分布是在占有大量资料的基础上,经过分析得出的结论,资料不充分必然难以得出正确的结论。其次,风险分布虽然具有一定的规律性,但只要出现一个强度较大或频率较高的风险因素,就足以使整个资本运营计划遭到失败。因此,风险的定量分析必须和风险的定性分析相结合,从而全面把握企业资本运营风险。

三、资本运营风险的一般评价模型

资本运营涉及的因素极其复杂,不可预知事项较多,例如,企业信息披露的非对称性,企业整体估价的困难性,产业前景预测的复杂性,并购与被并购企业文化的互斥性,并购过程中来自外界的干扰等,这些因素都会对企业并购成败产生决定性的影响。目前对于企业并购风险的评估仅停留在企业家个人的经验、知识、能力、阅历、直觉的基础上,对其风险的认识也只能处于初始阶段。识别企业并购风险,可以利用以下几个模型简单地对企业并购的风险进行分析。

$$\text{Model 1:} R = P(r < r_0)$$

式中,R 为企业并购风险概率;P 为概率;r 为企业并购的投资收益率;r_0 为企业并购前的投资收益率。这一模型来源于概率统计,认为企业并购同样是一种投资行为,要求企业通过并购来实现投资收益率的提高,并将投资收益率下降的可能性作为企业并购的风险。在企业并购的早期阶段,由于大多数企业采用定性分析方法,这种评价方法具有广泛的使用价值。

$$\text{Model 2:} R = P(a)$$

式中,R 为企业并购风险概率;a 为随机事件,这里表示企业并购行为失败。这一模型同样来源于概率统计,适合于有丰富实践经验、观察敏锐、善于捕捉时机的企业家,凭借主观经验与客观条件直接对并购风险作出判断。

$$\text{Model 3:} R = 1 - a_1 a_2$$

式中,R 为企业并购风险概率;a_1 为企业并购初期成功率;a_2 为企业并购磨合期成功率。这一模型考虑到企业并购两种不同时期的成功率,从并购风险的另一面——企业并购的成功率来考虑并购风险问题。从公式可以看出,要想降低企业并购风险,就要提高并购初期和并购磨合期两个时期的成功率,从而要求企业家从更长远的角度考虑并购风险问题。

$$Model\ 4: R = 1 - \beta_1(1 - \beta_2)$$

式中,R 为企业并购风险概率;β_1 为主并购企业支持率;β_2 为被并购企业反对率。这一模型考虑到企业并购的两种重要的比率,要想取得并购成功,离不开主、被并购企业双方的支持。主并购企业的支持率越高,且被并购企业的反对率越低,并购风险越低;相反,则企业并购的风险大。这就要求企业并购行为符合双方的利益。

$$Model\ 5: R = \sigma = \sqrt{\sum_{i=1}^{n}(r_i - \bar{r})^2 p_i}$$

式中,σ 为企业并购收益率的均方差或标准差;r_i 为企业并购在各种可能状态下的收益率;p_i 为企业并购在各种可能状态出现的概率。这一模型是基于方差法,把企业并购在各种状态下收益率的波动性作为并购风险的一种度量方法,并购收益率的标准差越大,并购风险越大;相反,并购风险越小。这就要求企业并购后,无论发生什么变化企业并购都会取得稳定的收益率。

$$Model\ 6: R = \frac{\sigma}{\mu} = \frac{\sigma}{\bar{r}}$$

式中,μ 为 Model 5 中企业并购收益率期望值,即企业并购收益率的均值,其他符号含义同上。这一模型的计算结果为相对指标,比 Model 5 更精确地反映企业并购收益率的不确定性,从而更清楚地表明并购的风险大小,该比率越大,表明企业并购风险越大;否则,风险小。

第四节　资本运营风险的管理

资本运营风险因素的分析、识别和计量是企业资本运营风险管理的基础,加强对资本运营风险管理,必须明确资本运营风险管理程序,识别、计量和评价资本运营风险,采取不同的风险管理的手段,降低企业资本运营的风险。

一、资本运营风险的管理程序

资本运营风险的管理程序是为了实现企业资本运营预期目标而采取的风险管理步骤。

(一)确定企业资本运营风险管理目标

资本运营风险管理目标是通过对资本运营风险的管理,防范和化解资本运营风险,尽量减少资本运营风险可能造成的损失,努力实现资本运营的预期目标。资本运营风险管理目标是根据资本运营双方的实际情况及其所处的外部环境,在全面分析企业资本运营环境及其变化可能引起的风险,以及采取一定的风险管理措施可能化解和减少的风险影响程度的基础上制定的。制定资本运营风险管理目标必须切合资本运营双方的实际情况并具有一定的预见性。风险管理目标过高将造成管理难度加大,风险管理目标过低则失去了风险管理的意义。

(二)全面评估资本运营风险

风险评估主要是确定资本运营风险可能出现的环节和可能引起资本运营风险的因素,以及这些环节和因素可能造成的损失程度,从而确定资本运营方能够承受的最大风险损失。资本运营风险的评估过程实际上是识别风险、计量风险、确定企业风险承受能力的过程。识别风险、计量风险是企业资本运营风险管理的前提。确定风险可能造成的影响是提出适当的风险管理措施的条件。而企业的风险承受能力则是根据资本运营方的规模与实力以及资本运营目标企业的规模、风险发生的可能性、风险可能造成的损失程度等因素综合衡量的结果。在风险承受能力范围之内的风险及损失,企业可以采取一定的措施加以补救或忽略不计,而一旦企业资本运营风险所造成的损失超出风险承受能力,企业可能陷入危机甚至破产。

(三)制定资本运营风险管理对策

风险对策是根据企业资本运营过程中已识别的风险及其强度提出的预防性建议。资本运营风险具有极大的不确定性,风险对策是为了消除和控制这种不确定性的发生、改变不确定性发生的时间、控制不确定性的影响范围以及减少不确定性可能造成的损失程度。风险对策必须具有针对性和可操作性。企业资本运营的风险管理不但要求从风险的角度评估资本运营计划的可行性、合理性,而且要针对可能出现的风险制定相应的风险对策。

(四)开展风险管理

风险管理是根据企业风险管理目标,对资本运营实施过程中可能或已经出现的风险因素和风险环节,采取相应的风险管理措施,以努力消除潜在的风险、化解已经出现的风险、减少风险所造成的损失程度。同时,资本运营风险是动态的,企业必须随着变化了的客观环境调整风险管理目标、重新评估风险、拟订新的风险管理对策,努力将资本运营风险控制在可以承受的范围之内。

二、资本运营风险的管理手段

资本运营风险管理手段是为了实现资本运营目标而采取的具体风险管理措施。在存在许多不确定性因素的企业资本运营环境中,企业资本运营目标能否实现取决于企业风险管理能力的强弱,取决于企业风险管理手段是否得当。当资本运营风险处于潜在阶段时,要采取一定的措施预防风险、控制风险的出现;当资本运营风险从潜在转化为现实时,要采取一定的措施化解风险、减轻风险造成的损失程度；当资本运营风险造成的损失超过预期时，要采取一定的措施加以挽救和处置。

企业资本运营风险管理手段主要有以下 6 种。

（一）风险规避

风险规避（或称风险回避）是指通过放弃整个资本运营活动或放弃其中的一些项目，以从根本上消除风险可能造成的损失。放弃资本运营虽然可以消除风险，但也同时消除了企业通过资本运营取得收益的可能性。在这种情况下，风险回避是没有任何意义的。但当企业的资本运营计划过于乐观，而在实际操作过程中发现潜在风险较大的情况下，风险回避仍不失为消除资本运营风险的较好选择。真正意义上的风险回避，并不是放弃整个资本运营活动，而是通过放弃其中对企业资本运营效果影响较大的一些不确定性因素，以实现风险回避的目的。如企业应收账款对资本运营价格影响较大，但在应收账款账龄过长、核实困难的情况下，可以将应收账款从资本运营价格中剔除出去、交由目标企业股东承担，以回避应收账款可能造成的价格风险。再如，当被资本运营目标企业非经营性资产较多而又存在剥离困难的情况下，资本运营方可以通过收购目标企业的一个车间或一个部门的方式，以回避非经营性资产较多而可能给资本运营后的企业造成的重组和整合困难。

（二）风险控制

风险控制是指对已经发生的风险，通过采取一定的措施以降低风险可能造成的损失程度。当资本运营风险从潜在转化为现实时，企业无法通过风险回避或风险转移的方式，全部消除资本运营风险造成的风险损失，只能通过采取一定的措施将风险可能造成的损失控制在一个适当的范围之内，以将该风险可能造成的损失减少到最低程度。如在采取分期付款支付资本运营价格的条件下，市场环境的变化使资本运营后的企业收益达不到预期，而且在未来若干年内达到预期的可能性不大。继续经营下去，企业要承受长期亏损的风险；中止合同，企业要承受违约风险。资本运营者就要在两者之间作出选择。如果长期经营亏损造成的损失大于违约损失（包括已支付的资本运营成本），资本运营者就可能采取违约的方式以减少损失程度。如果违约损失大于经营损失，企业还可以在违约风险与将目标企业转手出售的风险之间做出选择。资本运营后的目标企业能否出手、出手价格以及出手价格与违约损失的对比是决定选择何种方式的关键。在难以出手的情况下，资本运营方还要采取其他风险控制措施降低风险损失程度。风险控制是资本运营风险管理中较为常用的手段。

（三）风险隔离

风险隔离是指将某一可能的风险因素在时间上和空间上隔离起来，以减少这一风险可能造成的损失对整体资本运营效果的影响。风险隔离可以比较有效地控制风险，从总体上降低风险所造成的损失程度。例如,被资本运营的目标企业同时生产几种产品,产品关联程度不大,有的产品市场前景较好,有的产品市场前景一般,市场前景一般的产品可能是产生资本运营风险的主要因素。这时,可以将生产市场前景一般产品的生产要素从资本运营后的企业中独立出去,隔离为独立的企业法人,并对其采取专门的风险管理措施。一旦管理失败,该产品及其生产要素将随着被隔离的企业一起破产,从而避免对其他产品的影响,保证企业总体资本运营效果的顺利实现。

(四) 风险组合

风险组合是与风险隔离相对应的一种风险管理手段,即通过增加风险单位的数量,实行一定的风险组合以分散风险。在风险隔离的方式下,通过将某一已知因素可能造成的风险单独隔离起来,避免一个风险因素造成的损失影响整个企业。而在风险组合方式下,资本运营者并不知道何种风险因素可能会对企业全局造成何种影响以及影响程度的大小。风险过分集中可能使企业承受的总体风险有所增加,而不同的项目有不同的风险,因此,通过一定的风险组合将过于集中的各种风险因素加以分散,可以降低企业整体的风险水平,确保企业平稳发展。

(五) 风险固定

风险固定是指对于可能无法避免的风险,将可能发生风险的因素固定下来,以降低风险可能造成的损失程度。例如,在跨国资本运营中,以外币支付资本运营价格不可避免地会面临汇率变动的风险。为了防止可能产生的汇率风险,减少汇率变动可能造成的损失,资本运营方可以在资本运营合同签订日,通过国际外汇期货市场买入远期外汇合约,把汇率锁定下来。财产保险也是为了防止自然力风险因素的影响、减少自然力风险可能造成的损失而采取的风险固定措施。

(六) 风险转移

风险转移是对可能发生的风险采取一定的措施进行转移,以减少风险可能造成的损失。风险转移是通过对某一风险因素可能造成的损失在各承受者之间重新分配来转移风险。风险转移不能消除风险,但能减少某一承受者的风险损失。例如,在企业资本运营过程中,由于资本运营双方所掌握的信息不对称,资本运营方对被资本运营目标企业的或有项目如抵押、担保等难以全面核实和了解,因此,在签订资本运营合同时,资本运营方可以将这些或有项目可能引起的风险通过合同的形式明确下来,以分清双方的责任。这样,通过增加合同条款将风险可能引起的财务负担和法律责任一起转移。再如,企业资本运营交易完成后,资本运营方对目标企业追加投入的流动资金以及其他资金,有时是通过以目标企业的财产作抵押向银行贷款取得的。这种方式不但减轻了资本运营方的资金压力,增加了企业的融资能力,而且当被资本运营的目标企业出现风险时,可以将该风险造成的损失限定在目标企业,减轻资本运营方可能造成的损失。在杠杆资本运营的方式下,甚至资本运营方支付给目标企业股东的资本运营价格也是以目标企业的财产作抵押向银行贷款取得的,资本运营方仅支付少部分配套资金。一旦被资本运营企业出现财务风险可能破产时,可以促使资本运营双方和贷款银行共同采取措施以减少风险损失,因为资本运营成功与否是三者共同利益之所在。众多杠杆资本运营企业对管理层实行股票期权奖励计划也是股东为了转移部分风险而让出部分剩余索取权,以给目标管理层提供动力和增加压力。

企业资本运营风险管理手段只能对潜在风险和企业可以承受的现实风险发挥作用。一旦资本运营风险所造成损失超出企业的风险承受能力时,资本运营风险便转化为资本运营危机,危机发展到一定程度,可能导致资本运营失败。资本运营危机、资本运营失败是资本运营风险的极端表现形式,需要采取特殊的风险管理手段进行管理。在市场经济条件下,企业竞争力的强弱与其说取决于企业的获利能力,不如说取决于企业把握风险的能力。只有那些能够发现机会、把握机会,并在把握机会的同时,能够控制机会可能产生的风险的企业才能取得最终成功。

 本 章 小 结

1. 资本运营风险是指资本运营主体在资本运营过程中,外部环境的复杂性和变动性以及资本运营主体对环境的认知能力的有限性,而导致的资本运营未来收益值与期望值的偏差或变动程度,其具有客观性、可变性、可观测性等特征。

2. 一般来说,资本运营风险可分政策、体制、经济、社会文化、经营、技术、财务、行业和管理风险。以并购这种资本运营方式为例,其风险主要包括企业决策、融资、整合等内部风险以及税收及利率政策、法律风险等外部风险。

3. 为降低或者管理资本运营风险,首先要识别资本运营在不同环节的风险因素,确定风险区间,其次结合定性分析从风险强度、分布和频率的三维度计量资本运营风险,再次利用模型评价资本运营风险,最后采取不同的风险管理的手段,如风险规避、风险控制,加强资本运营风险管理,从而降低企业资本运营的风险。

 复习思考题

一、名词解释

风险强度;风险频率;风险规避;风险组合;风险隔离

二、单项选择题

1. 下列各项中,属于资本运营风险的基本特征的是(   )。

   A. 客观性   B. 多样性   C. 规律性   D. 以上都正确

2. 协议收购是指( )。

A. 并购双方态度好,以协商的方式达成收购协议的并购方式

B. 收购者直接向目标公司的全体股东发出公开要约,在一定时期内以特定的价格收购他们所持有的该公司全部或部分股份,以获得在该公司中的控股地位的行为

C. 目标公司同意收购公司提出的收购条件并承诺给予协助,所以双方通过协商来决定并购的具体安排,如收购方式、收购价格、人事安排、资产处置等

D. 生产同类产品,或生产工艺相近的企业之间的并购,实质上也是竞争对手或同行业之间的并购

3. ( )是指运用某种有偿方式将风险转移给资金雄厚的机构,从而改变风险承担主体。

A. 风险转移 B. 风险规避

C. 风险缓解 D. 风险自留

4. 下列选项中,用风险的分类进行风险管理的是( )。

A. 风险识别 B. 风险定性分析

C. 风险定量分析 D. 风险应对规划

5. 根据《证券法》的规定,投资者持有或者通过协议、其他安排与他人共同持有一个上市公司已发行的有表决权股份达到百分之五后,其所持该上市公司已发行的有表决权股份比例每增加或者减少( ),应当在该事实发生之日起 3 日内,向国务院证券监督管理机构、证券交易所作出书面报告,通知该上市公司,并予公告,在上述期限内不得再行买卖该上市公司的股票。

A. 1% B. 2% C. 3% D. 5%

三、多项选择题

1. 资本运营的宏观风险包括( )。

A. 经营风险 B. 社会风险 C. 政治风险 D. 经济风险

E. 管理风险

2. 企业并购失败风险主要发生在企业并购交易开始前可研阶段和并购完成后整合阶段,下列各项中,属于并购交易前对企业文化应该做的工作的有( )。

A. 对并购双方的企业文化进行调查研究和评估

B. 分析并购双方在国家文化和企业文化之间的差异

C. 研究双方文化相互融合的可行性

D. 进行研究项目的可行性报告

3. 风险管理的过程可划分为( )。

A. 风险识别 B. 风险衡量 C. 风险处理 D. 风险规避

E. 风险管理效果评价

4. 下列各项中,属于风险规划的主要工作内容的有(　　　　　　)。

    A. 决策者针对项目面对的形势选定行动方案

    B. 确定项目风险来源、风险产生的条件

    C. 选择适合于已选定行动路线的风险应对策略

    D. 对识别出来的风险进行定量分析

    E. 确定风险应对主体

5. 在风险评估过程中,应尽量避免出现的情形有(　　　　　　)。

    A. 对风险的含义或者定义缺乏明确或者共同的理解

    B. 没有把所有的利益相关者都包括在内

    C. 没有考虑或适度地侧重关键人员的席位

    D. 没有把定性分析与量化分析进行有机结合使用

四、简答题

1. 并购的外部风险包括哪些?

2. 资本运营风险管理手段有哪些?

3. 资本运营风险的特征有哪些?

4. 简述资本运营风险管理程序实施的步骤。

5. 如何理解企业并购风险链的概念?试举例说明。

6. 如何识别与计量资本运营风险?有哪些评价模型?

参考答案

第六章 资本运营的法规监管

 学 习 要 点

1. 我国境内《证券法》《公司法》和《上市公司收购管理办法》等相关法规；

2. 中国香港联合交易所主板市场与中国香港创业板市场、新加坡股票市场、美国证券交易市场上市相关规定和程序，以及我国境内公司申请到境外主板市场上市的有关规定；

3. 外商投资企业境内上市的相关法规监管和外资介入上市公司并购的相关法律法规。

第一节 我国境内企业并购的法规监管

我国境内企业并购监管法规体系主要由《证券法》《公司法》《上市公司收购管理办法》（以下简称《收购办法》）以及上市公司收购信息披露格式等规范性文件构成。

一、《证券法》及相关法律法规对企业并购的规定

《证券法》对企业并购的相关规定如下：

（1）发生可能对上市公司股票交易价格产生较大影响，而投资者尚未得知的重大事件时，上市公司应当立即将有关该重大事件的情况向国务院证券监督管理机构和证券交易所提交临时报告，并予公告，说明事件的实质。

（2）证券交易活动中，涉及公司的经营、财务或者对该公司证券的市场价格有重大影响的尚未公开的信息，为内幕信息。下列各项信息皆属内幕信息：①《证券法》所列重大事件；②公司分配股利或者增资的计划；③公司股权结构的重大变化；④上市公司收购的有关方案。

（3）通过证券交易所的证券交易，投资者持有一个上市公司已发行的股份的5%时，应当在该事实发生之日起3日内，向国务院证券监督管理机构、证券交易所作出书面报告，通知该上市公司，并予以公告；在上述规定的期限内，不得再行买卖上市公司的股票。投资者持有一个上市公司已发行的股份的5%后，通过证券交易所的证券交易，其所持该上市公司已发行的股份比例每增加或者减少5%，应当依照前款规定进行报告和公告。在报告期限内和做出报告、公告后3日内，不得再行买卖该上市公司的股票。

（4）通过证券交易所的证券交易，投资者持有一个上市公司已发行股份的30%时，并

继续进行收购的,应当依法向该上市公司所有股东发出收购要约。但经国务院证券监督管理机构免除发出要约的除外。

(5) 收购要约的期限不得少于 30 日,并不得超过 60 日。

(6) 在收购要约的有效期限内,收购人不得撤回其收购要约。在收购要约的有效期限内,收购人需要变更收购要约中事项的,必须事先向国务院证券监督管理机构及证券交易所提出报告,经获准后,予以公告。

(7) 收购要约中提出的各项收购条件,适用于被收购公司所有的股东。

(8) 收购期限届满,被收购公司股权分布不符合上市条件的,该上市公司的股票应当由证券交易所依法终止上市交易;其余仍持有被收购公司股票的股东,有权向收购人以收购要约的同等条件出售其股票,收购人应当收购。

(9) 收购行为完成后,被收购公司不再具有《公司法》规定的条件的,应当依法变更其企业形式。

(10) 采取要约收购方式的,收购人在收购要约期限内,不得采取要约规定以外的形式和超出要约的条件买卖被收购公司的股票。

(11) 采取协议收购方式的,收购人可以依照法律、行政法规的规定同被收购公司的股东以协议方式进行股权转让。以协议方式收购上市公司时,达成协议后,收购人必须在 3 日内将该收购协议向国务院证券监督管理机构及证券交易所作出书面报告,并予公告。在未作出公告前不得履行收购协议。

(12) 采取协议收购方式的,协议双方可以临时委托证券登记结算机构保管协议转让的股票,并将资金存放于指定的银行。

(13) 在上市公司收购中,收购人对所持有的被收购的上市公司的股票,在收购行为完成后的 18 个月内不得转让。

(14) 通过要约收购或者协议收购方式取得被收购公司股票并将该公司撤销的,属于公司合并,被撤销公司的原有股票,由收购人依法更换。

(15) 收购上市公司的行为结束后,收购人应当在 15 日内将收购情况报告国务院证券监督管理机构和证券交易所,并予公告。

二、《公司法》对企业并购的规定

(1) 有限责任公司股东向股东以外的人转让股权,应当经其他股东过半数同意。股东应就其股权转让事项书面通知其他股东征求同意,其他股东自接到书面通知之日起满30 日未答复的,视为同意转让。其他股东半数以上不同意转让的,不同意的股东应当购买该转让的股权;不购买的,视为同意转让。

经股东同意转让的股权,在同等条件下,其他股东有优先购买权。两个以上股东主张行使优先购买权的,协商确定各自的购买比例;协商不成的,按照转让时各自的出资比例行使优先购买权。

(2) 记名股票,由股东以背书方式或者法律、行政法规规定的其他方式转让;转让后由公司将受让人的姓名或者名称及住所记载于股东名册。

股东大会召开前 20 日内或者公司决定分配股利的基准日前 5 日内，不得进行前款规定的股东名册的变更登记。但是，法律对上市公司股东名册变更登记另有规定的，从其规定。

（3）无记名股票的转让，由股东将该股票交付给受让人后即发生转让的效力。

（4）发起人持有的本公司股份，自公司成立之日起 1 年内不得转让。公司公开发行股份前已发行的股份，自公司股票在证券交易所上市交易之日起 1 年内不得转让。公司董事、监事、高级管理人员应当向公司申报所持有的本公司的股份及其变动情况，在任职期间每年转让的股份不得超过其所持有本公司股份总数的 25％；所持本公司股份自公司股票上市交易之日起 1 年内不得转让。上述人员离职后半年内，不得转让其所持有的本公司股份。公司章程可以对公司董事、监事、高级管理人员转让其所持有的本公司股份作出其他限制性规定。

（5）公司不得收购本公司股份。但是，有下列情形之一的除外：

① 减少公司注册资本；

② 与持有本公司股份的其他公司合并；

③ 将股份用于员工持股计划或者股权激励；

④ 股东因对股东大会作出的公司合并、分立决议持异议，要求公司收购其股份的；

⑤ 将股份用于转换上市公司的可转换为股票的公司债券；

⑥ 上市公司为维护公司价值及股东权益所必需。

公司因前款第①项、第②项规定的情形收购本公司股份的，应当经股东大会决议；公司因前款第③项、第⑤项、第⑥项规定的情形收购本公司股份的，可以依照公司章程的规定或者股东大会的授权，经三分之二以上董事出席的董事会会议决议。

公司依照前款规定收购本公司股份后，属于第①项情形的，应当自收购之日起 10 日内注销；属于第②项、第④项情形的，应当在 6 个月内转让或者注销。属于第③项、第⑤项、第⑥项情形的，公司合计持有的本公司股份数不得超过本公司已发行股份总额的 10％，并应当在 3 年内转让或者注销。

（6）公司合并可以采取吸收合并或者新设合并。一个公司吸收其他公司为吸收合并，被吸收的公司解散。两个以上公司合并设立一个新的公司为新设合并，合并各方解散。公司合并，应当由合并各方签订合并协议，并编制资产负债表及财产清单。公司应当自做出合并决议之日起 10 日内通知债权人，并于 30 日内在报纸上公告。债权人自接到通知书之日起 30 日内，未接到通知书的自公告之日起 45 日内，可以要求公司清偿债务或者提供相应的担保。

（7）公司分立，其财产作相应的分割。公司分立，应当编制资产负债表及财产清单。公司应当自作出分立决议之日起 10 日内通知债权人，并于 30 日内在报纸上公告。公司分立前的债务由分立后的公司承担连带责任。但是，公司在分立前与债权人就债务清偿达成的书面协议另有约定的除外。

三、《上市公司收购管理办法》对企业并购的规定

（一）上市公司收购的当事人

上市公司收购是一项复杂的交易，牵涉到收购人、目标公司、目标公司股东、目标公司董事会等各方当事人。这些当事人在上市公司收购中所处的地位和所起的作用各不相同，其中处于主要地位的是收购人和目标公司股东。

收购人是指通过受让上市公司股份获得或者试图获得上市公司控制权的人，包括法人、自然人或者其他经济组织。在上市公司收购中，收购人承担信息披露、发出强制性收购要约等义务。但收购人往往通过某种安排和其他人一起购买目标公司股份，以规避这些义务。为防止出现该情形，一些国家和地区的上市公司收购制度大都引入了一致行动人的概念。综观一些国家和地区的有关规定，一致行动人是指通过某种安排，互相积极合作，通过其中任何人取得某公司股份以取得或巩固对公司的控制权的人。一致行动人的概念存在以下特点：存在行动的合意、取得一个目标公司的投票权、积极地进行合作、以获得或巩固对目标公司的控制权为目的。

被收购人是指上市公司收购所指向的目标，即被收购的上市公司。被收购人是一个比较笼统的概念，其内涵不是很明确。在我国《收购办法》中，对被收购人有三种表述，即被收购公司、被收购公司的股东和被收购公司的董事会，这种表述比较科学、合理。需要注意的是，无论是协议收购还是要约收购，交易标的虽然均为上市公司的股票，但收购人的交易对方为持有该等股票的股东，这属于两个不同层面的问题。此外，由于被收购公司、被收购公司的股东和被收购公司的董事会属于不同的民事主体，因此，从理论上讲，应当对他们各自的权利、义务和责任严格区分，不能加以混淆。

（二）上市公司收购的方式

综观一些国家和地区上市公司收购制度，上市公司收购的方式主要有要约收购和协议收购。由于协议收购往往是一对一进行的，存在公正、公平、公开以及有效监管的问题，因此有些国家和地区就排除了协议收购的合法性，只有证券市场发达，法律、监管机制完备的国家和地区，才允许对上市公司股份进行协议收购，如英国规定经证券管理部门批准，收购人可以进行协议收购。由于我国证券市场特殊的发展过程，我国《收购办法》也允许协议收购，如果协议收购股份比例达到了强制要约收购的比例，则收购人必须进行要约收购。

1. 要约收购

要约收购是指要约人通过向目标公司所有股东发出在要约期满后以一定价格购买其持有的股份的意思表示而进行的收购。收购人发出的收购要约具有以下特征：第一，是按照一定价格购买股份的意思表示。由于控制权本身具有价值，因此一般认为收购价格应该高于市场价格，换言之，收购人应当支付控制权溢价；第二，向目标公司所有股份持有

人发出要约;第三,除收购失败的约定以外,要约不得附有条件。

根据收购人是否自愿发出收购要约为标准,要约收购可以分为强制要约收购和主动要约收购。前者是指收购人已经持有目标公司股份达到一定比例并拟继续增持,或者从一定比例以下拟增持并超过该比例股份时,必须向目标公司全体股东发出购买其持有的股份的要约,以完成收购;后者是指收购人自主决定通过发出收购要约以增持目标公司股份而进行的收购。

根据要约收购的标的是不是目标公司股东持有的全部股份,要约收购可以分为全面要约收购和部分要约收购。前者是以目标公司全部股东持有的全部股份为标的的要约收购,后者是指以目标公司全部股东持有的全部股份的一部分为标的的要约收购。

强制要约收购是一个颇多争议的制度,采用的国家主要有法国、英国及其原属殖民地。支持该制度的观点认为,收购人在收购成功后可能会以其控股地位侵害少数股东利益,因此,有必要要求已获得控制权的收购人以不低于其为取得控股权所支付的价格向其余所有股东发出收购要约,为小股东提供退出机会。反对该制度的观点认为,首先,强制要约收购不过赋予受要约人全部出售其股份的机会,不能消除要约过程中小股东的受"压迫"问题。其次,强制要约制度会大大增加收购人的收购成本,减弱了证券市场优化资源配置的功能。在我国,《证券法》建立了强制要约收购制度,证监会颁布的《收购办法》对该制度进行了补充和完善,将触发强制要约收购义务的持股比例定在30%,规定收购人不论以何种方式从30%以下拟增持至30%以上,或者已持有30%而拟继续增持的,均应发出收购要约。

主动要约收购因其收购股份比例一般低于100%,因此各国在对待主动要约收购的态度上各不相同。如英国采取个案审批主义,《城市守则》规定,所有主动要约收购均应取得收购与兼并专门小组的同意;如果要约不会引致要约人持有目标公司30%以上投票权,该要约收购通常会获得同意。如果要约可引致收购人持有目标公司30%以上股份,则一般不能获得同意,这种情况下,一般要求进行强制要约收购。而美国等国家对此则采取法律许可主义,收购人可自由地进行要约收购,这些国家通常没有强制要约收购制度。我国《收购办法》确立的主动要约收购制度与世界上大部分国家都不同,即如果要约收购30%以下的股份,采取法律许可主义;当收购方预定收购的股份超过被收购公司已发行股份的30%,又只打算继续进行部分要约收购时,必须向中国证监会申请豁免强制要约收购。从这点看,这种情形则又采取个案审批主义。简而言之,我们认为,根据现行规定,收购人可以以主动要约的方法收购目标公司30%以下的股份,也可以以主动要约的方法向全部股东的全部股份发出要约。但是如果要以主动要约的方式向全部股东介于30%～100%的部分股份发出要约,则必须事先得到中国证监会的批准。

2. 协议收购

协议收购是指收购人在证券交易所之外,通过和目标公司股东协商一致达成协议,受让其持有股份而进行的上市公司收购。协议收购具有如下特点:第一,协议收购的主体具有特定性。协议收购的出让方为目标公司的特定股东,受让方为收购人。而要约收购方式和集中竞价交易方式的出让方都是不特定的。第二,协议收购以收购人和目标公司股东订立股权转让协议为形式要件。第三,协议收购的交易程序和法律规制相对简单,交易手续费低廉,可以迅速取得对目标公司的控制权。第四,协议收购方式可以和集中竞价交易方式同时使用,而要约收购只能单独运用。第五,虽然《收购办法》明文规定允许协议收购上市公司流通股,但在实践中协议收购的标的主要是上市公司的非流通股。缘由在于,我国上市公司的大部分股份都是非流通股,往往只有收购上市公司的非流通股才能达到控股目的,而且其收购成本远低于要约收购价。

《收购办法》还明确规定了协议收购流通股的相关程序,对《证券法》规定的协议收购的标的是否包括流通股作出了明确表述,体现了我国证券市场发展、监管与时俱进的精神。这些合理规定有必要通过《证券法》的修改,上升为法律。

（三）上市公司收购中的信息披露

上市公司收购信息披露制度的价值目标在于:保证收购各当事人处于一个公平竞争的环境,尤其是保障目标公司中小股东免受收购人在收购过程中类似突袭行为以及有关当事人内幕交易、操纵价格等行为的侵害。因此,上市公司收购信息披露制度是整个上市公司收购法律制度中的重点,也是监管机关对上市公司实施监管的有效手段。

和证券发行、交易信息披露制度的基本出发点相同,上市公司收购信息披露制度的目的也在于使投资者充分获得信息,避免因为证券市场信息不对称造成目标公司中小股东利益受损、操纵价格等现象发生。但是上市公司收购信息披露制度又具有不同于证券发行、交易信息披露制度的特点,其主要表现在以下两个方面:第一,信息披露义务人不限于发行人,上市公司收购人也承担信息披露义务;第二,在信息披露的具体制度上不仅要求收购人披露收购交易的详细内容,还要求收购人根据其持股情况逐步披露其持股情况,用以提醒目标公司股东上市公司收购的情况。

（四）上市公司收购的监管

《收购办法》中对于监管主体在上市公司收购中的定位是,证监会依法对上市公司收购活动实行监督管理;证券交易所和证券登记结算机构根据中国证监会赋予的职责及其业务规则,对上市公司收购活动实行日常监督管理;中国证监会可以设立由专业人士组成的专门委员会,就具体交易事项是否构成上市公司收购、当事人应当如何履行相关义务、具体交易事项是否影响被收购公司的持续上市地位以及其他相关实体、程序事宜提出意见。但是,依据上述法律法规对上市公司收购进行监管仍然存在以下问题:第一,上市公司收购监管中缺乏反垄断的内容。我国现行法律规范在上市公司收购的反垄断方面主要是 2022 年 8 月新修订实施的《中华人民共和国反垄断法》。该法第 38 条规定,对外资并购境内企业或者以其他方式参与经营者集中,涉及国家安全的,除依照法律规定进行经营者集中审查外,还应当按照国家有关规定进行国家安全审查。第二,证券交易所一线监管的效力还有待进一步加强。证券交易所对上市公司收购的监管主要体现在监督证券交易、对会员和上市公司进行监管以及管理和公布市场信息等三个方面。在实践层面,证券交易所的监管权限还有待明确。例如,在上市公司收购过程中涉及非上市公司或者上市公司的股东,证券交易所是否有权监管,如何监管,能采取什么样的监管行动。只有解决好此类具体问题,才能有效发挥证券交易所对上市公司收购活动的监管职能。

第二节 我国境内企业海外上市的法规监管

一、境外主要证券市场与上市规则

(一) 我国香港联合交易所(下称联交所)主板市场与香港创业板市场

1. 香港证券市场的介绍

(1) 香港主板市场(SEHK)。我国香港地区是通往我国内地的门户,与亚洲区内其他经济体系又有着密切的商贸联系,是这个经济高增长地区内的一个战略重地。这些年来,香港已发展为国际知名的金融中心,为许多亚洲企业以至跨国公司提供集资的机会。

香港金融交易品种繁多,其中,最为成熟和备受投资者关注的是香港证券市场。其中,主板市场和创业板市场成为香港交易所现货市场的两个交易平台。主板市场一般为规模较大,成立时间较长,也具备一定盈利记录的公司提供集资市场。创业板市场是1999年11月新设立的一个股票市场,旨在为不同行业及规模的增长型公司提供集资机会。

(2) 香港创业板市场(GEM)。一般来说,一些具有增长潜力的公司,尤其是那些具有良好的商业概念及增长潜力的新兴企业,在盈利和业务记录方面,可能不符合香港联合交易所主板市场的规定而不能获得上市地位,而创业板市场就是为了填补这一缺憾而设立的。

① 创业板为具增长潜力的企业提供集资渠道。创业板并不规定有关公司必定要有盈利记录才能上市。所以,具有增长潜力的企业也可以透过根基稳固的市场及监管基本设施来筹集资金,从而把握区内各种增长机会。除了本地和区内的企业外,国际的具有增长潜力的公司也可透过在创业板上市来加强本身在中国以至亚洲的业务,提高产品知名度。

② 创业板市场让投资者有更多投资于高增长、高风险业务的选择。对于具有增长潜力的公司(尤其没有盈利记录者)来说,日后表现的好坏存在着极大的不明朗因素。鉴于涉及的风险较大,创业板以专业投资者及充分掌握市场信息的投资者为对象。创业板的运作理念是"买者自负",一切风险概由投资者自行承担。

③ 创业板提供集资渠道之余,也提供了清晰的定位,其目的主要是促进香港以及区内高科技行业的发展。创业板欢迎各行各业中具有增长潜力的公司上市,规模大小均可。其中当以科技行业的公司最受吸引,因为其业务性质正好与创业板旗帜鲜明的增长主题不谋而合。透过提供集资渠道以及给予科技公司清晰的定位,创业板市场与香港特区政

府促进本地科技业务发展的举措将起到相辅相成的作用。

④ 创业板市场促进创业资金投资的发展。对创业资本家来说,创业板既是出售手上投资的渠道,也是进一步筹集资金的好地方,有助于创业资本家作出更多投资,也在更早阶段即作出投资决策,对行业发展有利。

2. GEM 和 SEHK 上市规则比较

(1)总则。总则中 GEM 与 SEHK 存在以下区别:

① 证券类别的区别。主板市场接受股本证券、债务证券、由第三者发行的衍生工具、单位信托基金和投资工具,创业板市场只接受股本证券及债务证券(包括期权、权证及可转换证券),不接受由第三者发行的衍生工具、单位信托基金或投资工具。主板接受债务证券上市,即使申请人或其母公司的股本证券没有在主板上市。创业板只会在下列情况下容许债务证券上市:发行人的股本证券已在或将会同时在创业板上市;债务证券发行人的母公司的股本证券已在或将会同时在创业板上市。

② 市场目的的区别。主板为较大型、基础较佳以及具有盈利记录的公司筹集资金;创业板为有主线业务的增长公司筹集资金,行业类别及公司规模不限。

③ 可接受的司法地区。主板可接受的司法地区有中国香港地区、百慕大、开曼群岛及中国内地,这些国家和地区的公司可作第一或第二上市,如属第二上市,按个别情况决定是否接受其他司法地区;创业板可接受的司法地区和国家有中国香港、百慕大、开曼群岛及中国内地。

(2)上市规定。GEM 与 SEHK 在公司上市规定方面的不同主要表现在盈利要求、营业记录和主营业务三个方面。

欲在主板上市的公司过往 3 年须合计 5 000 万港元盈利(最近 1 年须达 2 000 万港元,前两年合计须达 3 000 万港元),并且具备 3 年业务记录,对主营业务并无具体规定,但实际上,主营业务的盈利必须符合最低盈利的要求;创业板上市公司不设盈利要求,但须显示公司有两年的"活跃业务记录",另外必须只有一项主营业务而不能有两项或多项不相干的业务。不过,涉及主线业务的周边业务是容许的。

主板和创业板对有关营业记录规定的弹性处理和业务目标声明也不尽相同。对主板上市而言,联交所只对若干指定类别的公司(如基建公司或天然资源公司)放宽 3 年业务记录的要求,或在特殊情况下,具最少两年业务记录的公司也可放宽处理;对在创业板上市的公司,联交所只允许基建或天然资源公司或在特殊情况下公司的"活跃业务记录"少于两年;总资产或市值超过 5 亿港元的公司允许 1 年。对主板上市而言,业务目标声明并无有关具体规定,但申请人须列出一项有关未来计划及展望的概括说明,实际上联交所还要求发行人必须对其附属公司业务拥有控制权;而创业板上市公司,须载列申请人的整体业务目标,并解释公司如何计划于上市那一个财政年度的余下时间及其后两个财政年度内达至该等目标。此外,申请人的活跃业务可由申请人本身或其一家或多家附属公司经营。若活跃业务由一家或多家附属公司经营,申请人必须控制附属公司的董事会,并持有有关附属公司不少于 50% 的实际经济权益。

（3）上市后规定。GEM 与 SEHK 在公司上市后的规定也有不同。

主板上市规则规定，申请人上市后，将无须保留保荐人（H 股发行人须于上市后至少1 年内保留保荐人），3 年业务记录期间须由基本相同的管理层管理，控股股东不允许进行任何与申请人有竞争的业务。创业板上市规则则规定，申请人至少须于上市那一个财政年度的余下时间及其后两个完整财政年度聘任一名保荐人，该等保荐人（留任保荐人）只担任顾问的角色，除非联交所允许，否则申请人必须于活跃业务记录期间在基本上相同的管理层及拥有权下营运，只要在上市时持续地做出全面披露，董事、控股股东、主要股东及管理层股东均可进行与申请人有竞争的业务，主要股东则不需要作持续全面披露。

至于最低市值，主板股票上市时市值须达 5 亿港元，期权、权证或类似权利上市时市值须达 1 000 万港元，创业板上市股票无具体规定，但实际上在上市时不能少于 4 600 万港元，期权、权证或类似权利上市时市值须达 600 万港元；至于最低公众持股量，主板为股票 5 000 万港元或已发行股本的 25%（比较高者为准）。如发行人的市值超过 100 亿港元，则占已发行股本的百分比可降至 15%。上述最低公众持股量的规定在任何时候均须符合期权、权证或类似权利须占已发行权证数 25% 的规定；创业板股票市值为 3 000 万港元以上或占已发行股本的 25%，总市值 40 亿港元以上公司，市值 10 亿港元以上或发行股本的 20% 期权、权证或类似权利，须占发行权证数量的 20%～25%（视上市时的市场需求而定）。

3. 联交所主板上市事宜

证券在联交所主板上市主要受由联交所执行的《香港联合交易所有限公司证券上市规则》（以下简称《证券上市规则》）所监管。在证券及期货事务监察委员会（证监会）的监督下，联交所负责所有上市事务的日常行政管理工作。

以下概述证券在联交所主板上市的基本要求及其他有关事宜。详情请参阅《证券上市规则》和有关规定。

（1）证券上市的一般原则。联交所对证券上市的监管目的在维持投资者对市场的信心，基本原则如下：

① 申请人适宜上市。

② 证券的发行及销售是以公平及有秩序的形式进行，而可能投资的人士可获得足够资料，从而对发行人做出全面的评估。

③ 上市发行人必须向投资者及公众人士提供足够资料，而可合理相信会对上市证券的买卖活动及价格有重大影响的任何资料，必须实时并广泛地公布。

④ 上市证券的所有持有人均受到公平及平等对待。

⑤ 上市发行人的董事在整体上本着股东利益行事，尤其当公众人士属少数股东时。

（2）股本证券上市的基本条件。下列为股本证券上市必须符合的主要先决条件：

① 发行人及其业务必须为联交所认为适宜上市者。资产全部或大部分为现金或为短期证券的发行人或集团（投资公司除外）一般不会视为适宜上市。

② 发行人或其集团必须在相若的管理层管理下，具备一般不少于 3 个财政年度的营

业记录。在该段期间,最近 1 年的股东应占溢利不得少于 2 000 万港元;及其前两年累计的股东应占溢利不得低于 3 000 万港元。

③ 新申请人上市时的预计市值不得少于 1 亿港元,而为公众人士所持有的证券的预计市值不得少于 5 000 万港元。

④ 为确保上市证券有一公开市场。

⑤ 任何类别的上市证券一般必须有 25％为公众人士所持有。若发行人的预计市值超逾 40 亿港元,公众人士所持有的比率可降低至 10％～25％。

⑥ 如为新类别的证券上市,每发行 100 万港元的证券一般须有不少于 3 名的持有人,而持有人数目最少为 100 名。

⑦ 新申请人必须作出一切所需安排,使其证券符合香港结算公司定下的资格,在中央结算系统寄存、交收及结算。

⑧ 联交所一般将不会考虑公司于上市后 3 年内分拆上市的申请,将公司现有集团的全部或部分资产或业务在联交所或其他地方分拆作独立上市。

⑨ 对基建工程公司或对矿务公司的特别上市要求及对海外发行人或对中国注册发行人(H 股发行人)上市的附加要求,详情请参阅《证券上市规则》。

(3) 债务证券的上市资格。除了由国家机构及超国家机构发行的债务证券,即国家机构及超国家机构以外的发行人所有债务证券若申请上市必须符合下列基本条件:

① 发行人及(如属担保发行人)担保人两者各须根据其注册或成立地方的法例正式注册或成立,并必须遵守该等法例及其公司章程大纲及细则或同等文件的规定。

② 如发行人为一家香港公司,则不得属《香港公司条例》内所指的私人公司。

③ 如发行人或(如属担保发行)担保人的股份并未上市,则发行人或(如属担保发行)担保人必须拥有最少 1 亿港元的股东资金总额,而每类寻求上市的债务证券的面值最少须为 5 000 万港元,或联交所不时指定的其他数额。

④ 寻求上市的债务证券必须可自由转让。

下列条件则适用于非选择性销售的债务证券:① 如发行人或(如属担保发行)担保人的股份并未上市,则两者及其有关业务,必须被联交所认为适宜上市;② 新申请人或(如属担保发行)担保人必须已根据其国家法例编制包括申请上市前三个财政年度的经审核账目。

若债务证券属选择性销售,而发行人为一新申请人,则发行人或(如属担保发行)担保人必须已根据其国家法例编制包括申请上市前两个财政年度的经审核账目。

至于由政府机构及超政府机构发行的债务证券,上市的基本条件为:① 每类寻求上市的债务证券的面值最少须为 5 000 万港元,或联交所不时指定的其他数额;② 债务证券的增设及发行均必须获得有关方面的正式批准;③ 若由政府机构及超政府机构发行的债务证券为非选择性销售,债务证券在上市后必须可以自由转让。

4. 联交所主板上市申请程序

联交所主板上市申请程序如表 6-1 所示。

表 6-1 联交所主板上市申请程序

日　数	程　　序	要　　求
H-25	向联交所上市科缴付费用、申请排期	缴交首次上市费的全数，H-25 作上市排期申请； 较完备的招股章程草稿及上市时间表初稿； 所要求的营业记录期间，首两年的经审计账目副本； 有关发行人于上市后的关联交易建议的书面陈述
H-20	文件提交（第一部分）	所要求的营业记录尚余期间的账目及账目调整表草稿； 公司章程大纲及细则及备忘录或同等文件的初稿； 发行人与各董事/高级管理人员/监事之间，以及发行人与其保荐人之间的合约初稿（只适用于 H 股）
H-15	文件提交（第二部分）	盈利预测的备忘录初稿； 董事/监事者正式签署按附录五 B/H/I 表格形式填写的有关其他任何业务的正式声明及承诺书
H-10	文件提交（第三部分）	《香港公司条例》规定的附件文件提交； 正式上市通告的初稿； 认购证券的申请表格初稿； 证券的所有权文件或证书的初稿； 有关发行人正式注册成立及其法人地位问题的法律意见书副本（只适用于 H 股）
H-4	正式上市申请	包括正式签署的《上市协议》在内的有关文件的最后定稿
	上市科推荐或拒绝申请	拒绝，可选择提交上市委员会复核
H-5	上市委员会聆讯	
	批准	依据《香港公司条例》将招股章程注册； 向联交所提交所需的正式文件
	发行招股书及上市通告	
	证券开始买卖	营业日（即联交所开市进行证券买卖的日子）

（二）新加坡股票市场

1. 新加坡交易所简介

新加坡证券交易所（以下简称新交所）成立于 1973 年 6 月 4 日。1999 年 12 月 1 日与新加坡国际金融交易所合并成立了新加坡交易所（SGX）。2000 年 6 月 1 日，美国证券所与新加坡证券所签下备忘录，让新加坡证券所顺理成章地交易美国证券投资基金。2000年 7 月 1 日，为了使市场更加活跃，新交所开放门户，接受证券商营业执照申请，吸引世界各大证券商及金融机构到新加坡开办证券行。

2. 新交所上市标准

新交所上市标准如表 6-2 所示。

表 6－2 新交所上市标准

项 目	标 准 一	标 准 二	标 准 三
税前利润	过去3年总和750万新元，且每年至少100万新元	过去1或2年总和1 000万新元	无
市 值	无	无	上市时8 000万新元（以上市时发行价计算）
股权分布	25％股份由至少1 000名股东持有（如果市值超过新币3亿元，可酌减至最低10％）		
营业记录	3年	无	无
管理层的连贯性	3年	1或2年，依据不同情况而定	无
会计标准	新加坡、美国一般或国际公认会计原则		
持续上市的义务	有	有	有
	如果同时在一个国际认可的证券交易所上市，不需要遵守持续的上市义务		

3. 新交所上市程序

（1）聘用。公司需指定一个在新加坡的金融机构担当保荐人和主理银行，一般情况下当某银行愿意成为主理银行，成功上市的把握会大大增加。

（2）筹备、验证。主理银行就新交所上市要求给予建议并帮助准备上市：① 确定上市目标；② 解决主要的税务及重组课题；③ 拟订时间表；④ 提名及成立简报和工作小组；⑤ 准备招股说明书；⑥ 全面审核及财务稽核。

（3）送件、报批。主理银行代表公司将上市申请书递交给新交所并负责与新交所接洽：

① 提交申请并与公司和其他专业人士回答新交所的询问。

② 如申请资料大致齐全，新交所会在4～5周内批准申请。

③ 复杂个案，可能需较长时间。

（4）售股准备。包括以下内容：

① 研究公司的市场定位，作为宣传的参考。

② 规划并实施上市路演。

③ 邀请公司拜访具影响力的投资者。

④ 根据投资者的反馈及市场资讯，主理银行与公司决定发行价并签订承销协议。

⑤ 将招股书呈交给公司注册局。

上述五个步骤约需2～3周。

（5）公开认购。包括以下内容：

① 5个工作日供公众认购。

② 在认购后进行抽签和分配股票。

③ 在认购截止两天后,公司股票正式上市。

(三) 美国证券交易市场

1. 纽约证券交易所

纽约证券交易所(The New York Stock Exchange,NYSE)是目前世界上规模最大的有价证券交易市场,是美国全国性的证券交易所中规模最大、最具代表性的证券交易所,也是世界上规模最大、组织最健全、设备最完善、管理最严密、对世界经济有着重大影响的证券交易所。

(1) 纽约证交所对美国国内公司上市的条件要求,包括以下 5 项:

① 公司最近 1 年的税前盈利不少于 250 万美元。

② 社会公众拥有该公司的股票不少于 110 万股。

③ 公司至少有 2 000 名投资者,每个投资者拥有 100 股以上的股票。

④ 普通股的发行额按市场价格例算不少于 4 000 万美元。

⑤ 公司的有形资产净值不少于 4 000 万美元。

(2) 纽约证交所对美国国外公司上市的条件要求。作为世界性的证券交易场所,纽约证交所也接受外国公司挂牌上市,上市条件较美国国内公司更为严格,主要包括 7 个方面:

① 社会公众持有的股票数目不少于 250 万股。

② 有 100 股以上的股东人数不少于 5 000 名。

③ 公司的股票市值不少于 1 亿美元。

④ 公司必须在最近 3 个财政年度里连续盈利,且在最后 1 年不少于 250 万美元,前两年每年不少于 200 万美元或在最后一年不少于 450 万美元,3 年累计不少于 650 万美元。

⑤ 公司的有形资产净值不少于 1 亿美元。

⑥ 对公司的管理和操作方面的多项要求。

⑦ 其他有关因素,如公司所属行业的相对稳定性,公司在该行业中的地位,公司产品的市场情况,公司的前景,公众对公司股票的兴趣等。

2. 美国证券交易所

除了纽约证券交易所之外,美国证券交易所(American Stock Exchange,AMEX)过去曾是全美国第二大证券交易所,它跟纽约证券交易所一样,坐落于纽约的华尔街附近,现为美国第三大股票交易所。

美国证券交易所的营业模式大致和纽约证券交易所一样。不同的是,在那里上市的公司偏重于中小企业。因此,一般在美国证券交易所上市的股票价格较低,交易量也较小。

若有公司想要到美国证券交易所挂牌上市,需具备以下几项条件:

(1) 最少要有 500 000 股的股数在市面上为大众所拥有。

(2) 市值最少要在美金 3 000 000 元以上。

(3) 最少要有 800 名股东(每名股东需拥有 100 股以上)。

（4）上个会计年度需有最低 750 000 美元的税前所得。

在 NASDAQ 交易所尚未设立时，一些美国大企业在公司创立之初，由于资本额尚小，加上公司名气不彰，因此选择在此类上市条件较宽松的地区上市股票，以便募集资金进行企业扩张。例如，艾克森石油公司（Exxon Corporation）、通用汽车公司（General Motors Corporation）以前都在这里养精蓄锐，等到公司真正达到一定规模后再到最大的纽约证交所上市，所以美国证交所也可称得上是明星股的酝酿所。

3. 美国纳斯达克证券交易所

（1）纳斯达克证券市场（NASDAQ）简介。NASDAQ 由全美证券交易商协会（NASD）创立并负责管理。它是 1971 年在华盛顿建立的全球第一个电子交易市场。

纳斯达克实际上并非平常意义上的二板市场。由于吸纳了众多著名的高科技企业，而这些高科技企业又成长迅速，因此，纳斯达克给人一种扶持创业企业的印象。建立纳斯达克的初衷在于规范美国大规模的场外交易，所以纳斯达克一直被作为纽约证券交易所的辅助和补充。先进而庞大的电子信息技术已经使纳斯达克成为世界上最大的无形交易市场。

纳斯达克共有两个板块：全国市场（national market）和 1992 年建立的小型资本市场（small cap market）。纳斯达克成立之初的目标定位在中小企业，但因为上市企业的规模越来越大，所以纳斯达克分成了"主板市场"和"中小企业市场"两部分。

纳斯达克拥有自己的做市商（market maker）制度，它们是一些独立的股票交易商，为投资者承担某一只股票的买进和卖出。这一制度安排对于那些市值较低、交易次数较少的股票尤为重要。这些做市商由 NASD 的会员担任，这与 TSE 的保荐人构成方式是一致的。每一只在纳斯达克上市的股票，至少要有两个以上的做市商为其股票报价，一些规模较大、交易较为活跃的股票的做市商往往能达到 40～45 家。这些做市商包括美林、高盛、所罗门兄弟等世界顶尖级的投资银行。NASDAQ 试图通过这种做市商制度使上市公司的股票能够在最优的价位成交，同时又能保障投资者的利益。

纳斯达克在市场操作技术方面也有很强的实力，它采用高效的"电子交易系统"（ECNS），在全世界共装置了 50 万台计算机终端，向世界各个角落的交易商、基金经理和经纪人传送 5 000 多种证券的全面报价和最新交易信息。由于采用电脑化交易系统，纳斯达克的管理与运作成本低、效率高，增加了市场的公开性、流动性与有效性。相比之下，在纳斯达克上市的要求是最严格而且复杂的，同时由于它的流动性很大，在该市场上市所需进行的准备工作也最为繁杂。

（2）NASDAQ 上市条件：

① 超过 400 万美元的净资产额。

② 股票总市值最少要有美金 100 万元以上。

③ 需有 300 名以上的股东。

④ 上个会计年度最低为 75 万美元的税前所得。

⑤ 每年的年度财务报表必须提交给证管会与公司股东们参考。

⑥ 最少须有 3 位做市商参与此案(每位登记在案的做市商须在正常的买价与卖价之下有能力买或卖 100 股以上的股票,并且必须在每笔成交后的 90 秒内将所有的成交价及交易量回报给美国证券商同业公会全美证券交易商协会)。

(3) NASDAQ 对非美国公司提供可选择的上市标准。主要有两种上市标准:

选择一:财务状况方面要求有形净资产不少于 400 万美元;最近 1 年(或最近 3 年中的两年)税前盈利不少于 70 万美元,税后利润不少于 40 万美元,流通股市值不少于 300 万美元,公众股东持股量在 100 万股以上,或者在 50 万股以上且平均日交易量在 2 000 股以上,但美国股东不少于 400 人,股价不低于 5 美元。

选择二:有形净资产不少于 1 200 万美元,公众股东持股价值不少于 1 500 万美元,持股量不少于 100 万股,美国股东不少于 400 人;税前利润方面则无统一要求;此外,公司须有不少于 3 年的营业记录,且股价不低于 3 美元。

二、我国境内企业申请到境外主板市场上市的有关规定

(一) 企业申请境外上市的条件

(1) 符合我国有关境外上市的法律、法规和规则。

(2) 筹资用途符合国家产业政策、利用外资政策及国家有关固定资产投资立项的规定。

(3) 净资产不少于 4 亿元人民币,过去 1 年税后利润不少于 6 000 万元人民币,并有增长潜力,按合理预期市盈率计算,筹资额不少于 5 000 万美元。

(4) 具有规范的法人治理结构及较完善的内部管理制度,有较稳定的高级管理层及较高的管理水平。

(5) 上市后分红派息有可靠的外汇来源,符合国家外汇管理的有关规定。

(6) 证监会规定的其他条件。

(二) 企业申请境外上市须报送的文件

(1) 申请报告。内容应包括:公司演变及业务概况,重组方案与股本结构,符合境外上市条件的说明,经营业绩与财务状况(最近 3 个会计年度的财务报表、本年度税后利润预测及依据),筹资用途。申请报告须经全体董事或全体筹委会成员签字,公司或主要发起人单位盖章。同时,填写境外上市申报简表。

(2) 所在地省级人民政府或国务院有关部门同意公司境外上市的文件。

(3) 境外投资银行对公司发行上市的分析推荐报告。

(4) 公司审批机关对设立股份公司和转为境外募集公司的批复。

(5) 公司股东大会关于境外募集股份及上市的决议。

(6) 国有资产管理部门对资产评估的确认文件、国有股权管理的批复。

(7) 国土资源管理部门对土地使用权评估确认文件、土地使用权处置方案的批复。

(8) 公司章程。

（9）招股说明书。

（10）重组协议、服务协议及其他关联交易协议。

（11）法律意见书。

（12）审计报告、资产评估报告及盈利预测报告。

（13）发行上市方案。

（14）证监会要求的其他文件。

（三）申请及批准程序

（1）公司向境外证券监管机构或交易所提出发行上市初步申请。

（2）证监会就有关申请是否符合国家产业政策、利用外资政策以及有关固定资产投资立项规定会商国家发改委和商务部。

（3）经初步审核，证监会发行监管部函告公司是否同意受理其境外上市申请。

（4）公司在确定中介机构之前，应将拟选中介机构名单书面报证监会备案。

（5）公司在向境外证券监管机构或交易所提交的发行上市初步申请 5 个工作日前，应将初步申请的内容（如向香港联交所提交 A1 表）报证监会备案。

（6）公司向境外证券监管机构或交易所提出发行上市正式申请。

第三节　境内外资企业资本运营的法规监管

一、外商投资企业境内上市的法规监管

随着中国加入 WTO，有意在中国境内的 A 股或 B 股上市的外商投资企业都已跃跃欲试。中国对外贸易经济合作部（现商务部）和中国证券监督管理委员会于 2001 年 11 月 8 日联合发布了《关于上市公司涉及外商投资有关问题的若干意见》，明确规定允许外商投资企业申请上市发行 A 股或 B 股。

（一）外商投资企业转换成外商投资股份有限公司

外商在中国已设立的中外合资企业、中外合作企业和外商独资企业（简称"外商投资企业"）若要申请上市，首先必须将外商投资企业申请转变为外商投资股份有限公司，其基本条件是：有关的外商投资企业须有最近 3 年的盈利记录，由原外商投资企业的投资者作为发起人或与其他发起人（至少有 5 个发起人）签订设立外商投资股份有限公司的协议、章程，报原外商投资企业所在地的审批机关初审同意后转报对外贸易经济合作部（现商务部）审批。

（二）外商投资股份有限公司的设立

根据《暂行规定》，设立外商投资股份有限公司至少须有 5 个发起人，且其中至少有 1

个发起人为外国股东,可采取发起方式或募集方式设立;公司注册资本至少为 3 000 万元人民币,其中外国股东持股须不低于公司注册资本的 25%。发起人须将有关设立公司的申请书、可行性研究报告、资产评估报告,甚至招股说明书(仅适用于募集方式)等文件,提交有关省、自治区、直辖市及计划单列市的主管部门和中国对外贸易经济合作部(现商务部)审查和核准,并签订设立公司的协议、章程报省、自治区、直辖市外经贸部门审查后,转报中国对外贸易经济合作部(现商务部)审批。

(三) 外商投资股份有限公司上市条件

现已设立的外商投资股份有限公司申请上市发行 A 股或 B 股,须获得中国对外贸易经济合作部(现商务部)书面同意和中国证监会的批准,并符合下列条件:

(1) 进行改组以符合上市公司的一般条件,包括:① 公司股本总额不少于人民币 5 000 万元;② 公司成立时间须在 3 年以上,最近 3 年连续盈利;③ 持有股票面值达人民币 1 000 元以上的股东人数不少于 1 000 人,向社会公开发行的股份不少于公司股份总数的 25%;若公司股本总额超过 4 亿元的,其向社会公开发行股份的比例不少于 15%;④ 公司在最近 3 年内无重大违法行为,财务会计报告无虚假记载;⑤ 上市公司法规要求的其他条件。

(2) 申请上市前 3 年均已通过外商投资企业联合年检。

(3) 申请上市与上市后的外商投资股份有限公司应符合外商投资产业政策。

(4) 上市发行股票后,其外资股比例应不低于总股本的 10%。

(5) 按规定需由中方控股(包括相对控股)或对中方持股比例有特殊规定的外商投资股份有限公司,上市后应按有关规定的要求继续保持中方控股地位或持股比例。

(6) 外商投资股份有限公司首次发行股票后,其增发股票及配股,除需符合上述条件外,还需符合增发股票和配股的有关规定。

(四) 25% 的界限

外商投资股份有限公司境内上市发行股票后,外资比例低于总股本 25% 的,或外商投资企业受让上市公司的非流通股导致上市公司外资比例低于总股本 25% 的,应缴回外商投资企业批准证书,并按规定办理有关变更手续,不再享受外商投资企业的待遇。

(五) 发起人转让股份的限制

《暂行规定》第 8 条规定:外商投资股份有限公司的发起人,在公司设立登记 3 年并经公司原审批机关批准后,方可转让其股份。《公司法》第 141 条也规定,发起人持有的上市公司的股份,自公司成立之日起 1 年内不得转让。此外,上市公司的董事、监事、高级管理人员在其任职期内每年转让的股份不得超过其所持有本公司股份总数的 25%;所持本公司股份自公司股票上市交易之日起 1 年内不得转让。这类限制无疑还会影响外商尤其是外国风险投资者通常所关心的可迅速退出其所投资企业的渠道。

（六）上市辅导期

中国证监会 2000 年 3 月 16 日发布的《股票发行上市辅导工作暂行办法》规定，拟公开发行股票（A、B 股）的股份有限公司在向中国证监会提出股票发行申请前，均须具有主承销资格的证券公司辅导，辅导期限为 1 年，辅导有效期为 3 年。

二、外资介入上市公司并购的法规监管

所谓外资介入上市公司并购，是指境外投资者采用各种有效方式，直接或间接兼并、合并或收购在我国境内公开发行股票的上市公司。

（一）外资介入上市公司并购的现行法律

1. 1999 年以前的有关规定

1995 年 9 月，国务院办公厅转发了《国务院证券委员会关于暂停上市公司国家股和法人股转让给外商请示的通知》（48 号文），规定在国家有关上市公司国家股和法人股管理办法颁布之前，任何单位一律不准向外商转让上市公司的国家股和法人股。这是我国首次正式对外资并购的有关问题做出专门规定，外资并购因此进入长达 6 年的低潮期。尽管 1999 年的《证券法》专章规定了上市公司收购内容，1999 年 8 月经贸委（现商务部）颁布的《外商收购国有企业的暂行规定》也明确规定外商可以参与购并国有企业，但是 48 号文的限制并未解除。

2. 2000—2001 年的有关规定

2001 年 11 月 5 日，外经贸合作部和证监会联合颁布了《关于上市公司涉及外商投资有关问题的若干意见》，允许外资非投资性公司如产业资本、商业资本通过受让非流通股的形式收购国内上市公司股权。中国人民银行、财政部等有关部门也相继发布了《关于外商投资企业合并与分立的决定》《金融资产管理公司吸收外资参与资产重组和处置的暂行规定》《指导外商投资方向规定》《外商投资产业指导目录》《外资参股证券公司的设立规则》和《外资参股基金管理公司的设立规则》等一系列法规规章。这些规定对规范外资间接并购上市公司具有重要意义。不过由于 48 号文的影响，外资并购尚未全面开放。

3. 2002 年以后的有关规定

2002 年 10 月，证监会颁布《收购办法》。由于在收购主体和收购方式上没有特别限制，该办法被认为已搭建起外资并购上市公司的程序框架；11 月，证监会、财政部和经贸委（现商务部）联合发布《通知》，允许外资以支付自由兑换货币和参与公开竞价的方式受让国有股、法人股，并规定了相对严格的产业政策、国有股权和外汇管理等方面的审批程序。这一通知被广泛认为是向外资开放上市公司并购市场的正式宣言。

2005 年 12 月 31 日，商务部、证监会、国家税务总局、国家工商总局、国家外汇管理局联合发布《外国投资者对上市公司战略投资管理办法》，目的是规范股权分置改革后外国投资者对 A 股上市公司进行战略投资，维护证券市场秩序，引进境外先进管理经验、技术

和资金,改善上市公司治理结构,保护上市公司和股东的合法权益。该办法适用于外国投资者(以下简称投资者)对已完成股权分置改革的上市公司和股权分置改革后新上市公司通过具有一定规模的中长期战略性并购投资(以下简称战略投资),取得该公司 A 股股份的行为。

投资者进行战略投资应符合以下要求:

(1)以协议转让、上市公司定向发行新股方式以及国家法律法规规定的其他方式取得上市公司 A 股股份。

(2)投资可分期进行,首次投资完成后取得的股份比例不低于该公司已发行股份的 10%,但特殊行业有特别规定或经相关主管部门批准的除外。

(3)取得的上市公司 A 股股份 3 年内不得转让。

(4)法律法规对外商投资持股比例有明确规定的行业,投资者持有上述行业股份比例应符合相关规定;属法律法规禁止外商投资的领域,投资者不得对上述领域的上市公司进行投资。

(5)涉及上市公司国有股股东的,应符合国有资产管理的相关规定。

(二)外资介入上市公司并购具体操作方式的法律问题

对外资并购上市公司的具体方式进行法律上的分类和实证上的分析,其主要意义在于从实践操作层面上对外资并购中可能发生的法律问题做出回答。外资并购上市公司已经运用和可能运用的操作方式分为以下几种:

1. 直接并购方式

(1)外资通过协议收购上市公司非流通股直接控股上市公司。外资要成为上市公司的控股股东或大股东,受让大股东的非流通股是其主要途径。协议并购方式主要应注意遵守我国国有资产转让的审批、评估程序以及产业政策的有关规定。

(2)外资通过收购上市公司流通股直接控股上市公司。外资可以通过 QFII 直接收购流通 A 股实现对公司的并购。同时,由于我国允许上市公司向境外投资者发行 B 股和 H 股,因此在 B 股或 H 股占公司股权比例相对较大的情况下,外资也可以通过直接收购 B 股或 H 股来实现并购上市公司的目的。1999 年皮尔金顿收购"耀皮玻璃"案即属此例。采用收购流通股方式主要应注意遵守我国信息披露、外汇管理以及要约收购的有关强制性规定。

(3)上市公司向外资定向增发 B 股以使其达到并购目的。对于外资来讲,取得定向增发的 B 股不仅价格比二级市场流通股的价格低,且在一定程度上能规避二级市场收购严格烦琐的信息披露要求,以及协议收购方式下严格的审批和评估程序。如果定向增发 B 股的比例较高,外资还可能成为公司的控股股东,因此这也是外资并购的方式之一。1995 年福特并购"江铃汽车"和 2002 年"上工股份"向德国 FAG 公司增发股份就是这种方式的典型案例。对于监管层而言,应强化定向增发 B 股方式中的信息披露义务,除了要求上市公司发布必要的增发公告外,还应要求上市公司对定向增发对象的有关信息进行及时充分的披露。

（4）外资通过换股的方式直接并购上市公司。换股是国外比较通行的大公司并购方式，其最大特点在于股权的价值以对方股权而不是现金的形式体现出来，因此可以避免大公司并购时巨大的资金压力。1999年"清华同方"吸收合并"鲁颖电子"开了我国换股并购的先河，但是外资换股并购在我国至今尚无先例。不过鉴于此种方式的有效性，相信不久之后也可能成为外资并购的主要方式之一。《收购办法》原则上开放了换股并购方式，但是根据《通知》的规定，外商只能以自由兑换货币支付转让价款。换股的关键在于依据双方净资产值、资产质量以及主营业务的市场前景等因素来确定换股的比例。这往往涉及艰苦的谈判和复杂的计算过程，其结果对双方公司的投资者利益影响巨大。因此，对于换股，监管层应强化其全过程尤其是换股比例确定方法的信息披露义务，以保证投资者获取充分及时的投资信息。

2. 间接并购方式

（1）外资通过由其控股的外商投资企业并购。为了绕过有关政策和法律对外资准入的限制，有的外商通过在境内设立由其控股的子公司，进而由子公司以中国法人的身份在国内证券市场上受让上市公司国有股、法人股，或者到二级市场进行收购以达到进入上市公司的目的。2001年"格林柯尔"就是采取此种方式入主"科龙电器"的。对此，我们首先应依资本来源地标准将外商投资企业界定为外资身份，统一适用外资并购的有关规定，实现对并购的法律规制。同时，此种并购方式还应遵守《外商投资企业境内投资的暂行规定》规定的再投资的有关限制性条件。"格林柯尔"的子公司就因其再投资额超过其净资产的50%而使该并购行为的合法性备受质疑。

（2）外资通过并购上市公司的控股股东间接控股上市公司。其方式有以下两种：

其一，收购方通过并购上市公司外资股控股股东以间接控股上市公司。1998年韩国"三星康宁"间接收购"赛格三星"即属此例。此类并购交易主要在两个外国投资者之间进行，且该行为有可能发生于境外，所以理论上不受我国法律的属人管辖和属地管辖的限制，一定程度上可绕开国内政策法律的限制性规定，故颇受外资青睐。然而，此种并购方式须以上市公司已存在外资大股东为前提，适用范围窄。同时，由于并购实质上影响到境内股东权益，因此对于我国司法和监管部门来说，即便该行为发生于境外，必要时也可通过主张保护性管辖原则对其实施管辖，使我国的外资并购有关法律得以适用。

其二，外资通过并购上市公司的国内控股股东间接控股上市公司。2001年"阿尔卡特"就是通过绝对控股"上海贝尔"而间接成为"上海贝岭"的大股东的。

3. 其他方式

（1）外资通过托管方式取得上市公司控制权。托管方式是将自己持有的资产和股权托管给外国投资者，由其代为行使对公司的表决权。当委托人为公司的控股股东时，公司股权托管就演化为公司的控制权托管。托管是证券市场上常见的并购方式，但是目前我国尚无外资通过托管取得上市公司控制权的案例。托管方式适用于委托人自身经营管理能力较差而受托人经营管理能力较好的情况。托管本身并不必然导致对目标公司的收购兼并。要达到并购目的,委托人和受托人还需要进行特别的约定。托管的基础关系属于信托,应遵守《信托法》的有关规定,信托方式作为一种并购方式目前还缺乏法律规范。对于监管层而言,主要应加强对目标公司信息披露义务的监管。托管方式在实际操作中往往会与期权、持股等混合采用。虽然根据《通知》的规定,外资并购涉及国有股、法人股转让的只能以货币支付价款,但是托管实际上并不导致股权的转移,应该不受《通知》的限制。

(2) 上市公司向外资发行定向可转换债券以达到收购目的。此种方式是我国证券市场的创新。其优点是既可以使国内企业及时获得紧缺的资金与管理资源,又可以避免股本迅速扩张带来的业绩稀释问题,有利于保护中小股东的利益。2002 年"青岛啤酒"向美国 AB 公司发行 1.82 亿美元的定向可转换债,约定在 7 年内分 3 次按约定价格强制性转为可流通 H 股,从而开创了这一并购方式的先河。我国《公司法》对可转换债只作了原则性规定,证监会《可转换公司债券管理暂行办法》和《上市公司发行可转换公司债券实施办法》等规定仅适用"中国境内的上市公司申请在境内发行以人民币认购的可转换公司债券",而缺乏向外资定向发行可转债的规定。

4. 外资通过收购上市公司的核心资产实现并购目的

实践中,外方往往通过与上市公司组建由外方控股的合资公司来反向收购上市公司的核心业务和资产,从而间接实现并购目的。米其林公司通过与"轮胎橡胶"组建由其控股的合资公司,并反向收购"轮胎橡胶"的核心业务和资产,就是一个典型的案例。收购资产可以实现实质性控制,避免收购股权所面临的审批程序,但无法获得珍贵的"壳"资源。且核心资产被收购后,上市公司的独立性也存在问题。我们认为,此种收购行为首先应遵守我国有关关联交易的法律规定,同时为了实现对外资并购的规制,应对上市公司出售核心资产提出严格的信息披露要求,凡涉及外资并购的,应要求外资履行特定的审批手续。

 本 章 小 结

1. 我国境内企业并购监管法规体系主要由《证券法》《公司法》《上市公司收购管理办法》以及上市公司收购信息披露格式等规范性文件构成。

2. 中国香港联合交易所主板市场、中国香港创业板市场、新加坡股票市场和美国证券交易市场也制定了不同的上市相关规定和程序。

 复习思考题

一、名词解释

上市公司收购的当事人;要约收购;协议收购

二、单项选择题

1. 我国境内企业并购监管法规体系主要由《证券法》（   ）《上市公司收购管理办法》等规范性文件构成。

    A.《合同法》   B.《保险法》

    C.《银行业监督管理法》   D.《公司法》

2. 通过证券交易所的证券交易，投资者持有一个上市公司已发行股份的（   ），并继续进行收购的，应当依法向该上市公司所有股东发出收购要约，但经国务院证券监督管理机构免除发出要约的除外。

    A. 20%   B. 30%   C. 40%   D. 50%

3. （   ）是指收购人在证券交易所之外，通过和目标公司股东协商一致达成协议，受让其持有股份而进行的上市公司收购。

    A. 要约收购   B. 协议收购   C. 股权收购   D. 非流通股收购

4. （   ）是目前世界上规模最大的有价证券交易市场，是美国全国性的证券交易所中规模最大、最具代表性的证券交易所。

    A. 纽约证券交易所   B. 美国证券交易所

    C. 美国纳斯达克证券交易所   D. 上海证券交易所

5. 设立外商投资股份有限公司至少须有（   ）个发起人，且其中至少有 1 个发起人为外国股东，可采取发起方式或募集方式设立。

    A. 5   B. 6   C. 8   D. 10

三、多项选择题

1. 证券交易活动中，下列各项信息属于内幕信息的有（   ）。

    A.《证券法》所列重大事件

    B. 公司分配股利或者增资的计划

    C. 公司股权结构的重大变化

    D. 上市公司收购的有关方案

2. 下面各项中，属于纳斯达克证券交易所上市条件的有（   ）。

    A. 净资产额超过 400 万美元

    B. 股票总市值超过 100 万美元

    C. 每年的年度财务报表必须提交给证管会与公司股东们参考

    D. 最少要有 800 名股东（每名股东需拥有 100 股以上）

3. 投资者进行战略投资应符合以下（   ）要求。

    A. 以协议转让、上市公司定向发行新股方式以及国家法律法规规定的其他方式取得上市公司 A 股股份

    B. 投资可分期进行，首次投资完成后取得的股份比例不低于该公司已发行股份的 10%，但特殊行业有特别规定或经相关主管部门批准的除外

  C. 取得的上市公司 A 股股份 3 年内不得转让

  D. 法律法规对外商投资持股比例有明确规定的行业,投资者持有上述行业股份比例应符合相关规定;属法律法规禁止外商投资的领域,投资者不得对上述领域的上市公司进行投资

  E. 涉及上市公司国有股股东的,应符合国有资产管理的相关规定

4. 下列各项中,属于外资并购上市公司已经运用和可能运用的操作方式的有（　　　　　）。

  A. 直接并购方式

  B. 间接并购方式

  C. 通过收购上市公司的核心资产实现并购目的

  D. 通过收购上市公司大额债券来进行收购

5. 下列各项中,属于申请非上市外资股上市流通应符合的条件的有（　　　　　）。

  A. 拟上市流通的非上市外资股已存续超过 1 年

  B. 非上市外资股转为流通股后,其原持有人继续持有的期限须超过 1 年

  C. 非上市外资股原持有人依照公司章程、股东协议及其他法律文件,对公司的特殊承诺和法律、法规有要求承担特殊义务和责任的,按其承诺或义务执行

  D. 符合上市发行股票有关法规要求的其他条件

  E. 若外商投资企业(包括外商投资股份有限公司)受让境内上市公司非流通股,应按外经贸部于 2000 年 7 月 25 日颁布的《外商投资企业境内投资的暂行规定》的程序和要求办理有关手续;此外,外商投资性公司暂不被允许上市公司非流通股

四、判断题

1. 《上市公司收购管理办法》还并未明确规定了协议收购流通股的相关程序。

  （　　　）

2. 美国纳斯达克证券交易所是全美国第二大证券交易所。 （　　　）

3. 所谓外资介入上市公司并购,是指境外投资者采用各种有效方式,直接或间接兼并、合并或收购在我国境内公开发行股票的上市公司。 （　　　）

4. 拟公开发行股票(A、B 股)的股份有限公司在向中国证监会提出股票发行申请前,均须具有主承销资格的证券公司辅导,辅导期限为 1 年,辅导有效期为 3 年。

  （　　　）

五、简答题

1. 简述上市公司收购的方式及其特征。

2. 简述 GEM 和 SEHK 上市规则间的区别。

3. 投资者进行战略投资应符合哪些要求?

4. 简述外资通过并购上市公司的控股股东间接控股上市公司的方式有哪些。

六、案例分析题

一个外国企业与我国某公司签订了一份运输工具购销合同,合同约定以人民币结算。该外资企业决定用这笔货款在中国投资成立一家独资企业。该企业管理人员认为由于是外商独资企业,能够不设工会,该企业保险能够不在我国投保,该公司的会计凭证、会计报表也能够不用中国文字而直接用外国文字。

要求:

(1) 该外商投资合法吗?

(2) 该公司管理人员的观点有没有错?错在哪儿?

参考答案

第七章 资本运营案例分析

第一节 爱尔眼科的"分级连锁"
战略与并购基金

一、案例资料

（一）爱尔眼科简介

18 年光阴，正好可以让一个呱呱坠地的婴儿成长为开始独自承担社会责任为自己负责的成年人。爱尔眼科也一样。18 年的时间让其在湖南长沙从一间仅有 4 个医生的小医院，成长为如今的全球最大、业务量最多、医疗网络横跨亚、欧、美的专业眼科连锁医疗集团。截至 2019 年，爱尔眼科已在中国大陆 30 个省市区建立 290 余家专业眼科医院，覆盖全国医保人口超过 70%，年门诊量超过 650 万人，在美国、欧洲和中国香港开设有 80 余家眼科医院，在全球拥有 400 余家专业眼科医院，超过 2 000 万例的庞大病例库，并且还拥有长沙、武汉、沈阳、南昌、兰州、广州、南宁、太原、石家庄、海南 10 家住院医师规范化培训基地。

2019 年同时也是爱尔眼科踏入资本市场十周年。十年间爱尔眼科发展迅速，从 2008 年营业收入仅为 4.39 亿元，净利润 6 136.66 万元，到 2018 年营业收入 80 亿元，净利润 10.09 亿元，这十年间的营业收入复合增长率为 30.2%，净利润复合增长率为 28.9%。爱尔眼科收入与净利润变动情况如图 7-1 所示。不仅如此，爱尔眼科 2018 年净资产收益率高达 18.55%，已经连续六年超过 15%。爱尔眼科净资产收益率与销售毛利变动情况如图 7-2 所示。凭借这迅猛的发展速度和良好的财务业绩，爱尔眼科迅速崛起成为 A 股市场的"白马王子""行业独角兽"，市值也名列创业板前茅。

即便成绩如此优秀，爱尔眼科董事长陈邦仍将爱尔眼科的发展主因更多地归结于国家医疗改革和巨大人口基数的红利。

由于我国开放社会办医较晚，国内眼科医疗的公立医院仍占了较大比重，公立与非公的市场份额比例大概是 7:3，国内一线城市还是以公立医院为主。

虽然爱尔眼科的"企业投资办学""合伙人计划"等创新手段均被后来者争相效仿，但成功的"分级连锁"战略才是后来居上的核心资本。

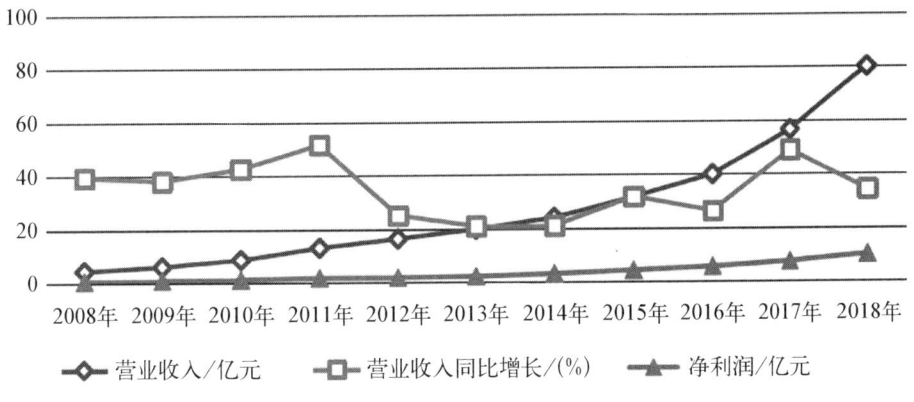

图 7 - 1 爱尔眼科收入与净利润变动情况

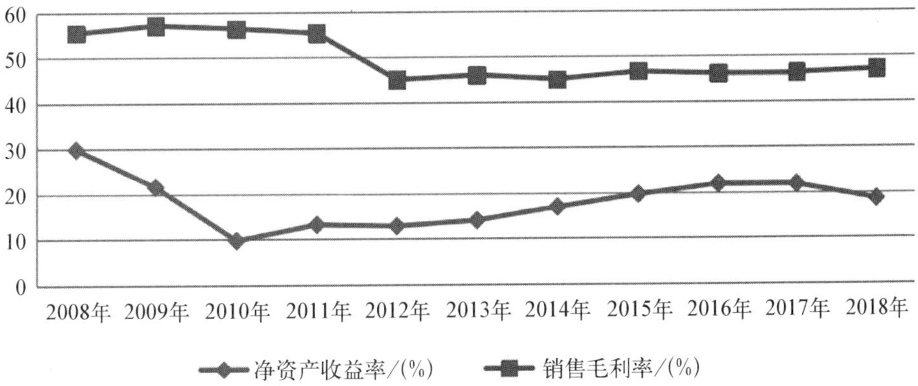

图 7 - 2 爱尔眼科净资产收益率与销售毛利率变动情况

(二) 爱尔眼科的"分级连锁"战略

1. 发展:"四级连锁"战略的建立

2018 年,习近平总书记在广东考察时提出:"发展是第一要务,人才是第一资源,创新是第一动力。"爱尔眼科在过去的多年间,很好地将总书记这句话演绎了一遍。

爱尔眼科能在众多公立医院的围剿下突围而出,成为目前 A 股市场上唯一一家非公上市医疗机构,靠的就是成功的公司战略——"分级连锁"。"爱尔眼科的成功,是'分级连锁'商业模式的成功!"谈到这个前无古人的医疗机构全新管理模式,陈邦自豪地说。

爱尔眼科集团的连锁模式战略发展脉络分为三个重要阶段(见图 7 - 3)。

第一阶段:2003—2009 年,连锁模式探索;

第二阶段:2009—2014 年,连锁模式完善;

第三阶段:2014 年至今,连锁模式形成并快速扩张。

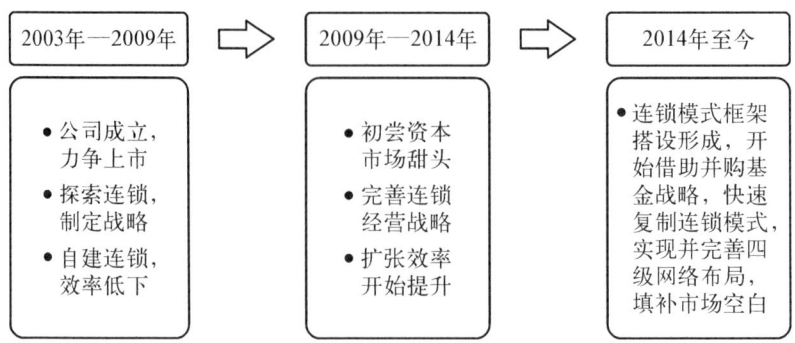

图 7-3　爱尔眼科连锁模式战略发展脉络的三个重要阶段

　　当被问到怎样看待连锁经营模式的前景时,陈邦董事长说:"中国地、县级基层人口基数巨大,但医疗条件较差,公司现在的重点战略是壮大人才队伍,迅速下沉重心,完成网络布局,掌握眼病医疗入口,符合国家分级诊疗的发展导向。"

　　现实确实如此。这个"以患者为中心"的运营模式高度适应中国国情和市场环境。因为国内医疗资源基本集中在各大一线城市,地级市、县资源相对匮乏,而中国 70% 以上的人口都分布在地县区域。该模式通过不同层级医院的功能定位,划分形成"横向成片、纵向成网"的布局,横向将同城各家医院、眼视光中心(诊所)和社区眼健康服务中心连成片以拓宽服务区域,纵向建立"中心城市医院-省会城市医院-地级市医院-县级医院"分级连锁体系网络(见图 7-4),形成了别具一格的眼科生态圈,同时也实现了规模经济。

北上广深
一级医院

省会二级医院

县市三级医院

县(市)、区四级医院

图 7-4　分级连锁体系网络

　　2011 年底,在资本市场的助力下,爱尔眼科运营战略开始从"三级连锁"升级为"四级连锁",新增的四级连锁医院主要服务于各个县(市)、区,让服务区域更加深入基层,以解决该地区常见眼科疾病并为地市级医院转诊、输送疑难患者,使得更多小地方老百姓获得更好的医疗服务。爱尔眼科各级连锁医院的功能、作用与地位如表 7-1 所示。

　　2. 人才与创新

　　爱尔眼科集团计划通过"分级连锁"战略来发展公司业务,壮大公司规模。要实现第四级连锁的运营,那么人才关就是第一个要跨越的坎,眼科是临床应用行业,"第一资源"当属医生。

表 7 - 1　　　　　　　　　爱尔眼科各级连锁医院的功能作用与地位

级　别	医院分布	核　心　功　能	作　用　与　地　位
一级连锁	北、上、广、深	① 利用地域优势学习国际先进医疗技术 ② 对二级医院进行技术指导和学术支持 ③ 处理全国疑难杂症	承担公司核心技术，全国技术和疑难眼病会诊中心，以研究开发为主要任务
二级连锁	各省会城市	① 开展全眼科医疗服务 ② 省级疑难眼病会诊中心 ② 对三级医院进行人才培养及输送、技术指导和管理规范	主要管理和主要收入来源的主体，管理监督省内各个连锁医院的责任
三级连锁	各县市级	① 提供大部分眼科常见病等诊疗服务 ② 将疑难眼病患者输送到上级医院就诊 ③ 对四级医院进行指导以及管理监督	常见病的诊治主体，起到承上启下的作用
四级连锁	县（市）、区	① 深入基层，扩大服务范围 ② 为地市级医院转诊、输送疑难患者	扩大经营活动范围的主体，实现品牌效应的最基础力量

　　（1）爱尔眼科通过"企业投资办学"来解决人才培养问题。2013 年、2014 年爱尔眼科与各大高校开展联合教学情况如表 7 - 2 所示。

表 7 - 2　　　　　　　　　爱尔眼科与各大高校联合教学情况

时　间	事　　　件
2013 年	与中南大学联合成立专业的眼科医学院"中南大学爱尔眼科学院"，主要培养眼科硕、博士高级医疗人才
2014 年	与湖北科技大学联合成立"爱尔眼视光学院"

　　（2）一手是培养人才，另一手是引进人才，鱼与熊掌可兼得。除了培养人才，爱尔眼科同时也致力于"合伙人计划"引进和留住人才。爱尔眼科顺应国家医疗卫生政策和发展趋势，于 2014 年在医疗行业推出"合伙人计划"。"合伙人计划"是指在由爱尔眼科牵头的并购基金新建医院中，20％～30％的股权让所在医院的核心主力以及上级医院的骨干持股，让他们平价投资，且不收取品牌溢价，等到医院孵化成熟，上市公司收购医院后，这些医生合伙人将获取股权增值收益。通过这一模式，爱尔眼科把大量大牌教授、医生纳入麾下。截至 2018 年底，"合伙人计划"首期初见成果——覆盖 129 家医院，合伙眼科医生已经超过 2 000 人。

　　"目前来看，合伙人计划效果非常好，把大家紧紧团结在一起，形成共创、共享、共赢的合伙人文化。"陈邦在评价"合伙人计划"时说到。

　　3. 发展、人才、创新，成功的铁三角

　　"发展"战略有了，"人才"问题也得到了解决，那么第三步就是"创新"。

（1）收购与设立研究所。

爱尔眼科为了进一步学习掌握先进技术，引进和吸收国际同步的眼科技术与医疗管理理念，不惜重金将眼科生态圈延伸到了海外。

2015 年底，首个海外并购项目完成——爱尔眼科收购了中国香港亚洲医疗集团。接着，爱尔眼科设立了全资子公司爱尔（美国）国际控股有限责任公司，将其作为整合全球资源的平台之一。2017 年 3 月，爱尔眼科收购了美国高端眼科中心（AW Healthcare Management，LLC）75％的股权；仅仅过去五个月，爱尔眼科又用 1.52 亿欧元收购了欧洲眼科龙头 Clínica Baviera。

除了海外收购，爱尔眼科还在国内设立了多家研究所，相关情况如表 7-3 所示。

表 7-3　　　　　　　　　　爱尔眼科在国内设立研究所的相关情况

年　份	事　　　　件
2011 年	爱尔眼科成立了"爱尔眼视光研究所"
2015 年	爱尔眼科成立了"爱尔眼科研究所"
2018 年	爱尔眼科设立了"角膜研究所""屈光研究所""青光眼研究所"及"视网膜研究所"等临床研究所

至此，爱尔眼科组建了"两院、六所、两站"的科研平台，打通了眼科的医、学、研三大领域，使爱尔眼科的科研及临床水平得到显著提升，继续向它的使命"使所有人，无论贫穷富裕，都享有眼健康的权利"迈进，并以此推动中国眼科医疗事业的发展和进步。

（2）发展战略、人才战略与创新战略的联动。

如果发展、人才、创新组成一个三角形，那么三角形的结构一定是人才与创新构成两个底角，支撑起顶端的发展。

虽然爱尔眼科近年来亮丽的财务业绩是由"连锁战略"的成功实施所激发的，但"人才"与"创新"对"分级连锁"战略的实施有同样重要的催化作用。

"分级连锁"战略最重要的一环是如何将服务区域尽可能扩大，达到更大的规模，实现规模效应。和许多连锁生态一样，最先制约发展的往往是人才瓶颈。爱尔眼科需要不断地新设或者收购新的医院进入体内，需要源源不断的资金来刺激旧人，一旦旧人离职，那就需要生生不息的新人来接班。

根据前文所介绍的"分级连锁"战略，"四级连锁"的作用是扩张服务的版图，"二级"与"三级"更多起到监督指导以承上启下的作用，而"一级"的作用是学习最新技术、处理全国疑难杂症、指导下级医院以及研究与开发新技术。其中最关键的点是"研究与开发新技术"，没有它作为基础，其他作用根本无法发挥。这其实就是习近平总书记说的"创新"。而"不惜重金将眼科生态圈延伸到了海外"和"设立多家研究院"正是为了更好地"创新"。

（三）爱尔眼科并购基金的设立

爱尔眼科为了开足马力发展,实现从"三级连锁"向"四级连锁"战略的跳跃,从资本市场上学习到了一种外延式发展模式:从2014年起,爱尔眼科开始全力借助资本市场的力量来实现迅速扩张,在体外孵化及新建医院,以间接参股的形式储备大量的眼科医院项目,当体外医院达到一定成熟期后,再分批注入上市公司。

董事长陈邦介绍道:"截至2018年底,公司已经有90多家医院。并购的一些医院在进入爱尔眼科前营收几乎没有什么增长,但并入后增速超过10%,利润增速超过22%,整个体系进入良性循环。"

这外延式发展模式所借用的工具就是并购基金。

在并购基金中,爱尔眼科往往只出少量资金参与基金的有限合伙份额,也不对普通合伙人进行股权控制,使得投资主体不在上市公司体内,最大限度地减少了基金对上市公司财务报表的影响。

同时,在合伙基金当中,爱尔眼科也仅仅扮演并购基金中有限合伙角色,避免参与并购基金核心运作,将并购基金的资本运作交给专业人士,此策略可以避开爱尔眼科自身资本市场经验尚浅、能力可能不足等缺点,尽可能让专业人士做专业的事。

在投资要求上,爱尔眼科也并未设置过多的条款来限制项目的筛选。爱尔眼科并购基金的基本情况如表7-4所示。

表7-4 　　　　　　　　　　　　**爱尔眼科并购基金的基本情况**

日　　期	合　作　方	并购基金名称	出资额/万元	占比
2014年3月18日	深圳前海东方创业金融控股有限公司(东方金控)	深圳前海东方爱尔医疗产业基金	2 000	10%
2014年3月28日	华泰瑞联基金管理有限公司	北京华泰瑞联并购基金中心(有限合伙)	10 000	10%
2014年12月12日	中钰健康创业投资基金	湖南爱尔中钰眼科医疗产业并购投资基金	9 800	9.8%
2015年7月31日	华泰瑞联基金管理有限公司	华泰瑞联二期产业并购基金	20 000	20%
2016年2月5日	宁波煜晖投资管理合伙企业(有限合伙)	宁波弘晖股权投资合伙企业(有限合伙)	5 000	4%
2016年3月10日	深圳市达晨财智创业投资管理有限公司	深圳市达晨创坤股权投资企业(有限合伙)	12 000	8%
2016年5月23日	深圳市前海安星资产管理有限公司	南京爱尔安星眼科医疗产业投资中心(有限合伙)	19 000	19%

续　表

日　　期	合　作　方	并购基金名称	出资额/万元	占比
2016 年 11 月 30 日	上海锦傲投资管理有限公司	湖南亮视交银眼科医疗合伙企业(有限合伙)	39 000	20%
2017 年 12 月 26 日	深圳市前海安星资产管理有限公司	湖南亮视长银医疗产业投资基金合伙企业(有限合伙)	19 000	19%
2018 年 10 月 27 日	深圳市前海安星资产管理有限公司	湖南亮视长星医疗产业管理合伙企业(有限合伙)	19 000	19%

从表 7-4 中我们可以看到,爱尔眼科从 2014 年到 2018 年底设立了多支并购基金,这些产业并购基金总规模合计高达 1 090 000 万元。然而,基金的大部分资金均来自普通合伙人在社会上募集,爱尔眼科通过自有资金出资仅为 154 800 万元,仅占基金总规模的 14.2%。爱尔眼科很好地利用了杠杆原理,借别人的钱为自己服务。爱尔眼科并购基金的资金来源如图 7-5 所示。

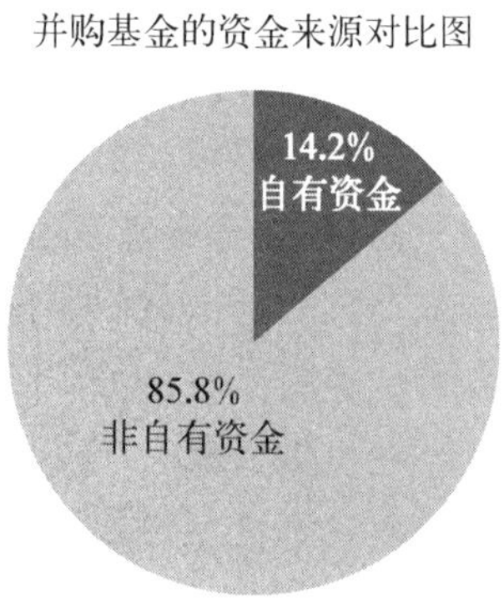

并购基金的资金来源对比图

图 7-5　爱尔眼科并购基金的资金来源

(四)爱尔眼科并购基金助力"分级连锁"

1. 第一阶段并购

陈邦介绍道:"爱尔眼科是中国资本市场上第一家通过与并购基金合作,历经募资、投资、投后管理到纳入体内运行,最后形成网络布点闭环的上市公司。"

2016 年 12 月 8 日,爱尔眼科宣布通过先采用自有资金收购,等定向增发资金到位后再将自有资金替换的方式将两家并购基金名下的 9 家医院并入上市公司体内。爱尔眼科第一阶段并购明细如表 7-5 所示。

表 7-5　　　　　　　　　爱尔眼科第一阶段并购明细表

公司名称	出　让　方	购买比例	作价/万元	并购前在当地是否有网点
东莞爱尔	深圳前海东方爱尔医疗产业并购合伙企业(有限合伙)	75%	9 847.50	否
泰安爱尔		58.70%	3 013.66	否
太原爱尔		90%	5 830.20	是
佛山爱尔		60%	3 535.80	否

公司名称	出　让　方	购买比例	作价/万元	并购前在当地 是否有网点
九江爱尔	深圳前海东方爱尔医疗产业并购合伙企业(有限合伙)	68%	3 106.24	否
清远爱尔		80%	2 644.80	否
湖州爱尔		75%	5 425.50	否
沪滨爱尔	湖南中钰爱尔眼科医疗产业投资合伙企业(有限合伙)	70%	20 884.50	否
朝阳眼科		55%	3 724.60	否

从此次收购对象的名称上可以看出,爱尔眼科在严格执行其"四级连锁"的公司发展战略。东莞、泰安、太原、佛山、九江、清远、湖州、滨州和朝阳等在国内均属于二线及以下城市。爱尔眼科通过先孵化再并入的方式,可以快速扩张其服务覆盖的范围,填补市场空白,延伸服务网络,从而快速实现规模经济。但值得注意的是大部分连锁医院均采用了"爱尔"品牌。

爱尔眼科第一次并购股票增发过程如表7-6所示。

表7-6　　　　　　爱尔眼科第一次并购股票增发过程

日　　期	事　　件
2016年12月8日	发布创业板非公开发行股票预案,宣布非公开发行股票募集17.2亿资金,其中部分资金用于眼科医院收购项目
2017年6月30日	爱尔眼科已预先通过自有资金完成对9家眼科医院的收购
2017年9月28日	非公开发行股票申请获得发审委审核通过
2018年1月11日	使用募集资金替换已预先投入并购项目的自有资金

2. 第二阶段并购

在经过第一阶段的将目标企业大规模并入体内后,爱尔眼科并未停下扩张的步伐。2019年,爱尔眼科再一次开始将体外企业并入体内。爱尔眼科第二阶段并购明细如表7-7所示。

表7-7　　　　　　爱尔眼科第二阶段并购明细表

日　　期	事　　件
2019年4月17日	收购宁波仁仲企业管理合伙企业(有限合伙)所持有的湘潭市仁和医院有限公司70%的股权,作价为人民币17 640万元

日　　期	事　　　件
2019 年 4 月 17 日	收购湖南亮视交银眼科医疗合伙企业（有限合伙）所持有的淄博康明爱尔眼科医院有限公司 87％的股权和上海爱尔睛亮眼科医院有限公司 59％的股权,合计作价 14 675.4 万元
2019 年 5 月 29 日	收购重庆爱尔儿童眼科医院有限公司 85％的股权,作价 4 250 万元
2019 年 6 月 11 日	收购并购基金湖南爱尔中钰眼科医疗产业投资合伙企业（有限合伙）所持有的普洱爱尔眼科医院有限公司 70％的股权,作价 2 022.98 万元

"公司现在才 18 岁,成长刚刚开始,2019 年是爱尔眼科二次创业元年,新十年的起点。"陈邦在接受采访时表示。属于爱尔眼科和它"分级连锁"战略的舞台剧,才刚刚拉开帷幕。

二、案例点评

（一）爱尔眼科设立并购基金的动因分析

1. 变相为上市公司融资,缓解扩张所需要的资金压力

爱尔眼科为了实现"分级连锁"的发展战略,就必须保持高速对外扩张的步伐。虽然爱尔眼科每年利润都在增长,在 2009 年上市时也募集到了大量资金,但是爱尔眼科新建以及新并购医院都处于初创或者成长阶段,需要大量资金去扶持,财务压力必然会成为其发展过程中的绊脚石。同时,眼科也属于需要大量的资金投入进行研发的行业,一旦资金供给不足,很可能扩张不成反影响原本业务的运作。

既然要保持高速扩张,全部使用自有资金进行行业并购以及新医院的建立显然不是明智之举,就必须寻求新的资金来源。碰巧,并购基金能很好地解决资金来源这一问题。

爱尔眼科从 2014 年到 2018 年底,所设立并购基金总规模为 109 000 万元,而其中爱尔眼科出资仅仅为 15 480 万元,占基金总规模的 14.2％。

在爱尔眼科管理层眼中,并购基金就是他们撬动资本的一个支点。通过并购基金,爱尔眼科能很好地解决扩张过程中资金瓶颈问题。

2. 专业的人做专业的事,提高并购效率

古时候,人们经商苦于银币携带十分不方便,便发明了"交子""银票"等纸币,也形成了银行"银票铺",其中就运用了金融中介这个原理,专门有人负责银币的运输保管业务,从而使得人们的经商效率大大提升。而爱尔眼科的并购基金也使用了这一中介服务。在并购基金中,一般都是由普通合伙人承担日常运营工作,如公司寻找、尽职调查、经营管理的改善等大量的工作均不需要上市公司亲力亲为,同时爱尔眼科合作的普通合伙人均是在国内资本市场上拥有丰富经验的金融公司,他们的工作能力有保证。

首先,他们可以根据发展战略利用自身优势快速寻找到并购目标,并且熟悉与目标企业进行投资事务的洽谈,再利用自身现成的资源渠道以合理的定价快速募集到资金,如果这一过程要爱尔眼科自身去落实,估计早已错过抢占市场占有率的先机。

其次,爱尔眼科是 A 股的上市公司,如果定向增发募集资金,要经过大量复杂的尽调和审批手续。更困难的还是确定发行价格。万一当时资本市场处于萧条时期,股价低迷,上市公司就需要通过增发更多的股票来维持融资目标,这样对爱尔眼科这种大股东是自然人的上市公司来说是致命的。

3. 储备并购对象,节省大量前期尽调成本和后期信息不对称成本

前面也提到,控制并购基金的合伙人们拥有广泛的资源与渠道,不仅可以事无巨细地查看大量潜在并购对象,更可以高效地筛选出心仪的企业。筛选出企业后,通过一段时间的孵化、培育、技术支持甚至采用"爱尔"品牌来进一步挖掘并购对象的潜力,呈现出一定成果后,供上市公司作出并购选择。这样,前期大量筛选和培育的工作将在上市公司体外进行,不过多耗费上市公司资源。同时,并购基金还成为一个项目池,为上市公司储备并购的对象。

同时,物色、甄别和筛选潜在并购对象,需要花费大量人力物力,更关键的是耗费大量时间。而通过设立并购基金,可以大量节省这方面的成本支出。

首先,合伙人们一般是各大型金融机构的子公司,会有自身的项目池,可以花少量钱甚至不花钱取得潜在对象的资料。其次,由于金融机构平时也会做大量的尽调,尤其是聘请审计师、评估师和律师等三方机构协助尽调,往往聘请得越多价格压得越低,在爱尔眼科大量收购体外医院的情况下,这将为上市公司节省大量的资金。更关键的是,由于爱尔眼科已经提前参股甚至控股多数并购对象,在并入体内时,不需要再花大量资本去防止"信息不对称"风险。最后,由于是并购基金要对潜在并购对象进行入股,尽调费用理所应当是由并购基金自身承担,而并购基金里大部分资金并不属于爱尔眼科,这将进一步为上市公司节省扩张所需要的资金。

4. 迅速为上市公司报表提供"即战力",形成良性循环

在企业竞争当中,想要超越或者保持领先地位,就必须保持相比对手而言更高速的增长。财务管理中"可持续增长率"理论提到无论上市公司盈利能力再怎么强,如果不对外增发股票,将不会突破原有的"销售增长率"。一旦你的对手增发股票,那么它将很可能会在增长方面超越你,进而超越你成为第一。爱尔眼科管理层也明白这一点,因此他们采用了并购基金战略。

前面也提到,爱尔眼科的并购基金不会过多影响上市公司报表,它有体外培育的作用,爱尔眼科将企业并入体内时,那些被并入的企业往往已经度过了初创期进入成熟期,爱尔眼科甚至还能选择只将盈利的企业装进上市公司。也就是说通过并购基金并购医院可以对上市公司报表起到立竿见影的效果。爱尔眼科第一批 9 家医院的并购是采用增发融资来购买的,虽然是花了股东的钱而反馈给股东的是上市公司利润的增长,从而形成了良性的循环。

下面用数据来进一步阐述并购第一批 9 家医院的良性循环效果(见表 7 - 8)。

表 7 - 8　　　　　　　　　　并购第一批 9 家医院的良性循环效果

单位:万元

医 院 名 称	2015 年净利润	2016 年(1—7 月)净利润
太原康明	−140	129
湖州爱尔	−124	239
泰安爱尔	−170	−65
东莞爱尔	−270	345
清远爱尔	−220	−9
佛山爱尔	−570	−175
九江爱尔	−52	15
沪滨爱尔	139	1 623
朝阳眼科	341	352
合　计	−1 066	2 454

从表 7 - 8 中我们可以看到,爱尔眼科在将医院并入体内时,大多数医院均度过了前期的亏损期,开始进入盈利阶段,可为上市公司报表提供"即战力",如果提前一年将医院并入上市公司体内,前后对报表利润将产生不少影响。

我们再来看看增发股票购买资产后对股东的影响。2015—2017 年爱尔眼科年度净利润数据如表 7 - 9 所示。

表 7 - 9　　　　　　　　　2015—2017 年爱尔眼科年度净利润数据

年　度	净利润/亿元	净利润增长率	每股收益/元
2015 年	4.28	38.44%	0.44
2016 年	5.57	30.12%	0.56
2017 年	7.43	33.31%	0.49
2018 年	10.09	35.88%	0.43

从表 7 - 9 中我们可以看到,并购发生前后对增强上市公司报表净利润起到立竿见影的效果,而增发会影响股份数量进而影响每股收益,但从每股收益指标仅从 0.44 元降到

定向增发股票上市当年(2018年)的0.43可以看出,增发新股对每股收益的负面效果基本可以被并入医院所带来利润的正面效果所抵消。

（二）爱尔眼科并购基金的风险控制

1. 并购基金与爱尔眼科的潜在利益冲突

虽然并购基金由爱尔眼科设立,爱尔眼科在基金运营决策中也有一定的投票权,但由于基金中还存在其他的投资人以及医院的管理层,因此,上市公司对并购基金并不能保持完全的控制。

具体来说,由于并购基金主要收入来源就是通过扶持小型医院,让其在短期内快速成长尽早体现价值,满足爱尔眼科"分级连锁"战略的要求后,将医院股份出售给上市公司,从而获取投资回报。在这种利益的驱动下,并购基金的初衷是尽快提升业绩,让上市公司觉得该医院已经度过了初创期,开始进入盈利的成长期。这种相对短期的业绩目标,很可能会导致并购目标在孵化过程中舍弃长期利益,例如医院管理层少拿工资、因公出差的费用也不报销,甚至财务造假。由于在目前的运作当中,爱尔眼科并未设有一票否决权,也未有业绩对赌,爱尔眼科暂时无法回避该种风险。

应对措施:

(1) 加大对并购基金的管控力度。

可在设立基金时就规定上市公司有一票否决权,在并购基金风控委员会里设立外派机制,由上市公司聘请人员外派到该风控委员会,对投资运作等事项能起到更深入了解的作用。

(2) 在并购时设立并购后业绩分成奖励。

上市公司在并购目标公司后,往往由其独立经营,给予了原管理团队与并购基金冲短期利润的空子,但如果在初始投资时就设有"并购后业绩分成奖励"的话,可以在一定程度上消除为了短期利益而牺牲长期利益的负面影响。具体措施是在并购后五年内,如果原管理团队留任,目标公司业绩继续增长超过多少,可获得一定分成。

2. 对"爱尔"品牌的管控难度加大

在并购基金对小型医院进行孵化期间,该小型医院就可以采用"爱尔"这个品牌,然而一旦该医院在运营期间出现一些负面新闻,将会连累到"爱尔"品牌,进而给上市公司带来信誉损失。2019年,"爱尔"品牌医院已经因为多起虚假广告而受到了处罚,而全部虚假宣传都出自控股但由并购基金参股的医院,这些负面消息也让原本不那么受民众信任的民营医院雪上加霜。因此,该种提前授予品牌的方式,是一把双刃剑。

应对措施:

在集团内建立垂直化与集权化的运营模式。具体来讲,对全部使用"爱尔"品牌的下级医院,包括通过基金间接参股的医院,除了日常的经营权自主,其他例如广告制作、对外医疗合作、对外举债等权利,全部收归集团进行统一管理或者运作,未通过审批,不能用"爱尔"名义行使该权利。

 **案例思考题**

1. 结合案例内容,请简要分析爱尔眼科设立的并购基金有哪些特殊之处。
2. 请简要叙述爱尔眼科设立的并购基金是如何服务于"分级连锁"战略的。

第二节 从青岛海尔收购通用家电
看跨国企业并购

一、案例资料

(一) 并购主体简介

1. 收购方——青岛海尔

海尔作为全球大型家电品牌,创立于 1984 年,借着改革开放的东风,凭借差异化的质量在市场上迅速占据优势地位。1993 年 11 月 19 日,青岛海尔在上海证券交易所上市(股票代码:600690),是国内家电行业中上市最早的一批企业之一。随着我国经济的迅速发展,多年来,海尔集团借助国家鼓励兼并重组、我国加入 WTO 等契机,成功从亏损147 万元的小厂成长为世界级大型企业集团。

青岛海尔股份有限公司是海尔集团旗下的上市公司,成立于 1994 年,主要经营空调、冰箱、厨房电器等的研发、生产和销售,同时还提供物流服务。2019 年 6 月,青岛海尔发布公告改名为"海尔智家股份有限公司"。目前,海尔智家已成为全球最大的白色家电制造企业之一,在福布斯 2022 全球企业榜中排名第 394 名。

2. 被收购方——通用电气

通用电气,即美国通用电气公司(General Electric Company,GE),创立于 1892 年,是美国一家多元化的服务公司,也是世界上最大的提供技术和服务业务的跨国公司,目前公司业务遍布 100 多个国家。通用电气与中国市场的合作也已走过了多个年头,如今在中国的企业战略已经从打造产业链深化至产业链的本土化,做到了与时俱进,随着市场的需求而变化,不断发掘客户和市场潜能。

通用电气公司不断引领家电行业的潮流,创造了世界上第一盏白炽灯泡、第一台电烤箱、第一台电动洗衣机等。根据公司的发展战略和产业链布局,通用电气目前集中投入的是一些周期较长、资金较密集、技术壁垒较高的产业。家电业务是通用电气最早的业务之一,也曾经是公司的支柱业务,但是其技术壁垒较低,与通用电气在能源、燃油及航空航天等领域无法形成协同,与其产业链布局有些格格不入。21 世纪以来,随着全球家电行业的不断发展,通用电气的家电业务的市场占有率和市场增长率都在不断下滑,导致家电业务对通用电气贡献的收入占比较低,出售家电部门的决定也比较符合通用电气的战略部署。

(二) 并购过程

通用电气在发展过程中曾多次拟出售其家电业务模块。2008 年,通用家电业务的售价预计在 50 亿至 80 亿美元,首次曝光出售家电业务的消息时,青岛海尔参与了竞标,但是突如其来的金融危机使得通用电气中止了这项计划;2014 年,瑞典公司伊莱克斯拟以 33 亿美元收购通用电气家电业务,但最终未通过美国反垄断审查。通用电气一直很重视中国市场,2014 年通过与北京大学光华管理学院合作,对其高层进行培训,希望使其深入了解中国市场,由于青岛海尔与通用电气都与光华管理学院有着密切的联系,当伊莱克斯收购失败之后,通用电气通过光华管理学院找到了青岛海尔。

2015 年通用电气再次出售其家电业务。在此期间,青岛海尔收购海尔新加坡投资控股有限公司,整合了海尔集团海外白电资产,完成了其白电产业的全球布局。2016 年 1 月 14 日,青岛海尔与通用电气签订《股权与资产购买协议》。2016 年 1 月 16 日,青岛海尔公告《青岛海尔股份有限公司重大资产购买预案》及其摘要等交易相关文件。2016 年 1 月 26 日,青岛海尔发布《青岛海尔股份有限公司关于收到上海证券交易所问询函的公告》,根据该公告,青岛海尔于 2016 年 1 月 25 日收到上海证券交易所针对《青岛海尔股份有限公司重大资产购买预案》下发的《关于对青岛海尔股份有限公司重大资产购买预案信息披露的问询函》。2016 年 1 月 30 日,青岛海尔发布《青岛海尔股份有限公司关于对上海证券交易所问询函回复的公告》,同时对上海证券交易所下发的《关于对青岛海尔股份有限公司重大资产购买预案信息披露的问询函》中涉及的问题进行答复并公告《青岛海尔股份有限公司重大资产购买预案(修订稿)》及其摘要。2016 年 3 月 15 日,青岛海尔在上海证券交易所公告《青岛海尔股份有限公司重大资产购买报告书(草案)》。2016 年 6 月 7 日,青岛海尔进行通用电气家电业务相关资产购买交割,签署相关文件,履行相关程序,这一天成为通用电气家电业务正式加入青岛海尔的开端。2016 年 6 月 30 日、7 月 29 日、8 月 30 日、9 月 30 日、10 月 29 日、11 月 30 日、12 月 30 日青岛海尔陆续发布《青岛海尔股份有限公司关于公司重大资产购买实施阶段的进展公告》。

2017 年 1 月 10 日,交易双方及相关各方签署《补充协议》并根据《股权与资产购买协议》约定的价格调整机制将本次交易的最终交易对价确定为 5 611 601 583 美元。并购交易明细如表 7 - 10 所示。

表 7 - 10　　　　　　　　　　　　　　　并购交易明细

项　　目	交　易　情　况
交易价格	初步作价为 54 亿美元
估值水平	EV/EBITDA(企业价值倍数)为 9.78,P/B(市净率)为 2.59

续　表

项　　目	交　易　情　况
最终交易价格	56.12 亿美元,约合人民币 387.92 亿元
支付方式	现金支付
融资安排	自筹资金、并购贷款;其中 33 亿美元的并购贷款系由青岛海尔全资子公司 Haier US Application Solutions. Inv. 向国家开发银行股份有限公司申请,该贷款由青岛海尔及海尔集团提供全额担保,折合人民币为 218.55 亿元
交易标的	非股权资产、股权资产和相关负债。其中,非股权资产主要包括不动产、主要生产设备、办公设备、存货、与经营有关的应收款项、相关知识产权、其他业务有关的资产等,其业务范围涵盖厨电产品、制冷产品、洗衣产品及主要产品线;股权部分包括 10 家子公司股权、3 家合资公司股权及 3 家公司的少数股权

（三）并购估值与现金支付方式

1. 关于估值

（1）溢价收购产生的商誉抵减应税收入。

本次交易标的资产 90％以上业务来自美国。根据公司聘请的美国税务专家的说明,针对美国标的资产的交易,交易对价和资产税基的差异及税务效益体现在两个方面:一是被收购资产的税基将会被重置至市场公允价值（"提高的税基"）。根据美国相关税法规定,资产收购方将可以在未来年度根据资产类型以提高的税基进行税务折旧,以抵减应税收入。二是剩余部分的差异金额将被确认为商誉。就并购交易而产生的商誉而言,将可以按照 15 年进行税务摊销,以抵减应税收入。

根据青岛海尔税务顾问普华永道的初步测算,基于收购价格为 54 亿美元及美国净资产税基为 8.17 亿美元（截至 2015 年 3 月 31 日,由通用电气管理层提供）,假设美国联邦所得税及州所得税的综合税率为 40％,商誉的摊销年限为 15 年,本次交易标的资产绝大部分业务来自美国并且目标公司能够产生足够的应纳税所得额以充分享受税务抵减,在现金折现率为 8％的情形下,这将带来近 10 亿美元的节税收益折现。

（2）并购利息抵减应税收入。

青岛海尔本次收购贷款的金额为 32.4 亿美元,贷款期限为 5 年,提供贷款的金融机构为国家开发银行。按照当时的市场利率行情及未来市场利率合理的浮动情况,预计因该贷款产生的年度利息支出应在 0.76 亿至 1.13 亿美元。取利息中间值 0.95 亿美元核算抵减应税收入,按照美国综合所得税税率 40％估算,5 年内公司可以获得 1.9 亿美元的抵减,冲抵部分利息,每年偿还银行借款利息降至 0.57 亿美元。

（3）市场可比分析。

综合考虑通用家电业务的领先地位、业务属性、产品范围及市场地位等因素,全球家电市场中通用家电的可比公司主要有惠而浦、AO史密斯、阿塞利克、林内、大金工业、美的集团、格力电器、伊莱克斯等。但伊莱克斯由于与通用家电交易失败支付分手费后股价大幅下滑,并未反映其业务内在价值,因此在计算可比公司倍数时将其剔除。格力电器因期末现金余额较大,使企业价值倍数的计算结果较为异常,在计算时予以剔除。

常用的估值指标中,企业价值倍数和市净率是适合标的公司的估值指标。由于本次估值过程中不对标的公司进行任何财务预测,因此选择历史指标较为合适。根据相关分析计算,可比公司的企业价值倍数和市净率如表7-11所示。

表7-11　　　　　　可比公司企业价值倍数和市净率数据

可比公司	企业价值倍数	市净率
惠而浦	7.33	2.10
AO史密斯	11.19	3.84
阿塞利克	8.34	2.15
林内	11.76	2.25
大金工业	10.34	2.31
美的集团	8.76	2.59
通用电器	9.78	2.59
中值	9.55	2.31
平均值	9.62	2.55

通过市场可比分析能够看出,本次收购估值居市场平均水平,合理且公允。

2. 关于现金收购方式

青岛海尔此次采用现金收购方式有以下三个原因:

第一,对于青岛海尔股东来说,保持对股权的控制权与每股收益的增加才是他们关注的主要内容。如果选择股权支付,则一定会对公司原有的股权结构产生影响,并且如果青岛海尔收购通用家电后业绩并未上升,则也将稀释每股收益。分散的股权会使上市公司有被并购的威胁,大股东同样不希望其利益被分化。因此,即使现金收购在短期内对公司现金流会产生不利影响,但青岛海尔仍旧愿意选择现金收购。

第二,被并购方会左右支付方式的选择。被并购方股东出于利益的驱动肯定会选择对自己更有利的支付方式,青岛海尔以现金支付交易金额能够使通用电气一次性获得巨额现金流。而且通用电气也在对企业的战略方向进行调整和重新定位,其产业调整的第一步就是清理旗下的非核心业务(其中就包括家电业务),转而专注于高增长、高盈利的石油天然气、电力等重点领域。产业结构的调整、升级非常需要充足的资金支持,因此青岛海尔选择现金支付完全满足了通用电气的需求。

第三,青岛海尔能够筹集到充足的并购资金。青岛海尔拥有充足的自有资金和稳定的现金流。从青岛海尔的内部环境来说,公司处于成熟期,经营的波动性不大且具有坚固的资金链,可以支持本次收购活动;从青岛海尔的外部环境来说,公司良好的经营状况以及妥善的事前准备,使其能够从银行取得33亿美元的巨额贷款。青岛海尔通过兵分两路的方式确保了并购资金可以及时、有效地支付交接,促成了并购交易的达成。

二、案例点评

(一)跨国并购动因分析

1.并购方——青岛海尔

(1)打开国际市场,实现全球化战略布局。

青岛海尔想要在家电行业稳固地位,不断发展下去,打开国际市场是其战略规划重要的一部分。青岛海尔在提出全球化战略之后,一直在努力尝试使自己的品牌能走向全球,但是在这一过程中发现,过度强调自身品牌,会走向另一个极端,所以创立国际化品牌需要一个过程,而且想要提高企业在国际市场上的竞争力,品牌、资金、技术、营销渠道这些都是限制因素。青岛海尔若是通过在海外建厂的方式获得海外的市场地位,一方面,青岛海尔的进入会使得原本就充满竞争的海外家电市场更加饱满,导致竞争的加剧,反而不好发展;另一方面,经过多年的发展,海外家电市场已经基本定型,饱和的市场结构使得青岛海尔的进入更加困难,再加上海外家电品牌的消费者品牌忠诚度较高,此时进入的新品牌不易获得优势。在这样的背景下,想要实现全球化战略,对于青岛海尔来说开展跨国并购是一个绝佳的策略,一方面并购可以使青岛海尔借助通用家电在北美市场的品牌知名度和营销网络迅速打开北美市场;另一方面,通用家电先进的技术大大助力了青岛海尔在国际市场上竞争力的提升,从而为青岛海尔品牌全球化战略提供强大的助推力,进一步深化青岛海尔的全球化战略。

同时,进入2015年,经历过"家电下乡""以旧换新"等优惠政策之后,我国家电市场的购买力逐渐降低,内销市场逐渐低迷,空调、冰箱等大家电的零售额和零售量不断下降,想要在我国家电市场获得更多的利润变得更加困难,加之我国家电行业的技术创新较难突破,品牌地域化分布严重,产品同质化严重。而且,2015年前后,对比美的和格力等同行业的品牌,青岛海尔的海外收入情况不容乐观。因此,通过跨国并购稳定发展,增加海外收入成为青岛海尔的选择。

从全球角度来看,美国市场的开发潜力巨大,根据欧睿国际提供的数据,美国2015年大型家电的市场规模为589亿美元,占比为全球大型家电市场额的五分之一,不仅如此,其还会在未来5年内以每年3.25%的增长率增长扩大。尤其是在2015年金融市场剧烈波动影响全球的白色家电业务时,北美的白色家电业务却不降反增,而此时中国在全球家电市场的占比却不容乐观,因此,进军美国家电市场成为中国家电占据市场份额的选择;

另一个重要原因在于,尽管青岛海尔已在美国家电市场经营 20 余年,截至 2016 年,其在美国家电市场的占有率仅为 1.1%,可以说是效果甚微。相反,身为美国本土品牌的通用家电(GEA),在美国市场上的占有率达到 19%,深为消费者所熟知,因此通用电气对通用家电业务的出售,终于给青岛海尔带来了契机;通过对通用家电的并购,青岛海尔有机会以一种更加轻松的方式进入美国市场,迎来发展转机。

(2)发挥协同效应,调整产业结构。

青岛海尔和通用家电的相遇可谓强强联合,青岛海尔作为我国数一数二的家电大厂,已经在我国的家电市场拥有一定的话语权,通用家电在海外市场的占有率也不容小觑,因此,此次的并购将助力青岛海尔进一步提升优势,增强实力。在生产方面,青岛海尔以"轻度整合"为核心开展的一系列整合工作,能够帮助青岛海尔和通用家电扩宽上下游的产业链,增加原材料的供应商,由我国提供熟练合适的劳动力,还可以在我国的生产基地集中生产通用家电的产品,形成大规模的批量生产,从而降低生产成本。同时,还可以利用通用家电的 Predix 平台收集解析数据,时刻管理企业自身的互联网,连接更多的设备,提高产品的生产效率,从而起到降低生产成本的作用。

在采购方面,青岛海尔和通用家电在整合相同供应商的同时共享其他供应资源,不仅实现了采购成本的降低,还优化了采购流程。例如,青岛海尔和通用家电在制冷产品中有 13 个相同的供应商,利用集中采购的方式就可以实现采购量的整合,进一步帮助青岛海尔降低采购成本,获得采购中的主动地位。从数据上来看,联合采购的方式可以帮助青岛海尔在 5 年内节省 100 亿元人民币的采购成本,极具发展潜力。

在研发方面,对于家电企业来说,研发能力和核心技术能力就代表了企业的竞争力。青岛海尔的产品存在研发周期长、核心技术不够先进等问题,和行业中的其他巨头还存在着一定的差距,而通用电气在 2012 年投入了 10 亿美元帮助通用家电实现专项研发,使得其研发能力极大地提升。通过对通用家电的并购,青岛海尔可以获得通用家电先进的生产技术和独特的研发能力,节省研发时间的同时降低研发失败的风险。

在销售渠道方面,通用家电拥有广泛的销售网络和产品,其分销渠道涵盖了西雅图、芝加哥等多个地区,在全美覆盖率高达 85%。因此,通过通用家电提升品牌影响力,实现青岛海尔在美国市场的快速全覆盖,能够帮助青岛海尔打响在海外市场的口碑,获得更多的顾客,建立多元化的销售体系,同时,还可以帮助青岛海尔实现销售资源的进一步整合,形成更加完整顺畅的销售链条,注重大家电销售的同时将微波炉、烤箱等小家电注入美国市场,发挥中国制造的优势,开发更多潜能。

(3)实现产品多元化转型,扩大品牌优势。

青岛海尔进入海外市场困难的一个非常重要的原因即为海外市场的品牌已经历经了很长时间的发展,各品牌的地位已经较为固定,其想要在如此激烈的市场中分得一杯羹,只能根据海外市场的要求不断调整自身的生产经营策略。借助通用家电在美国的销售平台,青岛海尔可以实现与市场的对接,能够生产出更加适合海外市场需求的产品,促进产品的转型和升级,覆盖更多的人群,让更多的顾客认识和熟悉青岛海尔,提升顾客忠诚度和顾客黏性,形成品牌价值。

2.被并购方——通用家电

(1)实现产品的转型和升级。

与青岛海尔一样,通用电气也在寻找一个转型和升级的出口,然而,其选择的却是去多元化的方法,分割掉在同行业中排名靠后的业务,将主要精力回归到基础工业的发展之上,重点投放在基础设施、医疗航空等领域。而相比来说,对金融业务、家电业务等业务的要求不再严格,出售家电业务反而成为了主要的任务,因此,在这样的战略转型目标下,通用家电的出售成为必然。同时,通用家电业务在通用电气中的贡献不断降低,由于家电市场的竞争不断加剧,产品过剩,供大于求,通用家电在通用电气中的利润率仅为 2%,如此低的贡献率,成为通用家电被放弃的一大重要原因。

(2)实现共赢,完成整合。

跨国并购能否成功主要在于其能否实现并购后的整合,而通用电气选择了青岛海尔作为其并购方也是因为看中了青岛海尔"人单合一"的整合能力。青岛海尔能够根据当地的实际情况,实现不同文化间的合作与包容,这一能力也被青岛海尔的创始人张瑞敏称为"沙拉式体系",既能够像沙拉一样与其他蔬菜水果进行搭配,也可以保留住蔬菜水果的原有特征,即在保留住各国文化的基础上,实现各国之间的相互融合。同时,通用电气选择青岛海尔还因为其可以利用青岛海尔的平台将其 Predix 云平台技术推向中国市场,前面已经提到,通用电气的发展策略已经转向专注基础设施,因此,通用电气可以借助青岛海尔在中国的广阔平台,推广先进技术,帮助企业发展适合自己的工业互联网。

(二)并购的经济效应

1.协同效应

本次收购完成后,青岛海尔和标的资产将通过研发能力的提升和覆盖区域、客户人群的优势互补,在销售、研发、采购、供应链、质量控制等方面充分发挥协同效应,扩大市场份额,提升业务规模。预计未来标的资产将持续良性发展、盈利能力增强,且通过本次收购预期还能实现青岛海尔现有业务与收购业务之间的协同效应,相关协同效应将于整合过程中逐步释放,计提商誉减值的可能性较小。

通用家电在美国市场以销售冰箱、烹饪电器、洗衣机、洗碗机和消费者舒适型电器产品为主。青岛海尔在美国市场的收入主要来自缝隙产品,目前正向美国主流产品转型。本次收购预计不会对青岛海尔原有的海外业务产生冲击,并且会产生显著的协同效应,产品差异性互补,渠道共享增大产品市场销售份额。

由表 7-12 可知,青岛海尔的全球市场占比在 2013 年为 9.7%,在 2014 年增加了0.5%,随后逐年增加;2015 年青岛海尔以 9.8% 的市场占比,第七次蝉联全球第一,并且海尔冰箱、海尔洗衣机、海尔冷柜、海尔酒柜也继续坐拥全球第一的宝座,且大幅度领先第二名;2016 年是青岛海尔收购通用家电的第一年,青岛海尔的总收入实现千亿元的突破,以10.3% 的市场占比,继续蝉联全球第一,并且海尔冰箱、海尔洗衣机、海尔冷柜、海尔酒柜也继续坐拥全球第一。青岛海尔在并购后市场份额一直呈现上升趋势,根据世界权威市场调查机构欧睿国际公布的数据,2019 年海尔再次位列全球第一家电品牌,连续九年蝉联全球销量最大的家用电器品牌。通用家电的主要合作方在拉美和加拿大市场有着很强的影响力,通过此次并购,青岛海尔不仅成功取得了通用家电在北美市场的份额,还凭借通用家电与其合作方的关系,利用该公司在加拿大市场上的影响力,进一步打开了家电业务在加拿大市场的大门,为青岛海尔提高全球市场占有率提供了便利。

表 7 - 12　　　　　　　　　2013—2019 年青岛海尔全球市场占比

项　目	2013 年	2014 年	2015 年	2016 年	2017 年	2018 年	2019 年
全球市场占比/(%)	9.7	10.2	9.8	10.3	10.6	10.8	11.1

数据来源:根据相关资料整理

2. 提高业绩

在 2016—2020 年 5 年内,美国家电市场规模依然保持 3%~5% 的稳定增长。通用家电依靠原有的行业领先地位,叠加并购带来的协同效益,营业收入和净利润同步增长,增长速度高于行业平均水平。青岛海尔基于杠杆收购贷款的利息支出,在扣除利息抵减应税收入后平均值大概为每年 0.57 亿美元,扣除利息后盈余利润将使净资产收益率和每股收益率增加。按照 2015 年的预测值 3.23 亿美元的 EBIT(息税前利润)每年增长 5% 核算,2016—2020 年青岛海尔 EBIT 分别为 3.39 亿美元、3.56 亿美元、3.74 亿美元、3.926 亿美元、4.12 亿美元;按照综合所得税税率 40% 计算,年利息支出 0.95 亿美元(并购贷款利息),2016—2020 年的净利润为 1.464 亿美元、1.566 亿美元、1.674 亿美元、1.786 亿美元、1.902 亿美元。5 年累计 8.5 亿美元收入,5 年后不再需要偿还并购贷款利息,按预测的 2020 年的 4.12 亿美元 EBIT 水平,年平均利润 2.47 亿美元,10 年 24.7 亿美元加上之前的溢价收购带来的 15 年总计商誉抵减应税收入 10 亿美元,青岛海尔 15 年内可以获取 43.2 亿美元收入,而且考虑了贷款利息按时偿付的情形。这里有两个比较重要的假设:一是 EBIT 在 2016—2020 年保持年均 5% 增长,二是 2021 年后的 10 年年均利润不减少。

青岛海尔 2014—2019 年盈利能力指标如表 7 - 13 所示。

表 7 - 13　　　　　　　　　2014—2019 年盈利能力指标

单位:%

年　度	总资产收益率	净资产收益率	营业净利率	营业毛利率
2014	9.84	27.23	7.54	27.61
2015	7.85	18.41	6.60	27.93
2016	6.46	19.11	5.62	31.02

续 表

年 度	总资产收益率	净资产收益率	营业净利率	营业毛利率
2017	6.40	21.44	5.52	29.90
2018	6.03	18.98	5.38	29.14
2019	6.94	20.42	6.14	29.83

通过表 7-13 可以看出,2014—2019 年青岛海尔总体的盈利能力较为稳定。青岛海尔 2016—2017 年的营业毛利率较高,即并购当年,比 2015 年增加了 3.09%,如果排除通用家电(GEA)的影响,2016 年的营业毛利率为 29.84%,仅比上年提升 1.88%,因为跨国并购这一大事件给青岛海尔带来了十足的广告效应。同时,对通用家电原有顾客和市场份额的获得使得其营业毛利率有了一个短期的上升,进而随着热度和并购效应不断减弱之后,2017 年和 2018 年的营业毛利率有所回落,但这仍高于并购之前的 2014 年和 2015年的比率,而且 2019 年这一数据又总体上升,说明并购给青岛海尔带来的盈利能力的提升还是具有成效的。

在 2014 年至 2019 年间,青岛海尔的营业净利率、总资产收益率变化趋势相似,在 2014 年至 2016 年间,上述两种指标下降的速度较快,而在 2016 年之后,这两个指标下降幅度趋于平缓,这表明并购之后的青岛海尔通过实施具体实施策略,盈利能力有所改善。2014 年至 2019 年净资产收益率的变化趋势也支持了青岛海尔并购之后盈利能力改善的结论。在并购之后,青岛海尔的净资产收益率整体处于上升状态,尽管在 2018 年有所回落,但是仍高于 2015 年的水平。净资产收益率和总资产收益率的变化趋势基本相同。这两个利润率与利润贡献程度息息相关,并且与盈利能力成正相关关系。两个利润率的降低意味着净利润的增长速度跟不上青岛海尔资产的增长速度,因此青岛海尔要做的就是加强对资产质量的管理以及控制成本费用以减少利润的损失。

综上所述,在行业整体低迷的大环境下,青岛海尔应该对现有的业务与销售模式进行调整和改造,开辟新市场,创造新的利润增长点。青岛海尔也正是希望借助并购发挥协同效应并且积极开拓双方市场,达到提高利润的目的。

3. 提升品牌价值

品牌展现着一个企业甚至是一个国家的核心竞争力,品牌也是当今世界经济全球化中重要的战略资源,它不仅是一个企业的标签,同时也是一个国家技术实力的体现。青岛海尔作为一家以自主创新作为驱动力的企业,十分注重对其品牌的建设,也正是因为如此,它才不仅仅是家电产品的生产工厂,海尔旗下的家电产品也正是因为有了"海尔"牌子,才使其具有灵魂。多年来由于海尔对其品牌的建设,其在中国家电行业连续九年创造了品牌价值第一的佳绩。

青岛海尔一直为品牌全球化而努力,通过不断改进自己的产品,提高客户满意度来达到"品牌升级、社群体验、协同增值"的宏伟目标。但从时间维度来看,一个品牌从创立到成熟需要很长的时间,所以从时间成本这个角度来看,企业品牌靠自身的努力和建设是远远不够的。而并购在世界范围内相对知名的同行企业,可以在短时间内提升企业的品牌价值。因此青岛海尔为了建设在全球范围内的知名企业品牌,同时也为了打开北美的家电市场,并购通用家电后成功地获得了通用电气的技术研发团队和品牌价值,青岛海尔的产品格局和在全球的品牌价值在并购了通用家电之后有了很大的提升,加大了对高端家电产品的生产和销售,并且实现了其在中国家电市场上和北美市场上的双品牌运作模式,即"Haier+GEA"。

从表7-14中可以明显的看到,青岛海尔在2014年至2019年,品牌价值排名一直在上升,尤其是在并购了通用家电之后,排名上升的趋势明显,这主要是因为在青岛海尔取得了通用家电的品牌之后,迅速开拓了北美市场,在全球范围内提高了知名度,所以并购通用家电提升了青岛海尔的企业品牌价值,也使其国际化战略目标得到了进一步的实现。

表7-14   2014—2019年青岛海尔品牌价值排名

	2014 年	2015 年	2016 年	2017 年	2018 年	2019 年
排　名	172	82	76	50	41	41

4. 拓宽海外营销渠道

营销是企业将自己生产的产品和服务输送到客户手中,这也是企业生产链上必不可少的一个环节。企业一方面努力生产更多的产品,另一方面通过广阔的销售渠道,使企业的产品面向更多的消费者,这样企业的利润也会随之增加。近年来随着互联网技术、大数据、云计算以及电子商务迅速发展,企业为了获取更高的利润也在充分利用这些新技术,不断优化和开拓营销渠道。青岛海尔作为我国本土的家电制造企业,从创始之初到现在经过多年的努力形成了集研发—生产—营销为一体的产业链。在不断满足国内客户需求的同时,也在进一步加强国际品牌的建设,一直致力于将海尔这个民族品牌推向全世界。

青岛海尔针对国内市场的特点,在对实体门店精心运营的同时,充分利用互联网平台,在淘宝、天猫等电商平台上销售产品,综合利用线上线下的营销渠道,以此来提升企业的运营效率,为企业获取更多的利润。青岛海尔对于海外市场和营销渠道的拓展主要是通过海外投资建厂和跨国并购的方式。

2016年青岛海尔并购通用家电,就是拓展北美市场和海外营销渠道的手段,通过此次并购,青岛海尔入驻了通用家电的线上营销平台——Customer Net,从线下的销售渠道来看,此次并购青岛海尔获得了通用家电在北美市场的8个分销中心,这使得青岛海尔进一步开拓了其在海外的线上线下营销渠道,此次跨国并购以后,青岛海尔迅速提高了在北美市场的份额。通用家电先进的物流和分销水平,对于青岛海尔在海外市场的发展非常有利,进一步健全了海尔在全世界范围内的营销网络,提高其在更多海外国家和地区的销量,继续深化其国际化战略。

 **案例思考题**

1. 什么是跨国并购？跨国并购与一般的企业并购有何不同？青岛海尔跨国并购通用家电的目的是什么？

2. 跨国并购的方式有哪些？本案例中青岛海尔采用了何种方式？

3. 本案例对企业跨国并购有何启示？

第三节　美的集团的股份回购案

一、案例资料

（一）美的集团简介

美的集团,全名是美的集团股份有限公司,前身是由广东顺德人何享健在 1968 年创办的北街办塑料生产组。1980 年,公司开始制造风扇,进军家电制造行业。1981 年,公司注册了美的品牌。美的集团迄今为止主要经历了两次改革：第一次改革是 1992 年创始人何享健对美的集团进行的股份制改革。公司于次年在深交所上市,股票名称为美的电器,股票代码为 000527,成为第一家在深交所上市的由乡镇企业改组而成的上市公司。第二次改革是 2011 年公司开展的新一轮改革转型。至此创始人何享健退出董事会,方洪波接任新董事长。2013 年 9 月 18 日,美的集团在深交所上市,上市当日的开盘价为 3.7 元,股票代码为 000333。

美的集团是我国家电制造行业的龙头企业,2017 年美的集团收购德国库卡机器人公司 94.55％的股份以及以色列高创公司 79.37％的股份,正式进入机器人与自动化行业。经过多年的努力,美的集团成为一家科技集团,主要的产业包含了消费电器、暖通空调、机器人与自动化系统、智能供应链、芯片产业、电梯等。2020 年 11 月 13 日,美的集团的股价创下历史新高 94.76 元,总市值达 6 657.72 亿元,较上市开盘价上涨了 24 倍。截至 2021 年 6 月 30 日,公司的总资产为 38 021 120.2 万元,所有者权益为 12 345 478.6 万元,每股净资产为 16.066 7 元。

美的集团的主要业务分为智能家居事业群、机电事业群、暖通与楼宇事业部、机器人及自动化事业部和数字化创新业务五大板块。按行业分,主营业务所属行业为制造业。按地区分,美的集团的国外营业收入超过 4 成,在海外拥有 18 个研发中心、17 个主要生产基地和 3 万人的海外员工,国际化布局已经形成。

美的集团是家用电器制造业企业的龙头,据奥维云网的数据统计,美的集团的家用空调产品线上与线下的份额均位居全行业第一,分别达到 37.6％和 36.5％。截至 2021 年 6 月 30 日,美的集团暖通空调的营业收入稳定增长。包含了冰箱、洗衣机、厨房电器及其他小家电的消费电器的营业收入比上年同期的增长超过了暖通空调比上年同期的增长。但同时暖通空调和消费电器的毛利率也在不断被压缩。由于子公司库卡集团业务规模增长，美的集团的机器人、自动化系统及其他制造业的营业收入比上期的增长达到了 30% 以上且毛利率比上年同期有所增加。

截至 2021 年 6 月底，美的集团营业收入分布情况如表 7-15 所示。

表 7-15　　　　　　　　　　美的集团营业收入情况

产品/地区	营业收入/万元	营业成本/万元	毛利率/(%)	营业收入比上年同期增减/(%)	营业成本比上年同期增减/(%)	毛利率比上年同期增减/(%)
分产品						
暖通空调	7 640 847	6 047 609.7	20.85	19.33	24.60	−3.35
消费电器	6 496 431.9	4 573 239.2	29.60	22.49	26.08	−2.00
机器人、自动化系统及其他制造业	1 269 264.8	978 084.9	22.94	33.28	26.79	3.94
分地区						
国内	9 985 012.9	7 592 164	23.96	29.28	30.70	−0.82
国外	7 395 943.6	5 751 472.9	22.23	19.61	26.59	−4.29

整体来看，美的集团作为家电制造业的龙头，经营状态良好，在立足本国市场的同时也积极开辟国际市场，在立足传统家电制造的基础上努力通过兼并收购等形式向科技行业进行转型。2020 年 11 月 13 日美的集团的股价也创下历史新高，市值达到千亿，是市场公认的白马蓝筹股。

(二) 股份回购过程

1. 股份回购方案

在 2013 年美的集团实现整体上市后的第二年，美的集团提出了《关于股份回购计划的长效机制》，并于 2015 年、2018 年、2019 年、2020 年实行了股份回购。2015 年和 2018 年美的集团分别耗资 10 亿元和 40 亿元进行股份回购用于注销，减少注册资本，提升每股收益水平。2019 年和 2020 年美的集团分别耗资 32 亿元和 27 亿元进行股份回购用于实施公司股权激励计划和员工持股计划。

在 2021 年年初白马蓝筹股集体暴跌背景下，2021 年 2 月 24 日，美的集团发布关于回购部分社会公众股份的方案公告，在当时被称为 A 股史上规模最大回购。美的集团股份回购方案如表 7-16 所示。

表 7 - 16 美的集团股份回购方案

项　目	方　案
1. 回购的目的	用于实施公司股权激励计划及/或员工持股计划,完善公司治理结构,构建创新的管理团队持股的长期激励与约束机制,确保公司长期经营目标的实现,推动全体股东的利益一致与收益共享,提升公司整体价值
2. 回购的方式	集中竞价交易方式
3. 回购的用途	全部用于实施公司股权激励计划及/或员工持股计划
4. 回购股份的种类	公司发行的 A 股股票
5. 价格区间	不超过人民币 140 元/股,未超过董事会回购决议前三十个交易日股票交易均价的 150%
6. 回购股份的数量	数量上限 10 000 万股
7. 回购资金总额	不超过 140 亿元
8. 回购资金来源	公司自有资金
9. 拟回购股份比例	以拟回购股份数量的上限 10 000 万股计算,回购比例为公司总股本的 1.420 2% 左右
10. 回购期限	自董事会审议通过回购股份方案之日起 12 个月内。如果在上述期限内回购股份数量达到 10 000 万股的上限数量,则回购方案实施完毕,回购期限自该日起提前届满。在回购股份数量达到 5 000 万股下限数量的情况下,如根据市场情况及股权激励/员工持股计划的股份需要,公司董事会决定提前终止本回购方案,则回购期限自董事会审议通过之日起提前届满

2. 股份回购实施

具体股份回购进程如表 7 - 17 所示,美的集团于 2021 年 2 月 26 日发布了关于首次实施回购部分社会公众股份的公告,2021 年 3 月 2 日、2021 年 3 月 18 日、2021 年 4 月 3 日又陆续披露了回购进展的相关公告。

表 7 - 17 美的集团具体股份回购进程

日　期	累计回购数量/股	占公司总股本比例/(%)	成交价/(元/股)	支付金额/元
2021 年 2 月 25 日	3 197 889	0.045 4	92.43~95.68	302 454 071.21
2021 年 2 月 28 日	7 027 889	0.099 8	91.86~95.68	655 999 209.13
2021 年 3 月 17 日	70 996 354	1.007 7	81.02~95.68	6 199 566 261.59
2021 年 3 月 31 日	84 495 247	1.198 9	80.29~95.68	7 327 140 990.57
2021 年 4 月 2 日	99 999 931	1.418 9	80.29~95.68	8 664 107 576.69

3. 股份回购结果

从 2021 年 2 月 25 日美的集团首次开立回购专用证券账户开始到 2021 年 4 月 2 日,美的集团仅仅耗时 27 个交易日就完成了在当时被称为 A 股史上规模最大的回购。截至 2021 年 4 月 2 日,美的集团累计回购了 99 999 931 股,回购股份数量已达到回购方案的数量上限 10 000 万股,支付的总金额为 8 664 107 576.69 元,本次回购方案实施完毕。美的集团股份回购前后股权结构变化如表 7-18 所示。

表 7-18　　　　　　　　美的集团股份回购前后股权结构变化

项 目	回 购 前		回 购 后	
	股数/股	比 例	股 数/股	比 例
限售流通股	166 433 048	2.36%	166 433 048	2.40%
流通股	6 875 002 619	97.64%	6 775 002 688	97.60%
总股本	7 041 435 667	100.00%	6 941 435 736	100.00%

股份回购前后十大股东变化情况如表 7-19 所示。股份回购前后,最大的股东美的控股有限公司持股数量保持不变,第二大股东香港中央结算有限公司持股数量有所上升。前十大股东中的瑞士联合银行集团(UBS AG)和袁利群在回购后退出了前十大股东的名单,回购后在前十大股东的名单中新增了美林银行(MERRILL LYNCH INTERNATIONAL)和黄晓祥。除了最后三名股东有所变化外,其余股东基本保持不变。

表 7-19　　　　　　　　股份回购前后十大股东变化情况

回购前股东名称	回购后股东名称
美的控股有限公司	美的控股有限公司
香港中央结算有限公司	香港中央结算有限公司
中国证券金融股份有限公司	中国证券金融股份有限公司
方洪波	方洪波
加拿大年金计划投资委员会—自有资金	加拿大年金计划投资委员会—自有资金
中央汇金资产管理有限责任公司	中央汇金资产管理有限责任公司
黄健	黄健
UBS AG	栗建伟
栗建伟	MERRILL LYNCH INTERNATIONAL
袁利群	黄晓祥

二、案例点评

（一）美的集团股份回购动因分析

1. 实行股权激励计划

人力资本理论认为人力资本和物质资本一样是公司财务增长的重要基础，是企业发展的源动力。因此，根据人力资本理论推测美的集团此次回购的动因之一是实行股权激励计划或员工持股计划，从而充分地利用公司的人力资本，保持公司的创新发展。

股权激励一方面有利于调动员工的工作积极性，使激励对象的利益与公司利益相捆绑，往往激励对象是公司的核心人才并且激励存在一定的期限和要求，这有利于公司长期稳定的发展；另一方面有利于职业经理努力工作提高公司的经营效益从而提升股价，对公司来说降低了代理成本。美的集团的第一大股东为美的控股有限公司，其中集团创始人何享健持有美的控股有限公司 94.55% 的股权，创始人的儿媳卢德燕持有剩余 5.45% 的股权。作为创始人兼大股东的何享健早在 2010 年美的集团整体上市之前，就曾拿出股权给管理层，2014 年、2015 年美的集团又拿出 4% 的股权给核心员工，这些举措在行业内被认为是具有贯彻现代企业制度的标杆意义。作为职业经理人的方洪波则在何享健大力推动和支持股权激励制度的基础上，进一步推出了合伙人制度，公司从管理费用中拿出资金在市场上买股票授予核心团队并提出必须达到业绩目标才能赎回。无论是实控人的角度还是职业经理人的角度，公司实行股权激励似乎是作为一项常态化的安排。

2021 年 4 月 28 日美的集团召开的第三届董事会第三十二次会议和 2021 年 5 月 21 日召开的 2020 年度股东大会审议通过公司第七期全球合伙人持股计划将通过非交易过户的方式获得公司回购专用证券账户所持有的公司股票，并开立"美的集团股份有限公司——第七期全球合伙人持股计划"证券账户进行管理。而在 2021 年 4 月 30 日披露的《核心管理团队持股计划暨美的集团全球合伙人计划之第七期持股计划（草案）摘要》中可以看到此次回购股份被用于美的集团的第七期全球合伙人计划。因此，可以看到美的集团实现了本次回购实行股权激励计划的主要目的。

2015 年，美的集团开始了自己的股份回购历程。美的集团股份回购实施效果对比如表 7-20 所示。2015 年和 2018 年美的集团分别耗资 10 亿元和 40 亿元进行股份回购用于注销，减少注册资本，提升每股收益水平。而美的集团的股价也从 2015 年回购初的 17.44 元/股涨到了 2018 年底的 32.36 元/股，股价上涨了约 1.86 倍。2019 年和 2020 年美的集团分别耗资 32 亿元和 27 亿元进行股份回购用于实施公司股权激励计划和员工持股计划，公司股价也从 2019 年回购初的 41.11 元/股涨到 2020 年底的 96.84 元/股，股价上涨了约 2.36 倍。以实施公司股权激励计划和员工持股计划为目的的股份回购，带动了公司股价更加快速地上涨，增加了股东的财富，因此，也更有理由相信美的集团此次回购的主要动因在于实施公司股权激励计划和员工持股计划。

表 7−20 美的集团股份回购实施效果对比

项　目	第一次回购（2015 年）	第二次回购（2018 年）	第三次回购（2019 年）	第四次回购（2020 年）
回购资金总额	10 亿元	40 亿元	32 亿元（计划不超过 66 亿元）	27 亿元（计划不超过 52 亿元）
回购股份用途	注销,减少注册资本,提升每股收益水平	注销,减少注册资本,提升每股收益水平	实施公司股权激励计划和员工持股计划	实施公司股权激励计划和员工持股计划
发布公告时间	2015.06.27	2018.07.05	2019.02.22	2020.02.22
首次实施回购日	2015.07.21	2018.07.26	2019.03.05	2020.03.09
回购完毕时间	2015.07.31	2018.12.26	2020.02.10	2020.10.22
回购初股票价格/（元/股）	15.44	41.55	41.11	51.08
年底股票价格/（元/股）	14.38	32.36	55.05	96.84
回购当年涨幅/（%）	−0.068 7	−0.221 1	0.339 1	0.895 8

2. 向市场传递积极信号以稳定公司股价

由于我国市场的发展还不够成熟,个股的涨跌往往会受到市场整体波动的影响出现一起涨一起跌的情况。信号传递理论指出投资者与经营者之间存在信息不对称的现象,经营者往往比投资者掌握更多公司的内部信息,并认为当公司股价被低估时,公司会通过股份回购的方式购回自己公司的股份向市场传递积极的信号。经营者们是最接近公司各个业务的人,最能了解公司最真实的财务状况和经营的效果,能够最客观地了解公司的经营状况。当信息不对称导致了公司的股价被低估时,或是经营者认为公司的股价被低估时,公司就会利用股份回购这一手段向市场传递自身经营状况良好的信号,展现对自身未来发展的信心。根据信号传递理论,可以推测美的集团此次回购的动因之一在于向市场传递积极信号,稳定公司股价。

2020 年新冠疫情严重冲击世界经济,全球主要股票市场波动频繁,3 月纽约股市 10 天内经历了 4 次熔断。中国股市以及全球市场此后随着新冠疫苗的推广接种以及经济逐步企稳,2021 年春节前上证指数再次站上 3 650 点。然而 2021 年春节后上证指数开始持续下跌,美的集团的股价也受到了很大的影响。

美的集团股价变动情况如图 7−6 所示,美的集团的股价从 2 月 10 日最高点 106.40 元/股到 2 月 23 日收盘 89.34 元/股,累计下跌了 17.06 元/股,2 月 18 日、2 月 22 日当天的跌幅达到了 5% 以上,市场的情绪一度陷入了恐慌。2 月 24 日,当美的集团发布股份回购的公告后,公司当天的股价跳空高开,往后股价也逐渐开始企稳。美的集团通过此次回购在短期内稳住了公司的股价,在美的集团发布的关于回购部分社会公众股份的方案的公告中可以看到,回购价格不超过 140 元/股,而最终回购过程中回购股票的价格也在 80.29～95.68 元/股之间,显示出美的集团对企业价值的认可与自信。因此根据信号传递理论,有理由相信美的集团通过回购是为了提升投资者信心,稳定公司股价,向市场传递积极的信号,从而缓解来自市场的压力。

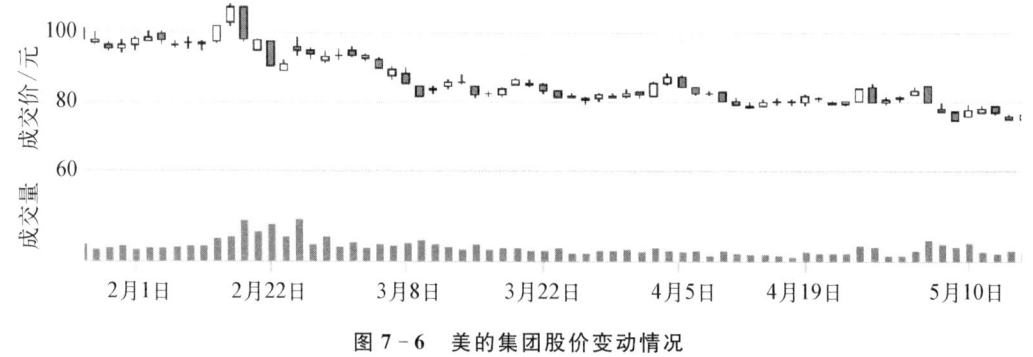

图 7-6　美的集团股价变动情况

3. 优化公司资本结构

权衡理论提出了最优资本结构,不仅需要考虑公司债务的税盾效应,同时也讲究一定的现金持有以避免公司陷入一定的财务困境。根据权衡理论,公司通过股份回购可以减少股权融资规模,提高资产负债率,降低平均融资成本,从而起到优化公司资本结构的效果。将美的集团与同行业有代表性的家电制造业企业的资产负债率(见图 7-7)进行对比,可以发现美的集团的资产负债率低于海尔智家和海信家电,高于格力电器。美的集团的资产负债率具有进一步优化的空间,通过与同行业相关公司资产负债率的对比,也可以发现美的集团的股份回购存在优化公司资本结构的动因。

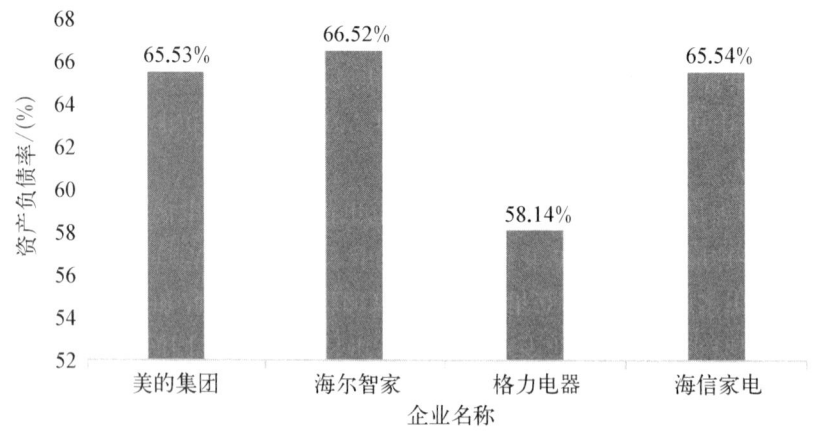

图 7-7　有代表性的家电制造业企业的资产负债率

从表 7-21 中可以看到,美的集团回购前后公司的财务杠杆系数的变化呈现出先下降后上升的趋势。公司的资产负债率也呈现出先下降后上升的趋势,回购后公司的资产负债率高于回购前,回购前后的资产负债率大致相差了 3%。此次回购也给公司带来了减少权益资本增加财务杠杆的效果,由此可以推断优化公司的资本结构也是公司股份回购的潜在动因之一。

表 7-21　　　　　　　　　美的集团回购前后财务杠杆系数与资产负债率

日期/财务指标	2021 年 6 月	2021 年 3 月	2020 年 12 月	2020 年 9 月
利润总额/万元	1 762 438.4	745 962	3 166 353.9	2 594 794.5
利息支出/万元	4 114.9	1 505.9	10 516.8	9 509.6
财务杠杆系数	1.002 3	1.002 0	1.003 3	1.003 7
总负债/万元	25 675 641.6	24 480 539.8	23 614 550.3	23 031 445.8
总资产/万元	38 021 120.2	36 917 452.6	36 038 260.3	35 044 345
资产负债率/(%)	67.53	66.31	65.53	65.72

数据来源:根据公司报表数据计算所得。

4. 降低代理成本

通过美的集团 2021 年 2 月 24 日发布的公告可以看出美的集团此次回购使用的资金来自自有资金。众所周知,维持公司的正常经营需要一定的自有资金。倘若公司进行股份回购所占用的资金本应用于公司固定的生产经营,那么将会影响到公司未来的发展。但如果是将公司多余的资金充分利用起来,并不影响公司的生产经营活动,反而会起到提高公司资金利用率、降低代理成本的作用。如果公司存在大量的自有现金流将会增加代理成本,造成股东与公司管理者之间的矛盾。处于成熟期的公司由于成长机会较少,管理层可能会存在滥用资金以满足自己私欲的情况,导致代理成本的增加。因此下文将从两方面展开探讨:一方面美的集团是否存在过量的闲置资金,另一方面美的集团是否拥有较好的投资机会。进而验证降低代理成本是不是公司此次回购的动因之一。

从表 7-22 中可以看到,美的集团货币资金的绝对量高于除了格力电器之外其余家电制造业的代表性公司;货币资金占总资产的相对比例略低于同为家电制造业龙头企业的海尔智家和格力电器。考虑到海尔和格力身为国企的特殊性,总体上可以判断,美的集团的货币资金在同行业中依旧处于一个比较充足的状态。

表 7-22　　　　　　　　2020 年美的集团与代表企业的货币资金对比表

日　期	项　目	美的集团	海尔智家	格力电器	海信家电	九阳股份	四川长虹	苏泊尔
9 月 30 日	货币资金/亿元	664.90	439.72	1 309.87	65.03	12.09	175.02	13.40
	总资产/亿元	3 504.43	2 002.07	2 742.22	381.26	76.23	781.14	108.33
	占比/(%)	18.97	21.96	47.77	17.06	15.9	22.4	12.4

续　表

日　期	项　目	美的集团	海尔智家	格力电器	海信家电	九阳股份	四川长虹	苏泊尔
12 月 31 日	货币资金/亿元	812.10	464.61	1 364.13	71.11	19.61	198.64	17.20
	总资产/亿元	3 603.83	2 034.59	2 792.18	418.12	91.35	785.88	122.92
	占比/(%)	22.53	22.84	48.86	17.01	21.5	25.3	14.0

为了进一步验证美的集团是否拥有较为充足的现金流,本书将从美的集团的现金充裕率方面进行分析。从表 7-23 中可以看到,美的集团在回购前的现金充裕率都大于 1,说明美的集团日常经营所产生的现金流量净额可以覆盖其自身的债务额,因此可以进一步判断美的集团存在一定的闲置资金。

表 7-23　　　　　　　　　　美的集团的现金充裕率

项　目	2019 年12 月 31 日	2020 年3 月 31 日	2020 年6 月 30 日	2020 年9 月 30 日	2020 年12 月 31 日
经营活动产生的现金流量净额/万元	3 859 040.4	766 859.7	1 840 549.1	2 501 463.5	2 955 711.7
购建固定资产、无形资产和其他长期资产所支付的现金/万元	345 185.6	88 483	206 086.4	320 646.3	465 658.2
偿还债务支付的现金/万元	864 387.5	26 035.1	153 939.2	506 876	835 433.8
分配股利、利润或偿还利息所支付的现金/万元	1 105 576.9	38 334.4	1 185 377.4	1 227 795.2	1 282 263.6
现金流量充裕率/(%)	1.67	5.02	1.19	1.22	1.14

另一方面,根据表 7-24,美的集团经营活动发生的现金流量为正并且保持一个较高的水平,这说明美的集团的经营状况良好。投资活动产生的现金流量净额数额较大且总体上有不断增加的趋势,2020 年二季度开始投资活动发生的现金流量净额超过经营活动发生的现金流量净额,这说明美的集团在回购前并不缺乏良好的投资机会。综上可以判断,美的集团货币资金充足同时并不缺乏良好的投资机会,因此降低代理成本不是此次回购的潜在动因之一。

表 7-24　　　　　　　　　　美的集团现金流量净额

单位:万元

时　间	投资活动发生的现金流量净额	经营活动发生的现金流量净额
2019 年 12 月 31 日	−2 310 770.1	3 859 040.4
2020 年 3 月 31 日	−548 557.4	766 859.7

续 表

时　间	投资活动发生的现金流量净额	经营活动发生的现金流量净额
2020 年 6 月 30 日	−2 494 435.5	1 840 549.1
2020 年 9 月 30 日	−3 209 858.1	2 501 463.5
2020 年 12 月 31 日	−3 531 066.3	2 955 711.7

5. 提高每股收益

每股收益即每股税后利润,反映的是公司每股股票能够产生的税后利润,通常该指标被投资者用来衡量普通股的获利能力。在利润不变的情况下,公司通过回购股票可以降低流通在外的普通股数量,从而提高公司股票的每股收益,达到增加公司价值,增加股东财富的目的。因此推断提高每股收益,增加公司的价值也是美的集团此次回购的动因之一。

由表 7-25 可以看到,美的集团股份回购后 2021 半年度的每股收益为 2.17 大于 2020 半年度的每股收益 2.01,每股收益同比增长了 7.96%,大于净利润的增长。由此可以判断,美的集团在进行股份回购后每股收益得到了提升,每股收益的增长幅度大于净利润的增长幅度。因而提高每股收益,增加公司的价值也是美的集团此次回购的动因之一。

表 7-25　　　　美的集团股份回购前后每股收益、营业收入、净利润情况

日　期	每股收益/(元/股)	营业收入/万元	净利润/万元
2020 年 3 月 31 日	0.70	5 835 591.5	481 097.7
2020 年 6 月 30 日	2.01	13 971 927.8	1 392 829.5
2020 年 9 月 30 日	3.18	21 775 315	2 201 830.1
2020 年 12 月 31 日	3.93	28 570 972.9	2 722 296.9
2021 年 3 月 31 日	0.93	8 301 712	646 858.8
2021 年 6 月 30 日	2.17	17 484 689.5	1 500 904.6
2021 年 9 月 30 日	3.41	26 294 258.9	2 345 525

(二) 美的集团股份回购市场效应分析

截至 2021 年 4 月 30 日,美的集团股价为 80.17 元/股,低于回购均价。从开始回购到回购结束,美的集团的累计回报率基本低于沪深 300 指数的累计回报率,如图 7-8 所示。虽然从图 7-8 中看美的集团的累计回报率低于沪深 300 指数的回报率,但回购后美的集团的累计回报率出现短暂的反弹。短期内市场对于此次股份回购的看法如何,可以采用

事件研究法对此次回购的短期市场效应进行分析。事件研究法可以反映出市场上某一事件对股价波动的影响,进而研究其是否带来超额收益率。通过分析事件前后超额收益率与累计超额收益率的变化情况,来解释该事件对股价的影响。

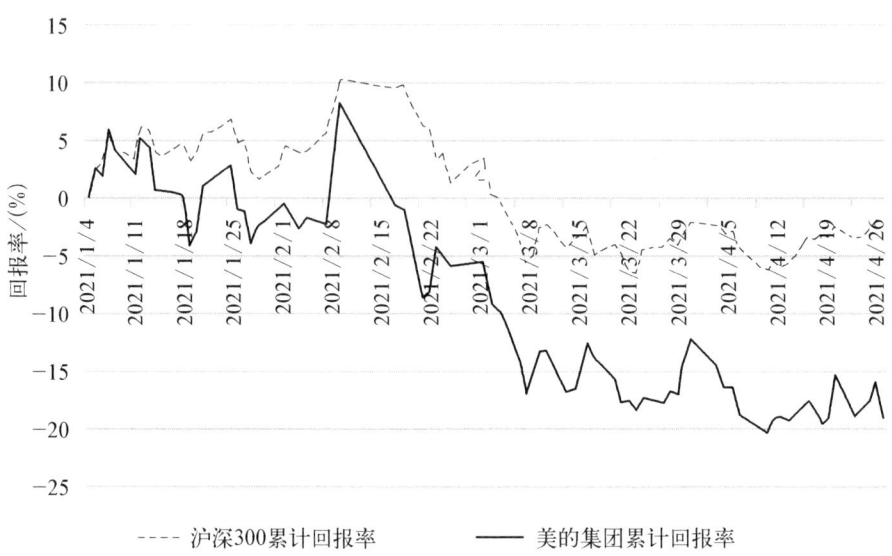

图 7－8　2021 年 1—4 月美的集团与沪深 300 指数累计回报率的变化趋势图

2021 年 2 月 24 日美的集团发布公告宣布进行股份回购,因此将 2021 年 2 月 24 日确定为事件日 T;以事件前后 10 个交易日为事件的窗口期,记为[T－10,T＋1]。以事件前110 日为估计窗口期,记为[T－110,T－11]。在确定了事件日和窗口期后对超额收益率和累计超额收益率进行计算。

计算超额收益率和累计超额收益率的过程如下:

步骤一:计算美的集团和市场的实际收益率。

$$R_{i, t} = (P_{i, t} - P_{i, t-1}) / P_{i, t-1}$$

$$R_{m, t} = (P_{m, t} - P_{m, t-1}) / P_{m, t-1}$$

其中,$R_{i, t}$为美的集团在时点 t 的股票实际收益率;$R_{m, t}$为市场在时点 t 的实际收益率;$P_{m, t}$为美的集团在 t 日的股票收盘价;$P_{m, t}$为市场在 t 日的收盘价。

步骤二:建立正常收益率模型:

$$R_t = \alpha + \beta \cdot R_{m, t}$$

其中,R_t为美的集团在时点 t 的股票正常收益率;α,β 为参数。选取深证成指作为市场价格。估计期为事件前 110 个交易日至前 11 个交易日,共 100 个交易日,记为[－110,－11]。运用 Stata 软件回归分析得到正常收益率模型为:

$$R_t = 0.002\,650\,5 + 0.956\,188\,9 X R_{m, t}$$

其中 $\alpha = 0.002\ 650\ 5$，$\beta = 0.956\ 188\ 90$

步骤三：计算美的集团的超额收益率和累计超额收益率。

$$AR = R_{i,t} - R_t$$

将计算得到的超额收益率代入累计超额收益率公式，得出累计超额收益率：

$$CAR = \sum AR$$

通过计算得出事件窗口期美的集团超额收益率与累计收益率，如表 7-26 所示。

表 7-26　　　　　　　　　美的集团超额收益率与累计收益率

窗口期	日　期	实际收益率 （$R_{i,t}$）	正常收益率 （R_t）	超额收益率 （AR）	累计超额收益率 （CAR）
$t=-10$	2021/2/3	$-0.009\ 535\ 403$	$-0.004\ 435\ 675$	$-0.005\ 794\ 179$	$-0.092\ 624\ 057$
$t=-9$	2021/2/4	$-0.012\ 699\ 713$	$-0.006\ 039\ 733$	$-0.007\ 365\ 188$	$-0.086\ 829\ 878$
$t=-8$	2021/2/5	$0.008\ 817\ 427$	$-0.004\ 287\ 009$	$0.012\ 410\ 981$	$-0.079\ 464\ 69$
$t=-7$	2021/2/8	$-0.006\ 066\ 838$	$0.018\ 826\ 484$	$-0.025\ 431\ 78$	$-0.091\ 875\ 671$
$t=-6$	2021/2/9	$0.054\ 210\ 635$	$0.024\ 753\ 913$	$0.028\ 958\ 013$	$-0.066\ 443\ 891$
$t=-5$	2021/2/10	$0.051\ 128\ 557$	$0.022\ 426\ 721$	$0.028\ 187\ 521$	$-0.095\ 401\ 905$
$t=-4$	2021/2/18	$-0.082\ 251\ 891$	$-0.009\ 749\ 569$	$-0.073\ 232\ 408$	$-0.123\ 589\ 426$
$t=-3$	2021/2/19	$-0.003\ 153\ 611$	$0.005\ 397\ 985$	$-0.009\ 180\ 104$	$-0.050\ 357\ 018$
$t=-2$	2021/2/22	$-0.077\ 048\ 678$	$-0.027\ 577\ 395$	$-0.050\ 320\ 922$	$-0.041\ 176\ 914$
$t=-1$	2021/2/23	$0.005\ 528\ 527$	$-0.003\ 881\ 95$	$0.008\ 719\ 738$	$0.009\ 144\ 008$
$t=0$	2021/2/24	$0.044\ 864\ 746$	$-0.021\ 530\ 493$	$0.065\ 586\ 151$	$0.000\ 424\ 269$
$t=1$	2021/2/25	$-0.011\ 366\ 028$	$-0.000\ 710\ 862$	$-0.011\ 324\ 639$	$-0.065\ 161\ 882$
$t=2$	2021/2/26	$-0.009\ 154\ 78$	$-0.018\ 862\ 269$	$0.008\ 916\ 294$	$-0.053\ 837\ 243$
$t=3$	2021/3/1	$0.002\ 685\ 862$	$0.025\ 216\ 788$	$-0.023\ 026\ 532$	$-0.062\ 753\ 537$
$t=4$	2021/3/2	$0.002\ 035\ 787$	$-0.004\ 883\ 492$	$0.006\ 221\ 825$	$-0.039\ 727\ 005$
$t=5$	2021/3/3	$-0.000\ 320\ 787$	$0.013\ 828\ 569$	$-0.014\ 721\ 33$	$-0.045\ 948\ 83$
$t=6$	2021/3/4	$-0.038\ 399\ 829$	$-0.031\ 286\ 663$	$-0.007\ 987\ 678$	$-0.031\ 227\ 5$
$t=7$	2021/3/5	$-0.004\ 449\ 388$	$0.001\ 748\ 924$	$-0.006\ 851\ 291$	$-0.023\ 239\ 822$

窗口期	日　期	实际收益率 （$R_{i,t}$）	正常收益率 （R_t）	超额收益率 （AR）	累计超额收益率 （CAR）
$t=8$	2021/3/8	−0.044 692 737	−0.034 636 758	−0.010 952 957	−0.016 388 532
$t=9$	2021/3/9	−0.041 052 632	−0.024 948 53	−0.016 936 11	−0.005 435 575
$t=10$	2021/3/10	0.020 368 338	0.008 258 476	0.011 500 535	0.011 500 535

事件窗口期内超额收益率与累计超额收益率的变化情况见图 7-9。由图 7-9 可以看出，在回购事件窗口期内，美的集团的超额收益率有着巨大的波动。美的集团的超额收益率在 $t=-8$，[−6，−5]，[−1，0]，3，4，10 为正值，其余期限内都为负值。在公告发生前，超额收益率的波动较大。在公告发生的当天超额收益率为正，累计超额收益率也有明显的提升，这说明公众在公司发布公告后的当天就对此作出了积极的反应。在回购后的[1，4]窗口期内，公众对于公司的公告的反应在反复震荡，2 日与 4 日超额收益率为正，1 日与 3 日超额收益率为负。[5，9]窗口期内超额收益率为负，总体上累计超额收益率呈上升趋势。在 10 日超额收益率和累计超额收益率都由负变为正，总体看市场对于此次回购的反应是积极的。

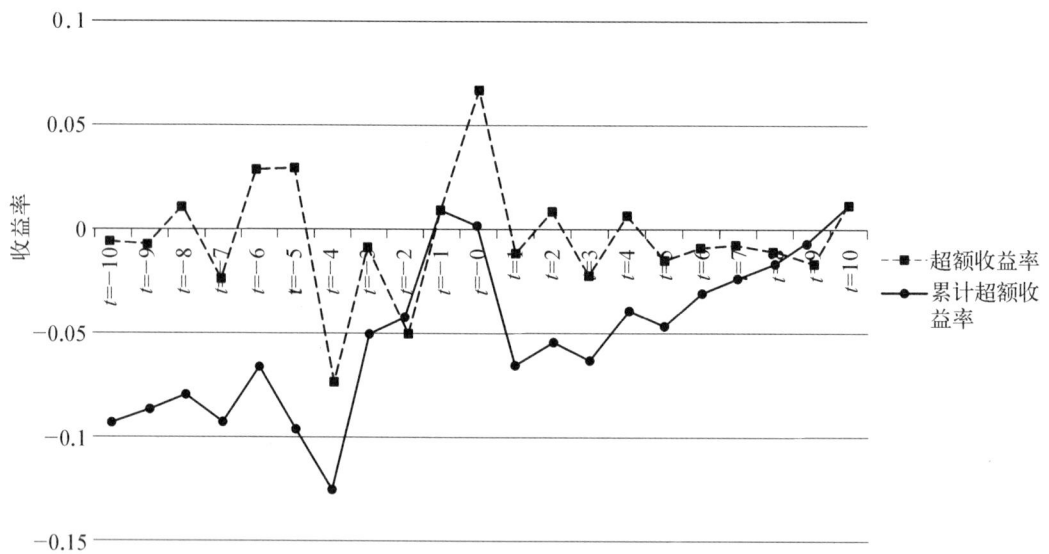

图 7-9　美的集团股份回购事件窗口期超额收益率与累计超额收益率的变化图

综合来看，美的集团通过此次回购向市场传递了积极的信号，而市场也给予了此次回购积极的反应。美的集团通过此次回购减轻了来自市场的压力，这也有助于企业有更多精力去专注自身发展以应对来自其他方面的挑战。

 **案例思考题**

1. 什么是股份回购？美的集团股份回购的主要动因是什么？

2. 什么是事件研究法？如何采用事件研究法分析股份回购的市场效应？

3. 目前我国法律对股份回购的相关规定如何？

附录　资本运营管理相关法规汇编

一、综合法规

1.《中华人民共和国公司法》(1993 年 12 月 29 日,第八届全国人民代表大会常务委员会第五次会议通过,2018 年 10 月 26 日第十三届全国人民代表大会常务委员会第六次会议修正)。

2.《中华人民共和国证券法》(1998 年 12 月 29 日,第九届全国人民代表大会常务委员会第六次会议通过,2019 年 12 月 28 日第十三届全国人民代表大会常务委员第十五次会议修订)。

二、公司治理与控制权安排法规

1.《上市公司治理准则(2018 年修订)》(2018 年 9 月 30 日,中国证券监督管理委员会证监发〔2018〕29 号)。

2.《上市公司章程指引(2022 年修订)》(2022 年 1 月 5 日,中国证券监督管理委员会证监发〔2022〕2 号)。

3.《上市公司股东大会规则(2022 年修订)》(2022 年 1 月 5 日,中国证券监督管理委员会证监公司字〔2022〕13 号)。

4.《关于在上市公司建立独立董事制度的指导意见》(2001 年 8 月 16 日,中国证券监督管理委员会证监发〔2001〕102 号)。

三、上市公司收购法规

1.《上市公司收购管理办法(2014 年修订)》(2014 年 10 月 23 日中国证券监督管理委员会令〔2014〕108 号)。

2.《关于规范上市公司实际控制权转移行为有关问题的通知》(2004 年 1 月 7 日,中国证券监督管理委员会证监公司字〔2004〕1 号)。

3.《权益变动报告书(2020 年修订)》(中国证券监督管理委员会《公开发行证券的公司信息披露内容与格式准则》第 15 号,2020 年 3 月 20 日,中国证券监督管理委员会公告〔2020〕20 号)。

4.《上市公司收购报告书(2020 年修订)》(中国证券监督管理委员会《公开发行证券的公司信息披露内容与格式准则》第 16 号,2020 年 3 月 20 日,中国证券监督管理委员会公告〔2020〕20 号)。

5.《要约收购报告书(2022 年修订)》(中国证券监督管理委员会《公开发行证券的公司信息披露内容与格式准则》第 17 号,2022 年 1 月 5 日,中国证券监督管理委员会公告〔2022〕9 号)。

6.《被收购公司董事会报告书(2020 年修订)》(2020 年 3 月 20 日,中国证券监督管理委员会《公开发行证券的公司信息披露内容与格式准则》18 号)。

7.《豁免要约收购申请文件》(2002 年 11 月 28 日,中国证券监督管理委员会《公开发行证券的公司信息披露内容与格式准则》19 号)。

四、上市公司证券上市、股份转让和退市法规

1.《上海证券交易所股票上市规则(2023 年 8 月修订)》(2023 年 8 月 4 日,上海证券交易所)。

2.《深圳证券交易所股票上市规则(2023 年 8 月修订)》(2023 年 8 月 4 日,深圳证券交易所)。

3.《中国证券监督管理委员会关于加强对上市公司非流通股协议转让活动规范管理的通知》(2001 年 9 月 30 日,中国证券监督管理委员会证监发〔2001〕119 号)。

4.《深圳证券交易所上市公司国有股权协议转让过户须知》(中国证券登记结算公司深圳分公司)。

5.《深圳证券交易所上市公司非国有股权协议转让过户须知》(中国证券登记结算公司深圳分公司)。

6.《最高人民法院关于冻结、拍卖上市公司国有股和社会法人股若干问题的规定》(2001 年 8 月 28 日,最高人民法院法释〔2001〕28 号)。

7.《财政部〈关于上市公司国有股被人民法院冻结、拍卖有关问题〉的通知》(2001 年 11 月 2 日,中华人民共和国财政部财企〔2001〕656 号)。

8.《关于金融机构上市公司股权转让有关问题的通知》(1996 年,中国证券监督管理委员会)。

9.《关于加强上市公司主要股东变更审查工作的通知》(1998 年 8 月 24 日,中国证券监督管理委员会上市部〔1998〕51 号)。

10.《关于加强对上市公司董事、监事、经理持有本公司股份管理的通知》(1996 年 4 月 22 日,中国证券监督管理委员会证监发字〔1996〕54 号)。

11.《证券市场禁入规定》(2021 年 6 月 1 日,中国证券监督管理委员会令第 185 号)。

五、外资并购相关法规

1.《外国投资者对上市公司战略投资管理办法》(2015 年修订,2005 年 12 月 31 日商务部、中国证券监督管理委员会、国家税务总局、国家工商行政管理总局、国家外汇管理局令 2005 年第 28 号)。

2.《关于向外商转让上市公司国有股和法人股有关问题的通知》(2002 年 11 月 1 日,中国证券监督管理委员会、中华人民共和国财政部、国家经济贸易委员会,证监发〔2002〕83 号)。

3.《利用外资改组国有企业暂行规定》(2002 年 11 月 8 日,中华人民共和国国家经济贸易委员会、中华人民共和国财政部、中华人民共和国国家工商行政管理总局、国家外汇管理局,第 42 号令)。

4.《外国投资者并购境内企业暂行规定》(2003 年 3 月 7 日,中华人民共和国对外贸易经济合作部、中华人民共和国国家税务总局、中华人民共和国国家工商行政管理总局、中华人民共和国国家外汇管理局〔2003〕第 3 号)。

5.《指导外商投资方向规定》(2002 年 2 月 11 日,中华人民共和国国务院令第 346 号)。

6.《外商投资产业指导目录(2017 年修订)》(中华人民共和国国家发展和改革委员会、中华人民共和国商务部令第 4 号)。

7.《关于国有企业利用外商投资进行资产重组的暂行规定》(1998 年 9 月 14 日,国家经济贸易委员会国经贸外经〔1998〕576 号)。

8.《外商投资企业合并与分立的规定》(外经贸部、工商总局令 2001 年第 8 号,根据 2015 年 10 月 28 日《商务部关于修改部分规章和规范性文件的决定》修正)。

9.《关于外商投资企业境内投资的暂行规定》(2000 年 7 月 25 日,中华人民共和国对外贸易经济合作部、国家工商行政管理总局第 6 号令)。

六、上市公司会计、财务处理、审计和资产评估法规

(一) 综合

1.《中华人民共和国会计法》(根据 2017 年 11 月 4 日第十二届全国人民代表大会常务委员会第十三次会议《关于修改〈中华人民共和国会计法〉等十一部法律文件的决定》第二次修正)。

2.《企业财务通则》(2006 年 12 月 4 日,财政部令第 41 号)。

(二) 会计准则

1.《企业会计准则——基本准则》(2014 年修订)。

2.《企业会计准则第 1 号——存货》。

3.《企业会计准则第 2 号——长期股权投资》(2014 年修订)。

4.《企业会计准则第 3 号——投资性房地产》。

5.《企业会计准则第 4 号——固定资产》。

6.《企业会计准则第 5 号——生物资产》。

7.《企业会计准则第 6 号——无形资产》。

8.《企业会计准则第 7 号——非货币性资产交换》。

9.《企业会计准则第 8 号——资产减值》。

10.《企业会计准则第 9 号——职工薪酬》(2014 年修订)。

11.《企业会计准则第 10 号——企业年金基金》。

12.《企业会计准则第 11 号——股份支付》。

13.《企业会计准则第 12 号——债务重组》。

14.《企业会计准则第 13 号——或有事项》。

15.《企业会计准则第 14 号——收入》(2017 年修订)。

16.《企业会计准则第 15 号——建造合同》。

17.《企业会计准则第 16 号——政府补助》(2017 年修订)。

18.《企业会计准则第 17 号——借款费用》。

19.《企业会计准则第 18 号——所得税》。

20.《企业会计准则第 19 号——外币折算》。

21.《企业会计准则第 20 号——企业合并》。

22.《企业会计准则第 21 号——租赁》。

23.《企业会计准则第 22 号——金融工具确认和计量》(2017 年修订)。

24.《企业会计准则第 23 号——金融资产转移》(2017 年修订)。

25.《企业会计准则第 24 号——套期会计》(2017 年修订)。

26.《企业会计准则第 25 号——原保险合同》。

27.《企业会计准则第 26 号——再保险合同》。

28.《企业会计准则第 27 号——石油天然气开采》。

29.《企业会计准则第 28 号——会计政策、会计估计变更和差错更正》。

30.《企业会计准则第 29 号——资产负债表日后事项》。

31.《企业会计准则第 30 号——财务报表列报》(2014 年修订)。

32.《企业会计准则第 31 号——现金流量表》。

33.《企业会计准则第 32 号——中期财务报告》。

34.《企业会计准则第 33 号——合并财务报表》(2014 年修订)。

35.《企业会计准则第 34 号——每股收益》。

36.《企业会计准则第 35 号——分部报告》。

37.《企业会计准则第 36 号——关联方披露》。

38.《企业会计准则第 37 号——金融工具列报》(2017 年修订)。

39.《企业会计准则第 38 号——首次执行企业会计准则》。

40.《企业会计准则第 39 号——公允价值计量》(2014 年修订)。

41.《企业会计准则第 40 号——合营安排》(2014 年修订)。

42.《企业会计准则第 41 号——在其他主体中权益的披露》。

43.《企业会计准则第 42 号——持有待售的非流动资产、处置组和终止经营》(2017 年修订)。

（三）财务处理

1.《实施〈企业会计制度〉及其相关会计准则问题解答（四）》（2004年5月28日，中华人民共和国财政部，财会〔2004〕3号）。

2.《外商投资企业执行〈企业会计制度〉有关问题的规定》（中华人民共和国财政部，财会〔2001〕62号）。

3.《关于印发〈关联方之间出售资产等有关会计处理问题暂行规定〉的通知》（2001年12月21日，中华人民共和国财政部，财会〔2001〕64号）。

4.《关于执行〈关联方之间出售资产等有关会计问题暂行规定〉有关问题的复函》（2001年12月30日，中华人民共和国财政部，财办会〔2001〕42号）。

5.《关于对〈企业会计制度〉有关问题的复函》（2002年9月30日，中华人民共和国财政部）。

6.《财政部关于印发"关于执行〈企业会计制度〉和相关会计准则有关问题解答（一）"的通知》（2001年7月5日，中华人民共和国财政部，财会〔2001〕43号）。

7.《财政部关于印发"关于执行〈企业会计制度〉和相关会计准则有关问题解答（二）"的通知》（2003年3月17日，中华人民共和国财政部，财会〔2003〕10号）。

8.《财政部关于印发〈关于企业与银行等金融机构之间从事应收债权融资等有关业务会计处理的暂行规定〉的通知》（2002年，中华人民共和国财政部，财会〔2003〕14号）。

9.《关于印发〈关于企业收取的一次性入网费会计处理的规定〉的通知》（2002年，中华人民共和国财政部，财会〔2003〕16号）。

10.《关于上市公司利润分配会计处理规定的通知》（1996年2月15日，中华人民共和国财政部，财会字〔1996〕第7号）。

11.《关于上市公司做好各项资产减值准备等有关事项的通知》（2000年，中国证券监督管理委员会，证监公司字〔1999〕138号）。

12.《改变应收款项坏账准备计提比例和方法的会计处理规定》（2000年，中华人民共和国财政部，财会字〔2000〕4号）。

（四）审计

1.《关于成立上市公司会计审计问题专家技术援助小组的决定》（2002年，中国注册会计师协会，会协〔2002〕202号）。

2.《中国注册会计师协会专家技术援助小组信息公告第1号》（2002年，中国注册会计师协会专家技术援助小组）。

3.《中国注册会计师协会专家技术援助小组信息公告第2号》（2002年，中国注册会计师协会专家技术援助小组）。

4.《中国注册会计师协会专家技术援助小组信息公告第3号》（2002年，中国注册会计师协会专家技术援助小组）。

5.《中国注册会计师协会专家技术援助小组信息公告第 4 号》(2002 年,中国注册会计师协会专家技术援助小组)。

6.《中国注册会计师协会专家技术援助小组信息公告第 5 号》(2002 年,中国注册会计师协会专家技术援助小组)。

7.《中国注册会计师协会专家技术援助小组信息公告第 6 号》(2002 年,中国注册会计师协会专家技术援助小组)。

8.《审计技术提示第 1 号——财务欺诈风险》(中国注册会计师协会,会协〔2002〕203 号)。

9.《审计技术提示第 2 号——会计报表公布日后发现的事实》(中国注册会计师协会)。

10.《独立审计具体准则第 12 号——利用专家的工作》(1996 年 12 月 26 日,中国注册会计师协会,会协字〔1996〕456 号)。

11.《独立审计实务公告第 6 号——特殊目的业务审计报告》(中国注册会计师协会)。

12.《独立审计实务公告第 9 号——对财务信息执行商定程序》(中国注册会计师协会)。

(五) 资产评估

1.《国有资产评估管理办法》(1991 年 11 月 16 日,中华人民共和国国务院,第 91 号令)。

2.《国有资产评估管理办法施行细则》(1992 年 7 月 18 日,国家国有资产管理局)。

3.《国有资产评估管理若干问题的规定》(2001 年 12 月 31 日,中华人民共和国财政部,第 14 号令)。

4.《国有资产评估项目核准管理办法》(2001 年 12 月 31 日,中华人民共和国财政部)。

5.《国有资产评估评估项目备案管理办法》(2001 年 12 月 31 日,中华人民共和国财政部,财企〔2001〕802 号)。

6.《关于印发〈资产评估执业准则——无形资产〉的通知》(2017 年 9 月 8 日,中国资产评估协会,中评协〔2017〕37 号)。

7.《资产评估对象法律权属指导意见》(2017 年 10 月 1 日,中国资产评估协会,中评协〔2017〕48 号)。

8.《国有资产评估违法行为处罚办法》(2001 年 12 月 31 日,中华人民共和国财政部,第 15 号)。

七、国有资产和国有股权管理法规

1.《企业国有资产监督管理条例》(2003 年 5 月 13 日,国务院第 8 次常务会议讨论通过,国务院第 378 号令)。

2.《关于规范国有企业改制工作的意见》(2003 年 11 月 30 日,国务院国有资产监督管理委员会,国务院办公厅转发,国办发〔2003〕96 号)。

3.《企业国有资产产权登记管理办法》(国务院,国务院令第 192 号)。

4.《财政部关于股份有限公司国有股权管理工作有关问题的通知》(2000 年,中华人民共和国财政部,财管字〔2000〕200 号)。

5.《关于上市公司国有股质押有关问题的通知》(2001 年 10 月 25 日,中华人民共和国财政部,财企〔2001〕651 号)。

6.《股份有限公司土地使用权管理暂行规定》(1994 年 12 月 3 日,国家土地管理局、国家经济体制改革委员会)。

7.《关于改革土地估价结果确认和土地资产处置审批办法的通知》(2001 年,中华人民共和国国土资源部,国土资发〔2001〕44 号)。

8.《国有企业改革中划拨土地使用权管理暂行规定》(1998 年 2 月 17 日,国家土地管理局,第 8 号令)。(自 2019 年 7 月 24 日起,《国有企业改革中划拨土地使用权管理暂行规定》废止。)

9.《规范国有土地租赁若干意见》(1999 年 7 月 27 日,国土资源部,国土资发〔1999〕222 号)。

八、企业集团相关法规

1.《企业集团登记管理暂行规定》(1998 年 4 月 16 日,国家工商行政管理局,工商企字〔1998〕第 59 号)。

2.《商业银行集团客户授信业务风险管理指引》(2003 年 10 月 23 日,中国银行业监督管理委员会,第 5 号令,根据 2010 年 6 月 4 日中国银行业监督管理委员会令 2010 年第 4 号《关于修改〈商业银行集团客户授信业务风险管理指引〉的决定》修改)。

九、破产清算和接管相关法规

1.《中华人民共和国公司法(摘录)》(2013 年 12 月 28 日第十二届全国人民代表大会常务委员会第六次会议《关于修改〈中华人民共和国海洋环境保护法〉等七部法律的决定》第三次修正)。

2.《中华人民共和国民事诉讼法(摘录)》(1991 年 4 月 9 日,第七届全国人民代表大会第四次会议通过,中华人民共和国主席令 44 号,2017 年 6 月 27 日第十二届全国人民代表大会常务委员会第二十八次会议《关于修改〈中华人民共和国民事诉讼法〉和〈中华人民共和国行政诉讼法〉的决定》第三次修正)。

3.《中华人民共和国企业破产法》(2006 年 8 月 27 日,全国人民代表大会常务委员会,中华人民共和国主席令第 54 号)。

4.《国家经贸委、中国人民银行关于〈试行国有企业兼并破产中若干问题的通知〉》(1996 年 7 月 25 日,国家经济贸易委员会、中国人民银行,国经贸字〔1996〕492 号)。

5.《最高人民法院〈关于审理企业破产案件若干问题的规定〉》(2002 年 7 月 18 日,最高人民法院,法释〔2002〕23 号)。

6.《关于企业兼并的暂行办法》(1989 年 2 月 19 日,国家经济体制改革委员会.国家计划委员会、中华人民共和国财政部、国家国有资产管理局,体改经〔1989〕38 号)。

十、并购重组民事责任相关法规

1.《最高人民法院〈关于审理证券市场因虚假陈述引发的民事赔偿案件的若干规定〉》(2002 年 12 月 26 日,最高人民法院,法释〔2003〕2 号)。

2.《禁止证券欺诈行为暂行办法》(1993 年 9 月 2 日,中华人民共和国国务院证券管理委员会)。

3.《证券市场禁入规定》(2006 年 6 月 7 日,中国证券监督管理委员会,中国证监会令第 115 号,根据 2015 年 5 月 18 日中国证券监督管理委员会令第 115 号《中国证券监督管理委员会关于修改〈证券市场禁入规定〉的决定》修订)。

4.《中华人民共和国刑法(摘录)》(1979 年 7 月 1 日,第五届全国人民代表大会第二次会议通过,《中华人民共和国刑法修正案(十)》由 2017 年 11 月 4 日第十二届全国人民代表大会常务委员会第三十次会议表决通过)。

主要参考文献

［1］ 叶育甫.企业资本运营理论与实务［M］.北京：科学出版社，2017.

［2］ 林勇.资本运营理论与实务［M］.北京：科学出版社，2013.

［3］ 高丽华.上市公司债务重组典型案例［J］.财会月刊，2014(60).

［4］ 慕刘伟.企业资本运营［M］.成都：西南财经大学出版社，2006.

［5］ 张庆.财务管理案例［M］.北京：中国市场出版社，2014.

［6］ 干春晖.并购之路［M］.上海：上海人民出版社，2008.

［7］ 夏乐书，姜强.资本运营理论与实务［M］.5版.大连：东北财经大学出版社，2016.

［8］ 陈溪.我国上市公司的债务重组效应分析［J］.中国市场，2011(18).

［9］ 徐贺，赵旭.国有企业债务重组的问题对策研究［J］.经营管理者，2017.2.

［10］ 谢泗薪，吴叶兵.企业资本运营体系的构建与战略实施［J］.企业管理，2010(7).

［11］ 徐征.完善企业资本运营的策略［J］.商业经济，2011(9).

［12］ 张伟立.论企业资本运营风险及应对策略［J］.中外企业家，2014(22).

［13］ 朱诩照，王德萍.资本运营管理［M］.上海：复旦大学出版社，2010.

［14］ 曾江洪.资本运营与公司治理［M］.北京：清华大学出版社，2010.

［15］ 胡志颖，王丹丹.准则变迁、债务重组方式选择和政府监管——基于盈余管理视角的研究［J］.财经问题研究，2011(01).

［16］ 金俊辉，林玉梅.我国上市公司债务重组的市场绩效实证研究［J］.商业经济，2013(02).

［17］ 李心福.上市公司债务重组财务效应研究［J］.北京工商大学学报，2007(06).

［18］ 张祥，张健.机遇与挑战：中国企业的跨国并购［M］.北京：社会科学文献出版社，2014.

［19］ 卢永红.我国企业并购的财务风险与控制［J］.企业经济，2014(5).

［20］ 沈静.企业并购财务风险分析与控制［J］.财会通讯，2015(20).

［21］ 陈晓霞.企业并购之后财务整合问题初探［J］.财会研究，2011(22).

［22］ 杨玲，叶妮.企业并购财务风险研究——以吉利并购沃尔沃为例［J］.财会通讯，2013(8).

［23］ 叶建木.跨国并购：驱动、风险与规制［M］.北京：经济管理出版社，2012.

［24］ 李姝，程燕飞.企业并购整合策略分析［J］.财务与会计，2010(3).

［25］ 刘可新，赵昱锋，赵春彦.企业并购后的整合战略［J］.华东大学学报(自然科学版)，2014(3).

［26］ 游红莲.企业并购整合的风险管理述评［J］.法制与经济,2011(3)：110－111.

［27］ 张洁梅.企业并购整合研究现状综述［J］.商业时代,2011(12).

［28］ 尚宝明.企业并购中的文化整合风险管理［J］.合作经济与科技,2010(1).

［29］ 南星恒,张项英.企业并购智力资本整合研究［J］.财会通讯,2014(2).

［30］ 马克·N.克莱门特.并购制胜战略［M］.北京：机械工业出版社,2003.

［31］ 杨洁.企业并购整合研究［M］.北京：经济管理出版社,2005.

［32］ DAUBER D. Opposing positions in M&A research：culture，integration and performance［J］. Cross cultural management-an international journal，2012,19.

［33］ BEKIER M M，SHELTON M J. Keeping your sales force after the merger［J］. McKinsey Quarterly，2002，5.

［34］ WILLIAMS，GLORIA S. Entropy in post merger and acquisition integration from an information technology perspective［J］.Dissertations & Theses-Gradworks，2012,5.

［35］ PERRY J S，HERD T J. Reducing M&A risk through improved due diligence ［J］. Strategy & Leadership，2004，32.

［36］ BELCHER T，NAIL L. Integration problems and turnaround strategies in a cross-border merger A clinical examination of the Pharmacia-Upjohn merger［J］. International Review of Financial Analysis，2000，9.

［37］ BENDANIEL D J，ROSENBLOOM A H. International Merger and Acquisition ［J］.Do well the business. 2002(5).

［38］ VOROBYOV M. Technology transfer in the Chinese automotive industry：The acquisition of Volvo Cars by Geely Automobile as a potential new role model for the Chinese car manufacturers［D］.LUND university，2013.